上海市美国问题研究所
SHANGHAI INSTITUTE OF AMERICAN STUDIES

上海美国评论

（第四辑）

SHANGHAI REVIEW OF AMERICAN STUDIES (Ⅳ)

王联合·主 编

时事出版社
北京

目　录

美国选举政治

特朗普时期的美国外交

特朗普贸易新政与中美经贸关系

美国能源与气候政策新动向

美国移民与外交

美国选举政治

美国两党建立初选制度的原因、过程与效果

李少文*

【内容提要】民主党和共和党的初选是美国选举过程的重要环节。它兴起于进步主义时期，以公开化和民主化为主要目标，但在20世纪70年代改革之后才居于主导地位。目前，美国两党形成了激进的直接初选模式。它以将决定候选人归属的政党核心权力下放给选民为主要特征，贯彻抑制政党的理念。它是分权型、理念型、中间型政党的主要制度基础，使两党内部治理民主化、规范化和程序化。它也影响了美国政党政治，使政党内部事务公开化、政党结构更为开放、政党机器作用下降，使选举聚集了更多关注。

【关键词】初选制度　进步主义　政党治理

美国是最早举办初选并建立初选制度的国家。初选可以称得上是美国民主党和共和党最重要的政党内部活动。目前，两党皆推行激进的“直接初选”（direct primary）已高度体制化，并成为塑造两党结构与特性的主要制度。直观来看，初选是政党为了推出最有可能胜选的候选人而采用的制度形式，但却并非完全因此而生，其影响范围也远远超出政党追求胜选的目标。那么，初选出现和发展的动因究竟是什么？两党推行激进的直接初选对政党自身有何影响？本文旨在分析两党建立初选制度的原因与过程，并指出它对两党自身

* 李少文，中共中央党校政法教研部讲师。

结构的影响。

一、初选的产生及其原因

（一）挑选候选人制度的演变历程

作为一种候选人挑选（candidate selection）方式，初选的正式出现不过百余年时间。美国两党挑选总统候选人经历了从“议会党团干部会议”（congress caucus）决定，到“党团会议—大会”（caucus-convention）（以下简称“党团会议”）主导，到党团会议和初选并存但以前者为主，再到以初选主导的过程。[①] 这是一个逐渐民主化的过程。当下运行的初选几乎覆盖了所有公职人员的选举，最著名的当属联邦层面的两党总统初选、国会议员初选以及各党在州层面展开的州长、州议员选举等。[②] 事实上，只要有开放职位的选举，就有政党推出候选人的需要，也就要举办初选，但总统初选影响最大，也最为典型。因为美国的选举主要是单一职位选举，其他的初选机制都较接近并且积极靠近总统初选机制。[③]

作为美国首任总统，华盛顿并没有经历被“提名”的过程。从此之后，宪法的缔造者们试图利用国会来缩小参与总统竞选的人的范围。在18世纪90年代，联邦党和反联邦党大致成型并开始对立，这才真正产生了政党推举总统候选人的问题。[④] 最早的候选人提名方式

---

① James W. Davis, *U. S. Presidential Primaries and the Caucus-Convention System*, Westport, Conn. Greenwood Press, 1997, pp. 9 – 12.

② 在联邦制的美国，选举是典型的州内事务，各州都有相对独立的选举体系。即便是联邦层面的选举，各州的选举制度以及具体安排也是独立而非统一的。

③ 李少文：《美国总统初选制度的政治效果》，载于《国外理论动态》2017年第12期。

④ James W. Davis, *U. S. Presidential Primaries and the Caucus Convention System*, Westport, Conn. Greenwood Press, 1997, pp. 9 – 12.

是由两党在议会的党团干部会议上决定的，这个会议又被称为“国王会议”（King Caucus）。将提名总统候选人的大权交到议会内的党团干部会议，是一种相当封闭的模式。

后来，提名制度演进为党团会议模式，直到1968年仍占据统治地位，其基本形式至今仍然存在。它的流程是：基层党团会议推举党代表——这个过程就是狭义的党团会议（caucus），[①] 党代表参加县大会，再推出代表参加议会选区或州的大会，直至选出代表参加全国代表大会（national nominating convention，即“全代会”），最后由参加全代会的党代表自由选择他们支持的参选人作为本党候选人。相对于议会党团干部会议来说，这种方式更重视政党的地方力量，也能够在一定程度上考虑到选民的感受。然而，并没有法律或规则约束党代表的权力，他们不需要提前表态，也无须受那些选择他们的党员或选民约束，所以推举候选人的大权就掌握在这些党代表手上，而他们通常是政党精英。

而且，只有获得半数以上全代会党代表支持的参选人才能成为候选人，这个门槛在实践中通常难以达到，所以就经常出现需要党内领导层、派系协商的局面。然而，此时的“酝酿协商”并没有明确的标准和程序，利益交换充斥其中。因此，这种机制是一套很模糊、存在较大变数的候选人挑选模式。候选人能否出线，与其在党内高层、地方派系所拥有的支持度有很大关系，但他却未必是最可能胜选或者大众民意支持度最高的人。这种没有明确标准又不公开的候选人挑选模式，以“密室政治”的形象为人所知，被认为是“垄断

① 也有学者通过考证后认为caucus是被误用的，因为即便在19世纪，政党支持者或党员聚集选择党代表的行为也被称为初选（primary），尽管当时党团会议的大众参与程度极低、人数极少。直到现在，爱荷华州的党团会议仍然被称为caucus而非primary，尽管它实际上被纳入广义的初选的范围。参见 Alan Ware, *The American Direct Primary: Party Institutionalization and Transformation in the North*, Cambridge: Cambridge University Press, 2002, pp. 58 - 63; Frederick W. Dallinger, *Nominations for Elective Office in the United States*, New York: Longmans, Green and Company, 1987, p. 53.

的、腐败的黑箱操作”而备受抨击。[①]

初选就出现在党团会议模式全面主导的时期。在19世纪晚期，部分州的两党党部开始改革候选人挑选制度，采用了直接初选模式来选择议员候选人、州长候选人乃至总统候选人，主要规则就是使参加各级大会（县、议会选区或州的大会乃至全代会）的部分或全部党代表由该党党员或普通选民选举产生，而非通过基层党团会议推举。这些州也积极将初选模式纳入立法——州立法成为初选建立和稳定化的重要动力，不过这些立法主要是程序性的。1899年，明尼苏达州最早通过了有关举办初选的法律，两党随后在该州亨内平县（它包括了该州最大城市明尼那波利）举办了初选，取得了十分积极的效果。[②] 佛罗里达州声称是最早举行总统初选的州，它在1901年通过法律允许州和地方党部采用初选方式选择总统候选人。威斯康星州是当时改革中较为激进的州，它在1905年通过的直接初选法要求参加全代会的代表由初选产生。1908年伊利诺伊州通过了直接初选法，1915年加利福尼亚州也通过了直接初选法。到1916年，已经有20个州通过了直接初选的法律，两党有超过半数的党代表通过直接初选方式产生。[③] 直接初选法将初选纳入州选举体系中，也逐步形成公办初选的形式。

（二）初选产生的主要原因

初选的出现和推广是当时社会进步的重要表现。在19世纪晚期，美国经济和社会快速发展，城市呈现爆炸性增长，公民社会日益成熟。这就是“进步主义时期”（Progressive Era）。进步主义思潮对当

① Alan Ware, *The American Direct Primary: Party Institutionalization and Transformation in the North*, Cambridge: Cambridge University Press, 2002, pp. 63 – 77.

② Frank M. Anderson, “The Test of the Minnesota Primary Election System”, in Annals of the American Academy of Political and Social Science, Vol. 20, 1902, pp. 616 – 626.

③ James W. Davis, Presidential Primaries: Road to the White House, Westport, Conn. Greenwood Press, 1980, pp. 42 – 43.

时的自由和垄断资本主义展开反思，要求限制利益集团、垄断组织，增加社会福利，促进公平正义。[①] 进步主义也演化为不同形式的政治运动，例如，当时普遍要求建立大众创制和复决权制度，最后形成直接票选联邦参议员的制度，并通过了联邦宪法第17修正案加以确认。另一个重要诉求正是控制政党权力，抗击政党内部的腐败、暗箱操作，这直接推动了初选的建立。[②] 简言之，初选是美国社会和民众要求约束政党内部行为的重要诉求。

然而，初选机制的确立仍然需要一个制度上的契机，那就是全面采用“澳大利亚选票制度”（Australian Ballot）带来的秘密化选举、公办选举和进一步强化候选人个人特质的趋势和潮流。有学者甚至认为它是在确立初选机制的过程中唯一重要的制度性变革。[③] 19世纪中后期，选票制度在澳大利亚和欧洲被广泛运用，并迅速蔓延到美国。这个制度的关键是选票由政府印制、政府发放，并且只能在指定场所和时间投票，选票始终不能离开投票所（而非之前由政党印制和发放选票、组织选举，并且两党票箱分开）。选票和投票行为自然也都是保密的——保密性既是指在投票站内设置了相对封闭的票箱，也是指前面提到的选票以及投票行为的法定性（澳大利亚选票制度也被称为“秘密投票制度”）。美国多个州在1884年总统选举之后选用了这一制度，到1892年总统选举时，绝大多数州都采用了此制度。

澳大利亚选举制度的成功推广是政党精英和政党制度改革者共同关心的问题，表达了这两股力量对政党内部事务改革的期待，最终建立的初选机制也实现了他们的目标。具体来说，进步主义运动要

① 谭融、游腾飞：《论美国进步主义运动的历史背景和思想基础》，载于《青海社会科学》2011年第1期。

② 参见李剑鸣：《大转折的年代：美国进步主义运动研究》，天津教育出版社，1992年版，第106—114页；谭融、游腾飞：《论进步主义运动时期美国政治的发展》，载于《南开学报》2011年第5期。

③ Alan Ware, *The American Direct Primary: Party Institutionalization and Transformation in the North*, Cambridge: Cambridge University Press, 2002, p. 31.

求政党推举候选人的公开化，由于初选极大地削弱了政党以及政党精英的权力，增加了政党推举候选人的公平性、公开性和真实性，因而成为当时大众期待的改革目标。更重要的是，澳大利亚选票制度也促使政党精英反思党内的体制。受其影响，选举转向了“候选人中心模式”，直接初选机制对于政党在大选中取胜也有着显著的积极作用。[①] 由于选票不再控制在政党和候选人手上，选民的投票行为也不可控制，政党就承担了更为沉重的压力来推出具有大众影响力、为选民喜爱、最有可能胜选的候选人。

尽管初选成为当时美国社会的一种共识，是政治改革的重大进展，但它并没有立即取得主导地位，其效果也不理想。一方面，尽管有选民投票，但投票并不必然决定党代表的投票倾向，候选人提名的决定权最终还是归属党的全代会；另一方面，仍然有很多州没有采用初选机制，而是沿用旧的党代表产生办法。因此，在初选出现之后的很长一段时间里，候选人挑选仍然属于相对保守的模式，党员（选民）和党的核心干部仍结合在一起，政党领导层和精英在整个结构中仍发挥关键作用。这种“不彻底”的改革导致了很多问题。例如，历史上著名的1920年共和党全代会，代表们无法就总统提名达成共识，多轮投票后也没有参选人能够过半数。经过多轮博弈，最后名不见经传、初次投票仅排名第十的年轻参议员沃伦·甘梅利尔·哈丁（Warren Gamaliel Harding）被推出，理由竟是相貌英俊的他“长得像总统”。当时，疲惫不堪的领导层抽着雪茄，房间内烟雾缭绕。这件事被曝光之后，“烟雾缭绕的房间”（smoke-filled room）便成为幕后政治操纵的代名词。[②]

---

① Alan Ware, *The American Direct Primary*: *Party Institutionalization and Transformation in the North*, Cambridge: Cambridge University Press, 2002, p. 31.

② Wesley M. Bagby, “The Smoke Filled Roomand the Nomination of Warren G. Harding ”, in *The Mississippi Valley Historical Review*, Vol. 41, No. 4, 1955, pp. 657 - 674.

二、现代初选制度的建立

到20世纪初期，初选的热潮逐渐消退。到1940年，举办初选的州减少到13个；到1968年民主党在芝加哥举办全代会时，举行初选的州也不过15个。① 但这次民主党全代会却改变了初选“命途多舛”的局面。在全代会之前，初选中大幅领先并有望获得提名的罗伯特·肯尼迪被刺杀；全代会上，获得时任总统林登·约翰逊支持的副总统胡伯特·汉弗莱获胜，然而他没有参加任何州的初选，却拿到半数以上党代表票。竞选对手和大众都不接受这个结果，认为这并非民主的产物。最终，那一次全代会演化为一场大暴动。当时正值美国民权运动兴盛，反越战情绪高涨，电视媒体方兴未艾，民主党全代会的暴力场景震惊了全国。② 后来，汉弗莱在大选中又败给了共和党候选人理查德·米尔豪斯·尼克松。这迫使民主党在大选后开始大幅改革其总统候选人提名规则。③ 1969年，民主党成立了具有划时代意义的“关于政党结构和代表选择的委员会”（Commission on Party Structure and Delegate Selection），又称为“麦戈文—费雷泽委员会”（McGovern-Fraser Commission），开始检讨候选人提名办法，并推出了新的代表选择方案。④ 一个更完备、更民主的现代初选机制浮出水面。

---

① James W. Davis, *U. S. Presidential Primaries and the Caucus Convention System*, Westport, Conn. Greenwood Press, 1997, p. 14.

② 这次全代会及其后的暴动是美国政治和社会历史上的一起重要事件。参见 Frank Kusch, *Battleground Chicago: The Police and the 1968 Democratic National Convention*, Chicago: University of Chicago Press, 2008.

③ Nelson W. Polsby, *Consequence of Party Reform*, Oxford: Oxford University Press, 1983, pp. 9 - 52.

④ See Alexandra L. Cooper, "Nominating Presidential Candidates: The Primary Season Compared to Two Alternatives", in *Political Research Quarterly*, Vol. 54, No. 4, 2001, pp. 771 - 793.

20世纪70年代改革确定的基本规则是各州选民以投票或站队的方式直接决定参选人获得的该州党代表支持数，在全国范围内获得过半数党代表支持的参选人赢得初选，两党在全代会上提名赢得初选的参选人为本党候选人。这就是美国现在的初选过程。根据投票范围即选举团范围的差异，初选可以划分为开放式、混合式和封闭式三大类型，这是一个选举团范围从大到小的演变谱系：开放式初选是将全体选民作为选举团，而封闭式初选是将“党员”作为选举团，混合式初选则介于二者之间。① 不过，即便是封闭式初选，它对党员资格的认定标准也很低，几乎没有门槛。换句话说，美国初选的选民范围是极为宽泛的。

初选改革的效果十分明显，它扭转了之前候选人挑选的逻辑，将提名大权彻底交给选民②，形成最极端的党内民主结构。尽管改革起因于1968年民主党总统候选人提名中的乱象，但却根源于20世纪六七十年代激烈的民权运动和民众对民主权利的诉求。它既包括大幅削弱政党精英的权力，也包括形成一套稳定的、公开的、程序严密的初选流程。改革之后，各州的机制呈现两种形式：投票式初选和保留古老形式却近似投票效应的党团会议。③ 它们皆是美国当下所称的广义的初选。

目前，越来越多的州采用投票式初选来选择参加全代会的党代

① 但实质上，开放式初选是否意味着一个更具有“代表性”的选举团，却并不那么容易判断。有学者专门考察了不同类型的初选的选举团代表性的差异，参见 Karen M. Kaufmann, James G. Gimpel and Adam H. Hoffman, “A Promise Fulfilled? Open Primaries and Representation”, in *The Journal of Politics*, Vol. 65, No. 2, 2003, pp. 457 – 476。

② 需要强调的是，在开放初选中，选民范围就是全体大众，与正式选举无异，在封闭式或半封闭式初选中，选民范围则是认定标准很低的党员，他们在投票前通常需要声明自己的党员身份。参见李少文：《美国总统初选制度的政治效果》，载于《国外理论动态》2017年第12期。

③ 对党团会议和初选的关系，理论上并没有统一的观点。在美国政治实践的基本分类中，仍然是将初选和党团会议作为两种类型。然而，从实质上看，在初选改革之后，党团会议和投票式初选几乎没有太大差别。在本文的语境下，党团会议只不过是广义“初选”的一种形式，或许它不是以投票形式展开，或许它更民主。换句话说，本文一般所使用的是广义的初选概念，它包括了投票形式的初选以及党团会议。

表。在这些州，选民直接投票确定参选人在该州能够获得的全代会党代表支持数。投票式初选一般是公办初选，由相对中立的州选举机关具体操办，选民在投票日到投票站领取选票直接投票，而投票结果直接决定了各参选人在该州所能获得的党代表支持数。党代表分配一般采用“赢者通吃”（winner-take-all）或比例代表（proportional representation）两种规则，前者是指赢得该州初选就赢得该州所有的党代表票，后者是指以参选人得票情况分配党代表票。近几次初选中，共和党在多数州采取赢者通吃规则，但这并非“刚性规定”，各州可自由选择。赢者通吃实际上就是以州为“选区”的单一选区多数选举制度。这是世界上运用最广泛的选举和代表制度形式之一。[①] 民主党则采用比例代表模式，即根据参选人在该州的得票比例分配党代表票，但它设定了15%条款，即只有获得超过15%选票的参选人才能获得党代表票。这一规则产生了诸多争议，也让民主党的初选变得复杂，尤其是在党团会议中——民主党在实行党团会议的州也作此要求。

目前，举行初选的各州一般都在州的选举法中规定了初选的基本形式与程序，将初选纳入到州选举体系之中。在这些州，初选是必经程序，是州内所有政党必须履行的义务。这就是美国复杂的选举制度体系。实际上，初选的发展和制度形式塑造很大程度上是由州立法机关推动的。不过，两党对此也并非毫无发言权。民主和共和两大党在正式选举前，通常会发布一个代表选择的指南，分配各州的党代表数量及比例，引导各州党部安排初选的时间、代表选择方式，也会规定有关争议的解决方式等。简单地说，初选的组织和运作包括选民范围的确定、选区的划分等皆是由州选举机关依法完成，但代表的选择以及投票、计票方式等却是政党内部事务。

历史久远的党团会议在改革之后已经“面目全非”。目前大约有

① David M. Farrell, *Electoral Systems: A Comparative Introduction*, New York: Palgrave Macmillan, 2011, pp. 13 - 43.

十多个州采用党团会议模式。它之所以能被纳入到广义初选的范畴中，正是因为它把决定权完全下放到了经常参与该党活动的“党员”手中，这与投票式初选已无本质差异。在最著名也是最复杂的爱荷华州民主党党团会议中，党员在某个时间点到该州1700多个投票站参加党团会议，由于该州人口少，每个投票站的实际参与人数大约只有几十人，多是同一社区的成员。他们进行一定形式的商议，一般是有人介绍候选人情况或者有人发表演讲。在至少半小时的讨论、协商之后，他们首先以站队的方式直接选择该党本次初选中的参选人。主持人清点人数后按参选人得到支持的比例来配置派出参加县大会的支持各参选人的代表的比例，然后选出具体的代表人选。按照民主党的15%规则，在基层党团会议中，如果选民支持的参选人无法获得15%的支持，那么这些选民将重新站队。县党团会议将再次推举出代表参加州党团会议，直至产生全代会代表。可见，在投票站的党团会议就已经决出了最后胜者，因为候选人得到的代表比例在当天就已经大致确定。[①] 爱荷华州共和党党团会议相对简单，往往采用投票方式选择参选人——选民仅仅需要进行秘密投票（也有按照站队方式进行的，尤其是在别的州的党团会议中）。由于共和党并没有如民主党一样明确规定按照候选人得到支持的比例分配代表票，因此在绝大多数情况下，共和党采用赢者通吃规则，即以选区为单位，获胜者将取得该选区所有参加县大会的代表票，而在全州层面的获胜者则获得该州所有参加全代会的代表票。[②] 多数采用党团会议的州与爱荷华州的情形相似，与之不同的主要是党团会议的区域范围差异，例如人口稀少的亚利桑那州、怀俄明州等，是在一个县或

---

① See Christopher C. Hull, *Grassroots Rules: How the Iowa Caucus Helps Elect American Presidents*, Stanford, Calif.: Stanford University Press, 2007, pp. 13 – 37.

② 一般来说，在共和党的基层党团会议中，赢得一个票站或选区就赢得了该选区的所有代表票。这实际上就是将票站或选区作为一个整体，至少在这个整体内是采用了单一选区多数制的原理。同样，在全州层面，赢得该州就取得该州所有党代表票。

议会选区范围内举办党团会议。[1]

不过，党团会议是党内程序，而非由州选举机关操持，这些州也就没有“初选法”或“党团会议法”之类的立法。相较于投票式的初选，党团会议十分复杂，尽管初选结果当天就揭晓，但后续的县大会、州大会等还要经历漫长时间。然而，党团会议却颇受好评，因为它能够强化政党组织性，比投票的成本低（无须印制选票），能够加强候选人与党员的联系，选民的成熟度和独立性也相对较高。[2] 由于党团会议具有一定的讨论协商空间，因而显得更为草根。[3] 不过，党团会议也由于参与率低、被激进成员绑架等问题而遭到了很多批评。[4] 尽管如此，这种古老的提名形式仍具有生命力，并形成了与投票式初选相对的一种基本形式。

三、初选对两党结构与性质的影响

初选成为塑造两党结构的主要因素——弱化政党的原初意义，形成了松散式政党结构。简单来说，初选将政党核心权力和利益下放给选民，以公开化和程序化的方式弱化政党组织体系的作用，导致政党中央影响式微和地方党部坐大，也是政党理念性增强、政党组织性崩溃的动因。

第一，初选造就了分权型政党，在很大程度上体现了去中央化的

---

① William G. Wayer, “Caucuses: How They Work, What Difference They Make”, in William Mayer, ed., *In Pursuit of the White House: How We Choose Our Presidential Nominees*, Chatham, NJ: Chatham House Publishers, 1996, pp. 105 – 157.

② Ibid., pp. 145 – 148.

③ See Christopher C. Hull, Grassroots Rules: *How the Iowa Caucus Helps Elect American Presidents*, Stanford, Calif. Stanford Law and Politics, 2008.

④ William G. Wayer, “Caucuses: How They Work, What Difference They Make”, in William Mayer (ed.), *In Pursuit of the White House: How We Choose Our Presidential Nominees*, Chatham, NJ: Chatham House Publishers, 1996, pp. 145 – 148; James W. Davis, *U. S. Presidential Primaries and the Caucus Convention System*, Westport, Conn. Greenwood Press, 1997, pp. 53 – 57.

特点。这既表现在政党中央和领导层对提名候选人没有实质性权力，也表现在地方党部因此而承担了更重要的任务。所有的政治都是地方政治，选举终归是要依赖选区选民的选票支持。两党也都将选举重心放在了州乃至地方选区上。可以清楚地看到，州党部决定该州初选的基本模式，州选举机关组织初选，党代表基本上来自地方选区，参选人主要是通过地方党部来动员选民，两党中央在这些方面几乎没有影响力。即便是那些可以自由决定投票意向的“超级代表”，也主要是由地方选区选出，例如国会议员——事实上，议员选举更能体现州和地方党部的作用。也正因如此，现在的两党中央组织（主要是全国委员会）影响力均有限。而且，还有人指出，初选可能弱化地方党部对于全国性总统大选的支持力度，这主要是因为州和地方党部的领袖以及活跃分子不能在候选人产生方面发挥更大的作用，从而使他们更专注于地方政治事务和地方性选举。①

第二，初选破坏了政党本身的组织体系和结构，阻断了政党自我组织的可能性。投票式初选基本是由州选举机关操办，这就不同于党团会议的政党自我组织的情形。当由相对中立的州选举机关依照本州选举法统一划分选区、发布选举进程和安排、印制选票并组织投票以及开票、计票时，政党在选举组织方面几乎没有作用，所以就转换到了竞选层面。然而，竞选活动往往又以候选人为主，政党机器至少在初选中需要保持中立。因此，在初选中，政党不需要操持选举事务，不需要严密的组织体系，更不需要大量的人手，组织性就被弱化了。

第三，初选激励两党走向全民型政党和中间型政党，也导致两党的卡特尔化。选民以投票方式参与本党最核心的政治活动，具有最高的也是不可替代的民主正当性。初选制度最大限度利用了大众民意来制约政党精英体制，政党的目标、方向和运作模式都开始下沉

---

① Nelson W. Polsby, *Consequence of Party Reform*, Oxford: Oxford University Press, 1983, pp. 78 - 81.

到选民和基层。初选机制的民主性、公开性、开放性迫使参选人以及政党都极力讨好大众选民，靠拢中间选民。这就在一定程度上改变了两党的阶级属性，尤其是两党及其政治人物为了选票会有意淡化阶级色彩并向中间靠拢。全民型政党的诞生正是在这一背景下，政党的传统意识形态和价值观念走向温和与中间的表现。政党为了获得更多选民的支持，逐渐淡化其意识形态和阶级属性，政党逐渐与政府和国家利益结合，不再追求独立的政党目标。① 美国两党都具有比较显著的淡化政党属性的全民型政党、中间型政党的特点，初选正是造成这一现象最主要的原因。在西方政党类型划分中，卡特尔化是政党的一种趋势和现象，政党与国家之间密不可分并逐渐与社会利益脱节，政党成为“准国家机器”，一些政党之间结合起来排斥其他政党和利益集团，并压制新政党。② 卡特尔式政党的目标不再是社会变革，而是把争取执政和政治职位作为任务，这种“职业性”政党越来越成为“选举机器”。政党的忠贞党员流失，但基层党部的重要性日益增加。③ 而初选对于助推美国两党走向卡特尔式政党结构发挥了重要作用。

第四，初选使政党活动以候选人为中心，活跃的政治人物成为政党的主要结构性基础，④ 政党的实体性正在弱化，理念性正在增强。当然，这种局面并不必然会造成政党主体性的消退。澳大利亚选票制度带来了候选人中心主义的选举模式，初选则进一步强化了候选人的地位。政党意识形态是正式选举的基本分际，但两党党内初选

---

① Otto Kirchheimer, “The Transformation of the Western European Party Systems”, in Joseph LaPalombara and Myron Weiner (eds.), *Political Parties and Political Development*, Princeton N. J.: Princeton University Press, 1966, pp. 177 - 200.

② Peter Mair, *Party System Change: Approaches and Interpretations*, Oxford: Clarendon, 1997, pp. 137 - 139.

③ Peter Mair, *Party System Change: Approaches and Interpretations*, Oxford: Clarendon, 1997, pp. 113 - 114.

④ Andrew Dowdle et al., *The Invisible Hands of Political Parties in Presidential Elections: Party Activists and Political Aggregation in the Presidential Elections of 2004 - 2012*, New York: Palgrave Macmillan, 2013, pp. 16 - 36.

竞争更加重视候选人核心主张的差别、个人魅力、形象特点以及胜选的可能性。由于政党越来越依靠竞争和比较而存在，为了追求胜选，政党也不得不强化候选人的地位。① 当政党机器对产出候选人不再具有影响力时，选民就不会过多关注政党本身的情形。尽管党籍是选民选择的重要因素，但这并不代表政党实体性的增强。换句话说，美国两党的理念化正变得日益突出。同时，在政党支持者层面，政党活跃分子和激进派往往会在初选中发挥更大的作用，因为尽管初选是面向大众或党员的，但政党积极分子却是比较坚定的初选选民。这种情形的结果自然是党内的激进派、意识形态的基本教义派绑架政党的可能性升高。不过，至少从经验上看，激进派和基本教义派的参选人很难在初选中获胜，这也同初选的高度民主性、开放性有很大的关系。简言之，初选的结构性特点造成了一种结构性张力，同时消解了激进派绑架政党和候选人以及政党主体性逐渐消退这两种可能性。

第五，初选可能是造成两党的党派性下降、党员减少以及核心支持者隐藏等问题的原因。② 有学者指出，初选鼓励派系和积极活动者会导致大众选民参与的减少，逐步取代面对面直接交流的投票模式会使初选转变为一种远距离的、象征性的机制。这些都会弱化政党的群众基础。③ 不过，对于初选是否有助于本党支持者在候选人产生之后继续坚持支持该党——如果这些支持者在初选中支持的参选人未能获得提名，他们会否继续支持该党的提名人，理论上似乎没有统

---

① Andrew Dowdle et al.，*The Invisible Hands of Political Parties in Presidential Elections*：*Party Activists and Political Aggregation in the Presidential Elections of 2004 – 2012*，New York：Palgrave Macmillan，2013，pp. 26 – 27.

② Nelson W. Polsby，*Consequence of Party Reform*，Oxford：Oxford University Press，1983，pp. 140 – 142；Howard L. Reiter，*Selecting the President*：*The Nominating Process in Transition*，Philadelphia：University of Pennsylvania Press，1985，p. 127.

③ Nelson W. Polsby，*Consequence of Party Reform*，Oxford：Oxford University Press，1983，pp. 140 – 142.

一答案。①

此外，总体上看，初选有利于积极塑成全国性政党，并排斥第三党，不利于小党的发展。② 美国政治体制本身并不支持第三党或多党体系，初选则进一步强化了这种趋势和事实。例如，政府在选举经费支持上要求第三党获得一定门槛的选票，但对两大党并没有这样的要求；又如，在初选辩论的安排和时间分配上，两大党明显优于第三党。初选同时有利于维持两大党的全国性地位。一方面，两党全国委员会在初选前发布的“关于初选的指导意见”（指南）原则上优先于各州党部的初选规则，尽管全国委员会的初选指南都非常抽象，并且绝大多数内容是授权性的；另一方面，从历史上看，两党的全国统一性在持续增强，初选机制在不同州的扩张可以看做是这种趋势的反映或结果。③

四、初选对美国政党政治的影响

美国两党建立初选制度有其必然性，既由现实政治驱动，也是美国民主发展的趋势性结果。作为进步主义运动的辉煌成果，初选遏制了以往候选人提名存在的暗箱操作、利益交换乃至腐败等问题。在民主化的浪潮之下，改革后的初选将选择候选人的权力完全交给选民，形成了一种极端民主的制度形式。初选的出现和现代初选制度的确立，是美国政党民主制度的两次大发展。现代美国政党政治很大程度上是由初选所塑造的，通过认识初选制度我们能够理解美国政党中的很多现象和特点。

第一，两党的初选尤其是总统初选极为激烈，使政党内部的政治

① Howard L. Reiter, *Selecting the President: The Nominating Process in Transition*, Philadelphia: University of Pennsylvania Press, 1985, pp. 127 - 131.

② Ibid., pp. 131 - 136, pp. 81 - 85.

③ Ibid., pp. 131 - 136.

活动公开化和公共化。以2008年的民主党总统初选为例，奥巴马和希拉里之间的竞争几乎是全国性的，其关注度和激烈程度甚至超过了后来的正式大选——奥巴马与麦凯恩之间的竞争。奥巴马和希拉里的“缠斗”，不仅是候选人个人特质的竞争，也是两人政策、主张和团队实力的博弈。通过初选，民众更了解这两位候选人，民主党内的激烈竞争增加了候选人的全国知名度和认同感，从而让初选获胜的奥巴马在大选中胜选的可能性大大增加。

第二，初选决定了政党主要权力的民主化和政党治理的开放性，从而打破了党内建制派的统治局面。近年来，美国政党政治中经常有非典型政治人物登上舞台，根源就在于初选制度所留下的开放式通道。无论是2008年资历很浅的黑人参议员奥巴马从民主党脱颖而出，还是2016年“体制外”的商人特朗普从共和党胜出，都说明了两党的建制派无力掌控总统候选人提名的大权。这同样表现在区域性初选中，常常有体制外人物获胜。这就保留了社会精英通过开放式的政党权力分配方案进入政党核心层的通道，体现了两党在吸纳精英方面的能力和优势。但这种特质也可能会带来政党能力、主体性和执政质量下滑的危机，因为建制派的专业性、职业性和理性是政治稳定的重要因素，抛弃建制派也就意味着政党机制作用的下降。

第三，初选表明两党政党机器所行使的权力的程序化，这是美国政党政治不够稳定和严密的重要原因。美国两大党的政党机构体系都极为简单，固定的专职党务工作者人数很少，大量工作都依靠临时的志愿者。无论是总部（主要是设在首都华盛顿的全国委员会）还是地方党部，政党机器的工作主要都是服务性、联系性和程序性的。这种极为孱弱的政党机器也就意味着政党机关和内部规范的弱化乃至形式化。稳定的政党政治所依赖的党章、党纪和党团会议制度、党鞭制度等，在美国两大党中都是很不发达的。所以，即使在议会中，也很难见到各党成员绝对一致的局面。总统也很难控制本党国会议员。这与初选弱化了政党机器的作用、强化政治人物的地位有直接关系。

第四，初选进一步强化了选举在美国政治中的地位和作用，选举而非政党成为美国政治过程的主要环节。当然，选举也影响着政党政治，但美国人民关注选举过程更多于日常政治。按理说，政党提名候选人是一项典型的内部事务，但美国却将其转化为选举的形式，作为公开的、大众选民皆可参与的政治活动。从政党内部事务走向公共政治事务，也凸显了选举的重要性。而且，美国的初选尤其是总统初选是一项时间跨度大、分地域展开、影响面广的活动，这进一步强化了民众对选举的关注度。

［原文载于《当代世界与社会主义》（双月刊）2018 年第 1 期］

谁治理美国：选举人团的选择及其后果

王 玮*

【内容提要】本文考察了美国选举人制度的本质，分析了选举人团的选择机制，揭示了其维护美国资产阶级宪法的内在属性。本文还就美国选举人制度的非中性选择进行了探讨，对选举人票的分布和归属情况进行了分析与比较。理解美国总统选举，不能脱离美国选举人制度的历史情境。选举人制度导致了制度的选择性偏倚，使接近精英阶层的政党有更大的取胜机会。选举人制度助长了政党政治的区域化发展。在2016年的美国大选中，特朗普借助社交媒体的传播优势，分化了竞争对手的选民基础，并引起美国政治力量的地域性分化重组，最终当选美国总统。特朗普在选举过程中做出迎合大众情绪的各种承诺，却在行政过程中面临政策上的难题。特朗普政府或可从对外事务领域寻求突破政策困境。

【关键词】美国政治　选举人制度　2016年大选　特朗普

在2016年大选中，特朗普掀起了一场话语风暴和全民论战。在选举过程中，美国长期存在的各种问题得到集中显现，普选票和选举人票的结果偏差，使总统选举制度的公正性受到质疑。① 本文从选

---

* 王玮，中国社会科学院美国研究所副研究员。

① 已有对美国选举人制度的反思，参见 David W. Abbott, James P. Levine, *Wrong Winner: The Coming Debacle in the Electoral College* (Westport: Praeger, 1991); George C. Edwards, *Why the Electoral College is Bad for America* (New Haven: Yale University Press, 2011)。

举人团的角度考察美国总统选举，阐述美国选举人制度的实质，在分析选举人团选择机制和选举人票分布情况的基础上，探究特朗普获得选举人票优势的关键原因，评估特朗普将如何面对由自己渲染升级的民粹思潮。

一、美国选举人制度的实质

美国总统选举是典型的间接选举，自下而上包括两个选举阶段：先由各州选民投票推选选举人，再由各州选举人集会选举总统。这种选举程序包含了两层委托代理关系。第一层是各州选民和本州选举人之间的委托代理关系。各州选举人的总体构成了选举人团，被寄予了超越地域偏好的厚望。按照制度设计者的初衷，选举人团反映全国性利益偏好和价值导向。候选人需要获得过半数的选举人支持方能当选，这就在理论上保证了总统的全民性、正当性与合法性。当选总统作为受托人，承担起治理美国的责任，这构成第二层委托代理关系。可以说，选举人制度的确立，为美国挑选国家治理的“首席执行官”奠定了制度基础。

在实践过程中，选举人制度引发了不少问题，最强烈的批评是违背民主潮流。质疑者认为，总统作为最高行政长官，名义上是全民性的，实际上并不是经过直接选举产生。[①] 相反，选民和总统之间要经过选举人才能建立起正式的联系。从一定意义上看，美国选举人团在世俗政治中的角色，类似于教会在宗教领域所扮演的角色。从创始宗旨看，选举人团旨在选举出得到广泛支持的行政首脑，希望

① 关于美国选举人制度的历史考察，参见 Nicholas R. Miller, “Why the Electoral College Is Good for Political Science (and Public Choice),” *Public Choice*, Vol. 150, 2012, pp. 1 - 25。

避免“多数的暴政”。[①] 在多数情况下，选举人团的选择和选民的选择是一致的。

在美国总统选举的历史上，选举人团的选择和普选结果不一致的情况出现过 5 次。在 1824 年、1876 年、1888 年、2000 年和 2016 年，选民支持度更高的候选人，并未获得过半数的选举人票，从而与总统职位失之交臂。尽管每次出现选票偏差的原因不尽相同，但还是要探讨发挥影响的共性的因素，探讨选举人制度本身对选举结果所构成的系统性影响。

有人认为，在历次的美国大选中，选举人票和普选票不一致的情况并不多，无需关注例外情况。其实不然，这种看法回避了美国社会的深层次问题。首先，如果说两者的选举结果不一致并不常见，那么，为什么这种情况会在一段时间密集出现？如 1876—1888 年，在 3 次选举中出现了 2 次；在 2000—2016 年，4 次选举中又发生 2 次。其次，这种选举结果偏差的出现，为什么不在早一些或者晚一些的某个时候出现？例如，在 2012 年的美国大选中，有人预测奥巴马会赢得普选，但罗姆尼将成为总统。[②] 这种情况在 2012 年并没有出现，却在 2016 年发生了。在 2012 年使民主党取胜的因素，[③] 为什么不能在 2016 年继续发挥之前的作用？

要回答这些问题，需要认识选举人制度所蕴含结果的不确定性。这种不确定性究竟是一般意义上的非预期结果，还是制度设计者为了防止选举被操纵而特意为之的产物？换言之，选择结果的不确定性，是制度执行者后来经历的，还是制度设计者最初预见的？认为制宪者预见了一切显然不现实，但认为他们没有预计到执行过程中

---

① 戴维·肯尼迪：《想象美国：无限希望和挑战》，载彼得·卡赞斯坦、罗伯特·基欧汉编著，朱世龙、刘利琼译：《谁在反对美国》，中国人民大学出版社，2014 年版，第 37—39 页。

② Everett E Murdock, *Obama Will Win, But Romney Will Be President: How Political Parties Target Electoral College Votes to Win Presidential Elections: A Historical Analysis of Every U. S. Presidential Election* (Dublin: Hot Press Books, 2012).

③ Ibid..

的制度演化和行为变异也不符合事实。

美国脱胎于欧洲社会，在创设一个新社会的过程中，秉承了欧洲社会的基本法则。这些法则来源于不同的欧洲文明，折中之后会保留欧洲不同国家的影响。正如英国法学家戴雪（A. V. Dicey）所言，“法国是一个革命国家，英国是一个保守国家，美国则是二者的结合”。[①] 选举人制度恰如其分地表明美国的制度选择，比英国要革命，但比法国要保守。

在当时，英国的政治制度是美国的蓝本，也是美国进行制度创新的基础。在英国的政治体制下，政府首脑在议会选举中产生，履职过程受到议会的控制。对于美国来说，行政首脑若是受到国会严格控制，那么政府在应对危机和维持生存方面的效率将大打折扣。如果行政机构的权力太大，受不到足够约束的话，又有可能导致擅权专政。这就要求找到一种折中的方式，实现行政首脑由国会选举却不受其控制的目标。

选举人团就是适应这个形势的产物。选举人团非常设机构，只负责选出总统而不负责制衡。该制度的设立，释放了在英国受到议会限制的行政权力，却也没有像法国一样赋予总统解散议会的权力。在这种选举制度体系下，选举结果不会系统地影响后续的行政工作，这是美国的制度选择区别于英法体制之处。

虽然制宪者做了周密的安排，但是选举人制度在设立后还是遇到了挑战。在首次选举人投票中，人们发现华盛顿和亚当斯威望都很高。美国民众希望华盛顿成为首任美国总统，但是担心出现华盛顿的选举人票位列第二的情况。于是，一些人刻意不投亚当斯的票，而转投他人。最终，华盛顿当选首任美国总统。虽然华盛顿当选是众望所归，但其当选亦有不确定性，这就使美国的选举人制度具有划时代的意义。

---

① 戴雪著，戴鹏飞译：《公共舆论的力量：19 世纪英国的法律与公共舆论》，上海人民出版社，2013 年版，第 47 页。

二、选举人团的选择机制

美国的选举人制度是一种复合的委托代理关系，制度设计的初衷是提升总统选举的全国性，降低地方主义和部门主义的影响。但是，在制度实施的过程中，各种形式的地方主义和部门主义却不断涌现。从首次美国总统选举开始，就一直存在选民意愿和选举人抉择有所偏差的情况。选举人团的决定能否代表选民的真实意愿，始终成为争论不休的问题。随着美国参政群体的日益扩大，这一争论变得愈发激烈。

这些争论在现代政治的发展过程中日益受到关注，但在美国早期的政治实践中并未引起特别重视。在美国建国初期，投票权局限于相对较小的范围之内，只有拥有一定财产的人才能获得选举权。在当时的条件下，小资产者都没有参与的权利，更何况无产者、契约奴和黑人奴隶。所以，在美国早期的选举实践中，宪法以财产划线，预先把下层民众排除在政治进程之外。由于拥有财产是参与政治的先决条件，政党不分大小都带有“财产党”的性质。无论什么党派胜出，也不管谁获胜，财产保护和财产处置的政策都会得到延续，政府的性质也不会发生大的变化。

南北战争之后，美国正式确立了“将所有公民，无论肤色如何，都纳入到政治共同体之内的基本目标”。[①] 政治共同体的不断扩大，引起了谁代表谁的争执。随着财产门槛的取消，参政群体的不断扩大，底层民众日益参与选举。投票群体的变化，也引起政治组织方式的变化。原本都是“财产党”的各个政党，开始争取更多民众的支持；底层民众则逐渐把提供必要的保障视为政府不可推卸的责任。

① 斯蒂芬·布雷耶著，田雷译：《积极自由：美国宪法的民主解释论》，中国政法大学出版社，2011 年版，第 7、17、26 页。

当公共责任成为政治的关键词之后，政府、政党及其他参与者的行为逐渐受到公众体系的约束。这些约束有些内化为政府的必然法则，有些则外化为政党行为。

经过内战的洗礼，美国的政治力量不断分化，形成民主党和共和党并立的政治局面，曾经活跃的辉格党陷入沉寂，并逐步淡出美国政坛。选举人团的选择机制也日益适应了两党政治的新格局。各州按照各自方式任命选举人，每位选举人投两票，其中至少有一票是给本州以外的总统候选人。早期的这种选举人团的投票方式多次导致候选人得票不能超过半数的局面，使众议院选举总统成为常见现象。众议院选举总统夯实了“州权平等”的宪法基础，并对政治机制的运转产生了深远的影响。①

随着政府职责的演变和政党政治的发展，国家治理体系也有了变革的需要。谁来治理美国，如何治理美国，具有了新的含义。传统投票方式越来越无法适应变化了的政治格局。由于全国性政党的兴起，政党运作成为总统选举的决定力量。各州选举人的推选也相应地适应着政党政治的发展，由此演变出沿用至今的通用方式。主要政党在各州分别提名该州的选举人，大选中在该州获胜的政党所提名的选举人即为该州的总统选举人。由于各州选举人来自政党提名，因此，选举人通常也会投票给胜选的政党，即通常所说的“赢者通吃”。

对于各州来讲，“赢者通吃”是一种长期均衡的政治策略。如果分散投票的话，本州选举人票的影响会相互抵消，在同各党候选人就政策纲领的博弈中，讨价还价的筹码也会变弱，从而遭到各党候选人的忽视。对各州来说，无论大小州，都是如此。小州容易被忽视，所以不会分散投票。大州则因为票面价值更大，更是希望把所

---

① Nicholas R. Miller, “Why the Electoral College Is Good for Political Science (and Public Choice),” *Public Choice*, Vol. 150, 2012, pp. 1 - 25.

持有的投票，转化为实际的政策倾斜，因此，也不会分散投票。[①] 赢者通吃的选举法则，又助长了各大政党倾力求胜的倾向。

这也就鼓励总统候选人同各州“交易”的倾向。如小布什推动钢材进口税，让他在2004年赢得了艾奥瓦州的选举人票。2012年，奥巴马强调要拯救通用汽车和克莱斯勒汽车，保住艾奥瓦州汽车工人的工作。[②] 艾奥瓦如此，其他地方也一样。可见，“交易”是每位总统候选人的必然选择。“美国上层精英在大是大非上达成广泛共识，注重财富并习惯于商人思维，参与集团活动并力求从非中性政策中受益。”[③]

表1 现代美国总统选举程序

程序	选举活动	法定规则
常规程序	全国大选	各州投票，选民一人一票，推选各州选举人。
	各州选举人集会	根据州法，[④] 各州选举人，确定本州选举人投票结果，签名，封印，集中送往参议院。
	选举人团集会	清点各州选举人票，并汇总结果，获半数以上选举人票者当选美国总统；若无人获半数以上选举人票，或候选人选举人票数相同时，启动应急程序。
应急程序	国会选举	由众议院推举总统，一州一票，过半数州支持者当选美国总统；若众议院投票形成僵局，且在总统就职日之前不能选出总统，则由参议院选出的副总统代行总统职权。

资料来源：“Constitution of the United States,” United States Senate, https://www.senate.gov/civics/constitution_ item/constitution.htm#a2。

① John Aldrich et al., “Sophisticated and Myopic? Citizen Preferences for Electoral College Reform,” *Public Choice*, Vol. 158, 2014, pp. 541 - 558.

② 伯顿·艾布拉姆斯著，孙建中译：《美国历史上的10大经济失误》，新华出版社，2016年版，第269页。

③ 张宇燕、高程：《美国行为的根源》，中国社会科学出版社，2016年版，第167页。

④ 各州相关法律条文汇总（States Laws Regarding Presidential Electors）在 National Association of Secretaries of State（NASS）网站获得，参见 http://www.nass.org/。

所以，竞选是创造议题和加深分歧的过程。各州都会慎重利用每四年一次同联邦政府讨价还价的机会。候选人若是不做出可信的承诺，不会轻易获得一个州的选举人票。正如一些经济学家所言，"选举团制度鼓励候选人去玩让各州利益集团获益的游戏，而不是照顾整个国家的根本利益。而让一个州受益的政策十有八九会让整个国家都付出比益处多得多的代价。……取消总统选举团并由民众直接投票决定总统，就可以取消这种低效的游戏玩法。"①但是这一认知只看到了问题的一个方面，而没有看到问题的另一个方面。

分析总统选举程序（如表 1 所示），可以发现选举人团是州权平等和选民平等的折中举措。如果实行全民直选，大州对小州就有了绝对优势。而顾及小州的利益，既是美国早期的政治需要，也是当今美国的政治需要。如果实行众议院选举，在一州一票的原则下，大州的利益又会受到抑制。② 选举人团的决定机制，是一种加权算法（weighted voting），在这种算法体系下，各州在州内保证了一人一票的公平原则。同时，由于选举人名额根据定期的人口普查结果进行调整分配，因此，各州的投票权重得到了较完善的保证。

在通常情况下，得到多数州支持的候选人，既能得到选举人团的多数选票，也能得到选民多数的支持。然而，由于加权算法的特性使然，在某些情况下得到选民多数支持的候选人，未必能够获得选举人团的多数支持。集中分析这些看似孤立的情况，就会发现其中蕴含着一些长期起作用的规律。比如，选举人制度造成的选择性偏倚，会使某个政党有更多的获胜机会。

---

① 伯顿·艾布拉姆斯：《美国历史上的 10 大经济失误》，第 268—269 页。

② 据调查，美国最小的 10 个州和最大的 10 个州当中，多数人都坚决反对废弃选举人团制度。参见 David W. Abbott，James P. Levine，*Wrong Winner：the Coming Debate in the Electoral College*（Westport：Praeger，1991），pp. 140 – 145。

三、选举人制度的非中性

观察内战结束以来的美国大选结果，[①] 可以发现，民主党获得普选票优势的次数更多。然而，选举的最终结果却是民主党取胜的次数明显更少（如图1所示）。其中，民主党候选人赢得普选票却输掉选举人票的情况共出现过4次。相反，共和党候选人在未获得普选票多数的情况下，也有可能获得最终胜利。因此，赢得普选票对民主党来讲只是赢得大选的必要条件，对共和党而言则是充分条件。可见，美国的选举人制度对民主党和共和党来说，至少是造成了结果上的不平等。[②]

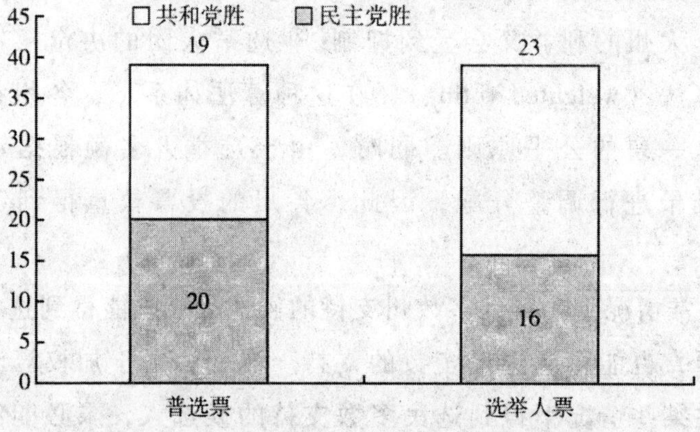

图1　美国内战后历次总统选举结果的统计

资料来源：U. S. Census Bureau, *Statistical Abstract of the United States: 2012*, pp. 243 – 264, http://www.census.gov/prod/2011pubs/12statab/election.pdf。

---

① 本文从林肯总统第二任期算起，美国内战前的情况未纳入。

② 1949年、1969年，有人先后提出议案（Lodge-Gossett Amendment 1949, Celler Amendment 1969），寻求废止选举人制度。但是都遭遇了议事阻挠（filibuster），最终无功而返。

这里，笔者使用配对资料差异比较的符号秩检验方法（Wilcoxon①）分析在美国总统选举中普选票和选举人票两种方式的计票，是否会造成对大选结果的系统影响。② 在本例中，普选票和选举人票两种方式的计票产生了明显的秩和差距（如表 2—A 所示），具有统计意义上的显著性（如表 2—B 所示）。换言之，美国内战后至今的总统选举中，选举人制度明显有利于共和党，而不利于民主党。根据历史统计，选举人制度明显提高了共和党胜选的机会。③

表 2—A　Wilcoxon 带符号秩检验

		N	秩均值	秩和
选举人票—普选票	负秩	4[a]	2.50	10.00
	正秩	0[b]	.00	.00
	结	35[c]		
	总数	39		

a. 选举人票 < 普选票；b. 选举人票 > 普选票；c. 选举人票 = 普选票。

表 2—B　检验统计量[b]

	选举人票—普选票
Z 值	-2.000[a]
渐近显著性（双侧）	.046

a. 基于正秩；b. Wilcoxon 带符号秩检验。

资料来源：根据笔者的统计和计算。

① 对该方法的说明及其相对于 t 检验的优势，参见贾俊平：《统计学》（第 4 版），中国人民大学出版社，2011 年版，第 298—300 页。

② 统计美国选举结果时，笔者将民主党胜选记为 1，败选记为 0。如果普选票结果和选举人票结果相同，即为“选举人票 = 普选票”；如果普选票获胜，而选举人票落败，即为“选举人票 < 普选票”；如果普选票落败，选举人票获胜，即为“选举人票 > 普选票”。

③ 关于美国选举人制度的“亲共和党倾向”（pro-Republican inversion），参见 Nicholas R. Miller, “Election Inversions by the US Electoral College,” in D. F. Felsenthal, M. Machover, eds., *Electoral Systems: Paradoxes, Assumptions and Procedures* (Berlin: Springer, 2012).

美国宪法是有产者制定的宪法，反映了有产者的偏好。如今，以财产界定选举权的时代虽然已经过去，但选举人制度还是延续了下来。美国宪法的性质，决定了选举人制度就是维护精英政治的工具。美国建国以来一直实行的选举人制度，更是推动了“利益集团社会”的形成。[①] 这种在不少人看来低效或者不公正的制度，因为得到权力的背书而长期存在。这一制度的长期存在，又必然会反哺维持其存在的权力结构，符合精英阶层利益的政治力量将从中受益。

共和党在传统上更接近精英阶层。美国历史学家查尔斯·比尔德（Charles Austin Beard）在100年前就得出结论，“财富的重心在共和党一边，贫困的重心在民主党一边。”[②] 穷人总是大多数，这是民主党不断扩大选民规模的根本原因。毕竟，社会中的弱势阶层，如黑人、妇女、新移民等群体，财产占有者总是少数，且占有的财产也是少数。民主党主张和追求权利平等，富兰克林·罗斯福总统曾在1929年说过，“我认为是时候让我们民主党人声称林肯是我们党的一员了。共和党已经彻头彻尾否定了他所代表的一切”。[③]

由于选举人制度有着维护精英政治的制度烙印，而共和党的纲领更接近精英阶层，因此，选举人制度在一定程度上对共和党更有利。美国的总统选举历史印证了这种判断。当然，选举人团制度设立时，美国尚未发展出政党组织。选举人制度维持共和制度的初衷，使之在面对政党兴起的形势下，不断倾向于选择支持精英主义的政治势力。这种倾向性的选择累积下来，就塑造出了系统性的政党偏好，主要表现是共和党的获胜几率明显高于民主党。这种倾向性的优势还经常与短期因素叠加，放大胜选者的优势。[④]

---

① 杰弗里·贝瑞、克莱德·威尔科克斯著，王明进译：《利益集团社会》，中国人民大学出版社，2012年版。

② 西摩·马丁·李普塞特著，张绍宗译：《政治人：政治的社会基础》，上海人民出版社，2011年版，第231页。

③ 富兰克林·罗斯福著，唐纳德·戴编，贾大海译：《总统是人民的工具：富兰克林·罗斯福自传》，江苏人民出版社，2013年版，第87页。

④ 尼克松、里根等共和党总统都曾获得过超过90%的选举人票。

在传媒迅猛发展的时代，密集的媒体曝光放大了各种短期事件的影响。民众的社会判断也受到短期舆情的作用，有时会低估制度安排对政治结果的重要影响。选举人团的制度属性，决定了总统选举的结果始终存在不确定性。如果不确定性是偶然因素造成的，那么，“阴差阳错”的选举结果应该是两党大致平分，但事实并非如此，受益方集中在共和党，受损方则集中在民主党。就像在掷硬币的实验中，如果硬币没有瑕疵的话，多次掷硬币的结果应为正反面向上的次数大致相当。如果一面比另一面朝上的次数异常增多，那么，有理由相信是硬币存在瑕疵。在这里，选举人制度就是一个“有瑕疵的硬币”。

四、地域影响与选举人票走向

选举人制度并没有降低候选人的地域性，反而使政党的地域性色彩越发突出。在美国的政治领域，选民投票率持续下降是一种基本现象，至少有三分之一的选民几乎从不参加投票。胜选者即使在选举中得票率过半，其在全体选民中的实际得票率也很低，无论谁当选都面临支持度不高的局面。[①] 另外，不活跃或者从不参加投票的这部分选民，无形之中迫使候选人更专注于经常参加投票的选民。其结果是，候选人的视野越来越狭隘，他们不得不迎合活跃的利益集团、社会团体、网络平台等票仓，导致选票的日益固化。

在1968—2016年间13次美国总统大选选举人票的得票结果中（如图2所示），民主党共取胜过5次，共和党共取胜过8次，两党取胜的比例符合长期历史统计的总体情况。如果把冷战前后分为两个时间段，可以发现，在冷战期间，美国选举人票的全国差距非常大；冷战后，选举人票的差距总体上缩小。由此可以看出，外部威

① Paul R. Abramson, “Nonvoters and the Future,” *Society*, July, 1984, pp. 11 - 14.

胁的严重程度对美国选举人票的走向是有重要影响的。冷战时期，共产主义的“红色威胁”（red menace）被认为严重影响了美国的生活方式，成为凝聚美国社会共识的外部因素，国际环境的影响对共和党明显有利。冷战后，财政赤字成为美国面临的“红色威胁”，克林顿、奥巴马的先后当选，与美国面临的经济困境不无关系。①

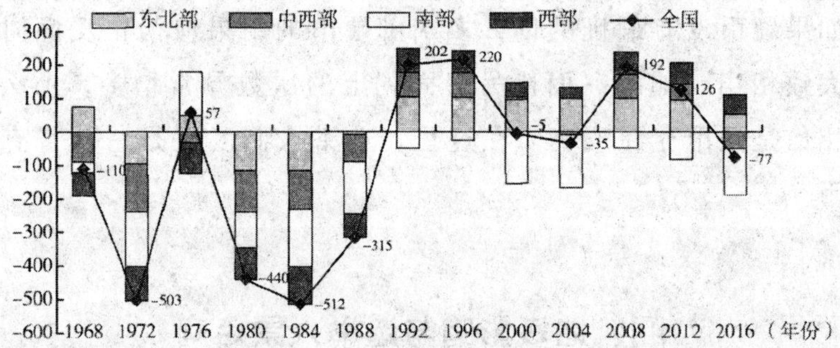

图2　1968—2016 年美国大选中民主党与共和党在全美及各地区的选举人票差距②

资料来源：1968—2008 年的数据来自 U. S. Census Bureau，Statistical Abstract of the United States：2012；2012 年和 2016 年的数据由笔者统计得出。

抛开外部因素，按照美国东北部、中西部、南部和西部等区域考察选举人票的分布情况，可以发现地域性因素对两党都有显著影响。在民主党取胜的 5 次选举中，共和党或者是输掉了南部的选举人票，或者只是在南部小胜民主党。民主党若只是在东北部小胜的话，则极有可能输掉整个选举；而一旦输掉东北部，则会在全国范围内遭遇失败。西部的选举人票归属有清晰的时间分界线，冷战时期一边倒地支持共和党，冷战后则一边倒地支持民主党。中西部的选举人票归属无长期性的规律，但是在 2008 年以来的 3 次选举中，明显从

① 选举人票差值的连线具有明显的波动性特征，是值得关注的现象。

② 柱形图衡量的是民主党和共和党在各区域的选举人票差值，正值意味着民主党在某地区领先，负值意味着共和党领先。

支持民主党转向了支持共和党。

对照分析2008年、2012年和2016年3次大选中选举人票的归属情况，可以发现，东北部和西部地区保持了支持民主党的传统，但是，民主党在这两个地区的选举人票领先差距一直在缩小。南部地区延续了支持共和党的传统，共和党在这一地区的选举人票领先差距一直在扩大。只有在中西部地区，选举人票的归属发生了很大的变动，从2008年和2012年强力支持民主党，变成了2016年强力支持共和党。这一结果出乎大多数人的意料，是共和党在2016年获得选举人票优势的关键原因。①

从2008—2016年的选举人票分布情况的变化看，各地区选举人票的走向具有联动性。即使在占优的东北部和西部地区，民主党的领先优势在2012年就出现了萎缩，东北部的选举人票优势更是在2016年急剧下跌。这表明，民主党政府对选民的吸引力是下降的，在不占优势的南部地区，支持率更是急剧下降。所以，从政党政治的角度分析2016年的大选，民主党败选可能是一种政治气候。共和党胜选在很大程度上得益于“取非选择”（rejection of another）。就像1980年的大选结果，里根总统当选是因为选举人团有保守化倾向，不希望看到卡特总统继续执政。② 2016年的共和党取胜，在一定意义上是1980年共和党胜选的翻版。

在2016年的大选中，选举人票除了在美国东北部的归属变化不大以外，在其他地区都发生了有利于共和党的显著变化，特别是在中西部，变化幅度之大，可能超出了常规政党运作可以解释的范围。对照1996年和2000年的大选结果来看，中西部从对民主党的强支持变成了弱支持；而对照2012年和2016年的大选结果，中西部则是从对民主党的强支持直接跳转到了对共和党的强支持。同2000年大选的政党轮替相比，2016年的政党轮替有着性质上的不同，难以

---

① 各州产生“摇摆”的原因，需要具体问题具体分析，本文不作探讨。

② Paul R. Abramson, “Nonvoters and the Future,” pp. 11 - 14.

用传统的政党运作方式来解释。政党运作产生的效果是一个渐进的过程，而且是在漫长的精耕细作中逐步导致变化。2016 年发生的大幅度变化，需要在常规的政党力量之外寻找原因。

五、特朗普的大众政治路线

一段时间以来，民粹主义成为分析美国政治问题的流行用语。“民粹主义，归根结底，是迎合‘人民’，通常是反对精英分子的，也常常反对外来者和外国人，其形式多种多样。”[①] 该词虽然是在美国的 2016 年大选过程中流行起来的，却反映了一个缓慢聚集却突然爆发的情感过程。民众在长期的工作和生活中发现改变自身处境的尝试几乎都不起作用，不少人相信，无论是否参与都不会影响选举结果，政党更替也不会改变自身的处境，[②] 政治上淡漠的选民不再参与总统选举。然而，总有很多人相信或者愿意相信，自身的处境会因为积极参与政治而有所改观，这也就为潜在的政治营销提供了民意基础，移动传媒的普及更是为政治动员提供了便利。

传统的媒体手段和政治动员方式着眼于缔造具有持久价值的静态体系，手段上主要是自上而下的宣教，竞选人的纲领涵盖大同小异的议题，听众也对其基本主张了然于胸。竞选人更多是以政党代言人的形象出现在竞争舞台上，选民也主要依据对不同政党的忠诚度来做决定。有别于此的是，在互联网时代，利益团体因分众传播的便利而大展身手，传播媒介的发展弱化了政党的组织运作，候选人的个人特质取代政党符号成为选战的一个重点。[③] 在自媒体时代，用

① 戴维·米勒主编，邓正来主编译：《布莱克维尔政治思想百科全书》，中国政法大学出版社，2011 年版，第 443—445 页。

② 安东尼·唐斯著，姚洋等译：《民主的经济理论》，上海人民出版社，2010 年版，第 74 页。

③ 李本京主编：《美国政治与其两岸政策》，博扬文化，2015 年版，第 38—41 页。

户对信息的需求不再满足于被动地接受竞选人的政策主张。自媒体的发展使竞选人能够基于事件进行即时表达，这是自媒体用户所乐于看到的结果。

2008 年，奥巴马借助新传媒手段扩大影响并赢得了总统选举。依靠新传媒，他把握住共和党政策失败、美国对待种族态度的变化、中产阶级参政变化等情况，成为有色人种当选美国总统的第一人。① 奥巴马总统在任期间，雄心勃勃地推出了诸多政策纲领。但是，公共政策具有“非中性”，一部分人受益的同时，另一部分人会受损或者认为受损。“政治正确”指导下的公共政策，如同性婚姻相关立法等，的确使少数人的权利得到了保证，却也令很多人不满。

迎合公众心理需要的各种社会宣泄应运而生，出现了一些个人的、零星的和无组织的针对特定对象的侵犯，如对有色人种滥用私刑、对同性恋酒吧的袭击等。毫无疑问，人性总有狭隘的一面，因此会有狭隘的宣泄。遗憾的是，总会有人利用人性的狭隘。“在美国精英阶层的眼中，民众倾向，某种意义上说是，可以被创造、被调动并可借以利用的情绪。”②

新媒体特别是自媒体的兴起和发展，为迎合大众心理带来了技术便利。反精英、反外来者、反外国人，在自媒体平台上都是话语消费的普遍议题，也是民众情感满足的便利通道。在真实世界拥有权力、金钱和支配地位的精英人物，在虚拟世界和赛博空间并不占有优势。特朗普就是以解构者的身份进入公众视线的，他对奥巴马、希拉里及华盛顿精英的冷嘲热讽在其未参选时就已经赢得了“点击”和“鲜花”。

反之，民众真正需要的是什么，也会通过自媒体平台传递给善于倾听的人。因此，如果说民粹主义是迎合大众的话，那么，对于竞选者来说，首先必要的就是知晓民众的需要。保守主义作家肖恩·

---

① 《英国媒体分析奥巴马胜选四个原因》，新浪网，2008 年 11 月 5 日，参见 http://news.sina.com.cn/w/2008-11-05/221216595858.shtml。

② 张宇燕、高程：《美国行为的根源》，第 125 页。

汉尼提（Sean Hannity）在奥巴马当选美国总统后迅速出书，寻找“挫败奥巴马激进议程”的方案，[①] 其主张目前正在成为特朗普政府的具体政策。和这位畅销书作家一样，特朗普知晓美国民众的心理需要，这是他得以在自媒体平台上进行政治动员的必要条件。

笔者认为，特朗普在自媒体平台上的政治营销，把握住了美国民众的心理需要，并且积极地回应了这种心理需要。特朗普自媒体营销的成功之处在于，不断提升自身在观念消费市场的竞争力，从一个普遍不被看好的边缘参与者，逐渐成为共和党党内竞争的核心参与者，成为美国大选的终极对局者，并获得选举人票的胜利，最终成功问鼎美国总统。[②]

然而，至今仍有不少人纠结于希拉里败选的选举结果。分析2016年大选选举人票的结果，可以发现，特朗普的成功当选绝非偶然，希拉里的败选亦不足惜。特朗普在30个州取胜，获得了31个州的选举人票（含缅因州1张选举人票）。而希拉里只在21个州和特区取胜，并未获得超过半数州的支持。虽然希拉里有近300万张的普选票优势，但是，仅在加州她就有超过400万张普选票的优势，而在纽约州也有近180万张的普选票优势。这意味着民主党候选人支持率的地域性过强，民主党在全国范围的代表性在变弱。

同时，这也意味着共和党在全国范围内获得的优势，都无法企及民主党在少数几个大州获得的选票优势。但是，特朗普在更多的州获得了支持，而希拉里的优势仅局限在少数几个州。两相对比，希拉里成了地域性过强的候选人，特朗普反而更具全国代表性。前已述及，美国选举人制度的初衷是提高总统候选人的全国代表性，并把大州的地域性优势降到最低。在这个意义上，选举人制度在2016年大选中充分发挥了建国之初制宪者赋予它的作用。

---

① Sean Hannity, *Conservative Victory: Defeating Obama's Radical Agenda* (New York: Harper Collins, 2010), pp. 3, 219 - 231.

② 特朗普的自媒体动员是一种全国性的竞选策略。如前所述，特朗普在中西部取得了特别的成功，有必要进一步探究其在中西部大获成功的特殊原因。

六、特朗普面临的执政难题

每四年一次，美国总统候选人都宣称要改造行政机构，使其富有效率并且能够迅速响应民众的需要。但实际上，每一位入主白宫者，都是改变的少而被改变的多。个人能带来的变化非常有限，因为组织和制度都有抵制变革的天然倾向。候选人在没有遇到执政约束时，可以无限地许诺变革，许诺无限的变革。一旦成功当选，面对真正的决策问题时，才会发现执政约束无处不在。

特朗普参选获胜而执政艰难的内生原因，包括但不局限于以下几个方面。首先是美国政治领域存在种族界限，① 并且形成了强烈的反奥巴马潜流。“奥巴马力图追求一种‘超越种族’的政治，但他的当选没有带来期望的‘种族和谐’，反而刺激了保守势力，激化了种族政治。”② 另外，近年来人们一直担心选举人制度会对普选结果造成歪曲，2016 年的总统选举结果印证了这种担心。③ 民选领导人的道义合法性也自克林顿总统之后一再受到民众的质疑。④ 而且，自媒体动员带来的解构主义风潮，更是冲击着传统的社会组织方式和政治动员方式。上述因素的耦合，在美国的总统选举史上是极为罕见的，甚至可以说造就了体制外人士当选美国总统的个例。

对不少人而言，接受新总统特朗普非常困难，有些人甚至喊出了

---

① Robert A. Brown, “The Color Line of American Politics: The Vying Ideologies of Blacks and Whites,” *Journal of African American Studies*, Vol. 8, No. 1 &2, 2014, pp. 38 – 58.

② 王希：《原则与妥协：美国宪法的精神与实践》，北京大学出版社，2014 年版，第 656 页。

③ Lara M. Brown, “How Close is Too Close? The 2012 Election in the Electoral College,” *Society*, Vol. 49, 2012, pp. 418 – 422; John Aldrich et al., “Sophisticated and Myopic? Citizen Preferences for Electoral College Reform,” *Public Choice*, Vol. 158, 2014, pp. 541 – 558.

④ David Marsland, “Morality, Legality and Democratic Leadership,” *Society*, Vol. 9, 1999, pp. 47 – 51.

“不是我的总统”的抗议口号。[①] 的确，从参加选举到上台执政，特朗普的支持者群体变换不定。特朗普当政后所推行的国内外政策也不无争议，在推出2018财年预算草案后，就被普遍认为是在为富人减税，给穷人减福利，引起了美国社会各界的不满。[②] 对此，另一位民粹主义候选人桑德斯在社交媒体上发文，揭开了特朗普的“假民粹”（fake populist）的面纱。[③]

在国际事务上，关注短期收益尤其是经济回报几乎成为特朗普外交政策的黄金法则。他宣称过挑战“一个中国”原则，随后又和西方盟国发生了龃龉，美国国务院不得不四处灭火。凡此种种，不一而足。如果这些都是特朗普政府在过渡阶段的试探性政策，那么，新政府在试错过程中会得到什么样的启示，将如何推进复兴美国构想的进一步展开？

大体而言，政府首脑和行政部门都需要得到全体民众的信任。只有行政部门展现出把握局势的能力和意志，契合民众认可的愿景和方向，其所推行的政令才能通行无阻。否则，如果只关注短期事件，只追求短期效果，为迎合民众心理需要而不考虑政策的长远影响，则难以建立和维持全民性的支持。从民粹转向民本是一个艰巨的任务，意味着要从情感上满足民众需要，变为在现实中满足民众需要。执政以来，特朗普政府的气候政策受到质疑，贸易政策受到批评，移民政策受到抵制，甚至关于特朗普会受到弹劾的声音也开始出现。这些都表明，总统候选人以满足支持者需要为终极目标，而总统则要以满足全体民众的需要为行为指南。美国总统在施政过程中面对

---

① Frank Miniter, “Nine Ways to Help the ‘Not My President’ Protestors Man Up,” MSN, Nov17, 2016, http://www.msn.com/zh-hk/news/other/nine-ways-to-help-the-‘not-my-president’protestors-man-up/vp-AAkqKot.

② 《特朗普预算案在美引发巨大争议　两党都有反对声音》，凤凰网，2017年5月25日。参见 http://news.ifeng.com/a/20170525/51160874_0.shtml。

③ Daniel Marans, “Bernie Sanders Says Trump Budget Exposes President as Fake Populist,” Yahoo, May 24, 2017, https://www.yahoo.com/news/bernie-sanders-says-trump-budget 2110 27057.html.

的障碍和困难，远比作为候选人时面临的问题更加真实，也更不容易应对。在美国的政治体制之下，威信是权力的首要保障，反对者始终都在尝试削弱在位者的威信，这反过来也强化了在位者维护自身威信的紧迫感。[①] 而对于选举争议后执政的政府，如小布什政府、特朗普政府，其威信更是存在着先天性缺陷。当政府威信受到质疑时，需要通过采取实际行动来提高威信，这进一步要求夯实执政基础并扩大政治联盟。

与上届政府倚重东西两岸不同，现任美国政府的执政基础在内陆各州。显而易见的是，内陆各州的国际化程度要低于东西两岸，在内陆地区“地道的美国人”眼中，国内市场比国际市场更重要，州际联系比洲际依存更亲近，既然外部世界离不开美国这个“秩序稳定器”，那么，国际社会就要为美国因国际义务付出的国内资源提供一定的补偿。因此，鉴于国际秩序仍由美国主导，在对外孤立不现实的情况下，“雇美国人”“买美国货”“美国优先”就成了应有之义。[②] 于是，保守主义最具影响的内陆各州把特朗普推上了总统宝座，而特朗普也需要在政治上给予回报，其执政后的政策则呈保守主义倾向。

经历过小布什政府时期的“新保守主义”，外界对美国现任政府的保守主义政策并不感到陌生。特朗普政府退出《巴黎协定》《跨太平洋伙伴关系协定》，与小布什政府上任不久就退出《京都议定书》《反导条约》并无二致。在对待联盟体系的问题上，特朗普在北约峰会上的举动固然令盟友不悦，但远没有引起“火星”与“金星”的争论，更不会造成“大西洋裂痕”。相反，特朗普在大选期间一再贬低国际机构，但是，他在重大国际问题上回到了联合国安理会，而

---

① 例如，“猪湾行动”的失败对肯尼迪总统产生了深刻影响，促使其在柏林、越南采取了一系列强硬的行动。参见赵学功：《富布莱特：美国冷战后外交的批评者》，北京大学出版社，2015 年版，第 78 页。

② 实际是美国与盟友进行军事合作的传统做法。参见 U. S. Congress, Office of Technology Assessment, *Arming Our Allies: Cooperation and Competition in Defense Technology*, *OTA-ISC 449* (Washington, DC: U. S. Government Printing Office, May 1990)。

不是依靠美英特殊关系或者组建“志愿者联盟”单边行事。特朗普政府的“美国优先”政策，同小布什政府的“单边主义”相比，还是要收敛得多，也谨慎得多。特朗普政府没有宣布某一个大国为“战略竞争对手”，也没有激起法德以及中俄在国际机构的联合抵制。事实上，美国还加强了同中国在重大国际问题上的协调。因此，应该说特朗普政府确有保守主义倾向，但其保守主义倾向要弱于小布什政府。

特朗普在施政过程中面临一系列体制性的阻力，建制派的杯葛、国会的掣肘、精英集团的抗拒、传媒界的抵制等等，对特朗普来说都是挑战，但同时也是机会。一切体制性的阻力恰恰印证了特朗普的竞选主张，即美国的问题是体制性的，必须从变革体制的角度寻找解决办法。而且，体制性的障碍越大，越能够强化变革者的合法性和正当性。可以预期，特朗普不会屈服于所面临的国内压力。相反，他会不断努力，通过克服国内压力来建立自身的权威。为此，特朗普或在国内制约因素较小的外交领域寻找突破口，通过主导外交事务进程提升威望，进而为主导国内局势创造积极条件。

结　语

在2016年的总统选举中，共和党候选人特朗普大谈身份政治，符合共和党用“非阶级问题”淡化选民阶级意识的传统，成功地将选民视线转移到恐怖分子、非法移民、崛起大国等外部挑战者的身上。在这个意义上，特朗普具有共和党候选人的典型特征。以自媒体动员为手段，特朗普充分利用了当前美国的民粹主义情绪，扭转了选战初期一边倒地有利于希拉里的形势，但也未能使选举形势一边倒地有利于自身。正因为如此，大多数人预期希拉里将会赢得大选。确实，正如预期，希拉里赢得了普选票的优势。然而，在美国的大选中，选举人票的归属才是决定性的，希拉里恰恰是在这个环节失败。

关于选举人制度这个问题，不能满足于把它简单地归于美国选举制度的特殊设计，要看这个 200 多年前的特殊制度设计，如何一如既往地满足了美国的政治需要。根据美国宪法的相关规定，选举人团或国会众议院选举美国总统，以此决定由谁承担治理国家的责任。因此，选举人票的归属，既能解释一个候选人的胜选，同时，也能解释其他候选人的败选。

在 2016 年大选中，特朗普的当选集中体现了美国选举政治乃至更广义的政治生活面临的根本问题。归根结底，美国总统作为全体民众的首脑会被寄予各种希望，要求其回应每个阶层的需要。特朗普曾经承诺将成为带领美国重现繁荣的全民总统，他需要尽快走出选战纷争，不再只是取悦于有限的群体。只有承担起全民的责任，才有可能弥合大选造成的社会分歧。执政以来，特朗普始终面临着艰难的执政局面。在可预见的未来，执政难题仍然会困扰特朗普政府。合理的预期是，特朗普政府会在国内因素约束较少的外交事务领域寻求突破。

（原文载于《当代美国评论》2017 年第 1 期）

特朗普时期的
美国外交

美国外交的变迁：从冷战共识到争议与困惑

[美] 冯稼时著[*] 齐 皓译[**]

【编者按】此文系冯稼时博士从美方视角对冷战后美国外交政策变迁的分析与解读，本书将此文收录书中并不代表同意其观点。

【内容提要】美国的外交政策保持了显著的稳定性和延续性。理解美国外交和安全政策的稳定性及何以以可预见的方式持续发展，需要从国际体系、美国的经济状况和社会状况，以及美国公众对政府的看法几个方面加以探讨。伴随冷战的终结，美国过去50年来外交政策的主要战略共识被颠覆，美国的对外战略面临国际、国内新的形势变化。在“自由世界”以规则为基础的国际秩序中，国际体系的融合和相互依存得到增强。在全球融合的进程中，美国出现经济增长趋缓、中产阶层收入停滞，以及社会不平等加剧等问题。2016年大选的结果是公众对美国对外政策和经济预期不确定不满的集中体现。亚洲地区是变化中的美国外交政策优先关注的战略目标。变化中的美国外交政策未来会更加稳定和可预测，但是不会简单地延续以往的外交政策体系。

【关键词】美国外交　对外战略共识　后冷战时期　特朗普政府

在苏联解体20余年之后，美国仍然在努力理解和适应成功所付

---

[*] 冯稼时（Thomas Fingar），斯坦福大学亚太研究中心高级研究员、美国国务院前助理国务卿、美国国家情报委员会前主席。

[**] 齐皓，中国社会科学院美国研究所助理研究员、博士。

出的成本和结果。普通公众认识到冷战结束是重大事件，但却鲜有人认识到美国急需改变外交政策的关注重点。自鸣得意的胜利主义者和公众对政治家和美国的政治制度产生了一种普遍的信心，认为未来的发展趋势是积极的，延续美国一直以来的政策既恰当又稳妥。从而形成的社会气氛是，美国的大多数公众很少关心政治，他们更关注于自身的家庭、工作或者其他个人利益。

美国公民较少关注政治的情况强化了冷战时期形成的共识，即将国家安全和外交事务交付给政治家和外交政策精英。这些外交官、军界人士、贸易专家等精英倾向于保持冷战时期使美国从中获得胜利的应对国际事务的外交政策。此种政策选择意味着美国要为维护国际自由秩序承担不成比例的责任。这种自由秩序由所谓的“自由世界”发展而来，在1991年苏联解体以后扩大到多数国家。这种趋势的内在不平等被美国公民忽视或接受，因为这被视为有助于美国的安全和繁荣。

这种趋势使得美国的外交政策既稳定又可预测，也有助于国际体系保持稳定。不是所有的国际关系行为体都喜欢或支持美国的目标和政策，但是他们可以预测并适应美国的外交决策。但是，现在的情况已经发生变化，或者更确切地说，要理解或者预测美国会做什么或者想要实现什么目标不再那么容易。这令包括美国在内的国际社会普遍感到不安，一些人希望美国政府可以尽快回归到之前的政策行为模式。一些人似乎得出了错误的结论，即美国正在不可避免地走向衰落，不再能为国际体系提供领导力和稳定性。在笔者看来，美国的外交政策会变得更加稳定和可预测，但是不会简单地延续过去的外交政策。

无论是特朗普总统的支持者还是批评者们，他们都把导致美国目前外交政策状态的绝大部分责任归咎于总统拒绝接受前任们所遵循的政策逻辑。[①] 这当然毋庸置疑，但是把特朗普政府正在做的事情归因于背弃传统或无知，则是忽略了时代背景，即当今的世界与第二次世界大战后美国外交政策的核心要素形成的时代已经截然不同，巩固那些政策的共识也不复存在，特朗普总统或任何继任者都不可能简单地回归到过去有效的外交政策之中。还原美国外交政策的明确性、一致性和可预测性是一项紧迫和可实现的战略目标，但是为21世纪的国际体系阐述一个清晰的愿景，发展一套战略以实现这一愿景，并且形成新的共识以支持新的战略则要困难得多。

一、美国外交政策延续性的支柱

几十年来，美国被认为是一个在分裂和动荡的世界中既稳定又可预测的堡垒。即使在美国国内政治动荡的时候，就像20世纪六七十年代那样，美国的外交政策也保持了显著的稳定。美国的政治体系和社会结构得到了强化、延伸和转变，但是美国的外交政策目标和实施政策的手段基本没有发生变化。理解美国的外交和安全政策何以保持稳定，并且以可预见的方式发展，需要考察国际体系、美国的经济状况、美国的社会状况，以及公众对政府的看法四个方面。

第一，国际体系。冷战结束以后，很容易低估美国主导的“自由世界”与苏联领导的社会主义阵营之间生存性竞争（existential rivalry）的至关重要的意义。美国、苏联以及它们各自的盟国都持续关注这场无所不包的斗争及其后果。对美国来说，这是唯一最重要的安全关切，其他一切都相形见绌。美国尽管有时在国内问题上存

---

① Stephen Sestanovich, “The Brilliant Incoherence of Trump's Foreign Policy,” *The Atlantic*, May 2017, https://www.theatlantic.com/magazine/archive/2017/05/the-brilliant-incoherence-oftrumps-foreign-policy/521430/; Rosa Brooks, “Donald Trump has a Coherent, Realist Foreign Policy,” *Foreign Policy*, April 12, 2016, http://foreignpolicy.com/2016/04/12/donaldtrump-has-a-coherent-realist-foreign-policy/.

在很深的分歧，在外交政策领域的具体举措和对策方面有时也存在争议，但是赞成尽一切所能避免在冷战中被打败和在核战争中被消灭的共识是深刻、广泛并且强烈的。①

“自由世界”与“社会主义阵营”之间的竞争是一种看似永无止境的客观事实，必须通过战略威慑和缓和（关系）来加以管理。美国利用优惠获得军火、市场、培训和技术的政策来加强与同盟国的关系，并吸引了不结盟的国家。这些政策工具和劝诱产生了理想的结果：战略稳定得以保持，盟国的繁荣与稳定得以加强，美国的繁荣得以促进。美国国家安全政策的有效性有助于外交政策免受美国国内政治变化的影响，能够保持高度的连续性和可预见性，使盟国安心并有效威慑对手。

支撑这些政策的逻辑和有效地将管理国家安全事务的责任交付给行政机构的共识，有利于外交政策的延续性。尽一切所能防止在冷战中失败，理查德·尼克松对中国的开放即是这一长期承诺的逻辑延伸。当尼克松和基辛格抓住机遇通过改善与中国的关系限制苏联时，此举震惊了包括日本在内的许多国家，也令美国公众感到吃惊，但此举并没有在美国引起争论或反对。②

大约10年之后，卡特总统看到制约莫斯科的更好机会，即支持中国的改革开放战略，使中国通过现代化建设和以出口为导向的经济增长获得财富和实力。美国公众再次理解并赞同了美国外交政策的战略逻辑。③ 尼克松改变了美国与中国的关系，卡特决定让中国通过参与“自由世界”的国际经济秩序获益，这种方式大大扩展了美

---

① James T. Patterson, *Grand Expectations*: *The United States*, *1945 – 1971* (New York: Oxford University Press, 1996); Joshua B. Freeman, *American Empire*: *The Rise of a Global Power and the Democratic Revolution at Home* (New York: Viking, 2012).

② Henry Kissinger, *White House Years* (Boston: Little, Brown and Company, 1979), chapters 18 – 19, 24.

③ Michael J. Green, *By More than Providence*: *Grand Strategy and American Power in the Asia Pacific Since 1788* (New York: Columbia University Press, 2017), chapters 9 – 10; Zbigniew Brzezinski, *Power and Principle*: *Memoirs of the National Security Adviser*, *1977 – 1981* (New York: Farrar, 1985), chapter 6.

国及其盟国施加经济影响的政策空间。但是，直到 1992 年，发生的一切仍然以冷战时期的东西方阵营为界。

以此观之，尼克松和卡特的政策行为是为了在与苏联的持久竞争中增强美国和西方国家的国际地位，并为此进行了战术调整。如此概述美国的政策并不会降低中美缓和关系对美国、中国以及地区和国际社会的重要性。美国为中国成为自由国际秩序事实上的成员而欢呼雀跃，美国的对华政策考虑到更深远和更深入的参与。政治家和外交专家宣告一个新时代的到来，但情况很快就进入到一个看起来很像旧常态的"新常态"，美国继续奉行第二次世界大战结束后一样的政策。对于美国这些重大的战略转变，大多数评论者都赞扬领导人的智慧和勇气，很少有人将这些战略转变描绘为是为了保持美国霸权、复兴美国经济，或者是稳固政治支持的孤注一掷。大多数人的最基本判断是美国政府看起来知道自己在做什么，美国此举在震惊世界后，其外交政策行动仍将一如既往可以预测。

第二，美国经济状况与中产阶级。几十年的经济成就使美国公众受益匪浅，美国在 20 世纪五六十年代对基础设施和教育的投资以及对科技研发的投资，其意图是对抗苏联的数量优势。政策工具是技术领先的武器，美国企业在基于规则的"自由世界"经济秩序中保持的活力和成功，以及与工人和投资者共享更多利润的企业文化。数千万的美国家庭成为中产阶级家庭，他们购买住房，并习惯于不断改善自身的生活方式。① 美国的经济经历了正常的起起落落，但直到 2000 年，美国公众的生活还是美好的，并有希望会变得更好。在经济福利方面，联邦政府的政策和制度似乎也运转良好。美国公众认为，既然政策制度运作良好，就没有必要更密切地监督政策审议或寻求改变以纠正问题。事实上，也没有必要过于关注政治。②

---

① Lawrence R. Samuel, *The American Middle Class: A Cultural History* (New York: Routledge, 2014).

② James T. Patterson, *Grand Expectations: The United States, 1945 – 1971*.

经济繁荣增强了个人安全感。工作有保障，有能力购买住房并养活自己和孩子，并且相信未来孩子会比自己拥有更多的机会、财富和工作保障，这些状况和预期使美国公众普遍感到安全。虽然自动化和低技能的工作机会流向了海外，造成了短期的痛苦和失望，但是人们普遍在新兴的或正在发展的行业中很快找到了工作机会。尽管遇到了挫折和混乱，但未来看起来仍然很光明，对大多数美国人来说，社会体系仍然运作良好。

因为生活状态良好，很多美国人是否思考过美国的外交政策和贸易政策是以何种方式促进或限制了公众生活水平的提高，这令人怀疑。这种情况在21世纪的第二个十年发生了变化，因为公众的个人发展出现了更多问题。

第三，美国社会状况。尽管在一定程度上正是源于经济的强劲发展，大多数的美国家庭期待并经历了生活水平的稳步提高，当社会动荡达到较高水平，变革美国国内政策的诉求愈加强烈，这与外交政策上的共识形成了鲜明对比。究其原因在于，外交政策的成功和经济的繁荣发展为美国公众的一些诉求创造了基本的安全条件，例如，要求投票权、更好的社会公正体系、更清洁的空气和水、老年人的健康保健、缓解与美国价值观格格不入且有损民众生活水平的其他条件等。如果经济发展不景气，军事袭击的危险性加大，那么公众就可能走上街头抗议，各级政府也就可能推动根本的政策转变。

除了越南战争引发的反战运动是一个明显而且重要的例外，最具分裂性的国内问题（如种族平等和公民权利）都没有产生国际影响。这意味着美国公众可以通过上街游行或投票对政府施加压力，而不用担心这样做会危及美国的安全。抗议和示威广泛存在，有时甚至是暴力的，各方的情绪都很激烈。但是大多数分歧与党派无关。一些分歧是以阶层为基础的，另一些则是以地区为基础的，还有一些则是以经济上的逐利为原因。

第四，政府的表现。关于政府的表现和美国公众对政治人物和政治体制的信心，仅做一般性的概述是不够恰如其分的。但为了强调20世纪过去的50年和当今美国政治的差别，笔者认为1950年至2000年间的公众对政府的信心远高于现在，公众信任政治人物和官员管理涉及美国国家安全和外交政策的大问题，而美国成功避免了与苏联发生冲突似乎也佐证了这种信任。在经济方面同样如此，美国政府的经济政策被视为是培育和调控了经济活动，为千万家庭带来了实实在在的利益。

对政府和政治体系的信任在社会领域也得到了证实。鼓励公众的积极参与是有效的，政府通过一系列具有里程碑意义的法案回应公众的诉求，包括1963年的《清洁空气法》、1964年的《民权法》、1965年的《投票权利法》、1965年引入的医疗保险（高龄和残疾美国人的医疗保健），以及1972年的《清洁水法》。[①] 即使在反对越南战争的情况下，美国社会也存在一个广泛的共识，即政治体系能够发挥作用。尽管没有达到很多人期待的程度，但是最终美国军队回国了，国会在1973年通过了《战争权力法》，限制总统在没有国会批准的情况下发动战争的权力。[②]

基于以上的总结可以判断，大部分美国公众在多数时间和多数地方的行为界限都是基于对经济形势和对政府执政的经济政策的基本满意，普遍认为政府运转良好，相信联邦政府为维持和平与防止战略对手获胜所做的一切努力，都是可以接受的，因为这些政策是有效的。对这些重大问题上的外交政策和政府表现普遍满意，并产生了一个对政策连续性的固定偏好，这符合美国“不破就不修”的理念。但是到21世纪第一个十年结束为止，美国民众在所有这些领域的满意和信心已经大为减少，几乎濒临消失。

---

① James T. Patterson, *Grand Expectations: The United States, 1945 – 1971*, chapters 15 – 22.

② Leslie H. Gelb, Richard K. Betts, *The Irony of Vietnam: The System Worked* (Washington, DC: Brookings, 1979).

二、美国外交政策面临的新环境

要认识到当今的情况与1945年到2000年的情况有很大不同，不需要完全同意上述总结分析的所有方面。[1] 核武器继续制约着理性政治领导人的政策选择，这样就限制了大国之间发生战争的可能。但是冷战结束了，它的终结颠覆了美国过去50年外交政策的主要逻辑。冷战结束的影响不是立竿见影的，苏联已经不复存在这个事实过了很多年才被接受，更重要的是，技术变革和全球化的力量打破了长期存在的国际机制和关于世界以及美国在其中国际地位的假设。发生在国家和国际政治的多个层面和多个领域的变化不断发展、互动并达到一个节点，很多长期以来习以为常的、并且被认为将影响未来的关于美国的事实似乎已经一去不复返。多种因素的发展变化在2016年的美国总统大选中汇聚，使观察者感到迷惑、沮丧，甚至有时被误导。

过去30年，国际社会发生了根本性的变化，从美国的角度来观察，大部分的变化及其累积效应都是积极正面的。西方资本主义民主与苏联社会主义之间不可调和的竞争没有发生冲突就结束了，国际社会比以往更加和平、更加繁荣，政治问责制在全球范围内继续扩展。非国家行为体带来的恐怖主义已经取代核战争成为美国最紧迫的安全关切。就冷战时期的最高优先目标及其直接后果而言，事态已朝着正确的方向发展，对于美国、美国的盟国，以及美国所建立、维持和拓展的国际秩序的威胁大大减少了。

国际体系的融合和相互依存程度超过以往任何时候，越来越多的

---

① 笔者之所以选择2000年，而不是1992年作为冷战终结的时间点，主要基于两个原因：一是苏联解体对国际体系到底意味着什么，这个不确定性持续了较长时间；二是公众和政治家完全意识到美国所处的新环境与既往的显著不同存在时间滞后。

国家和人民得益于以规则为基础的自由秩序，越来越现代化和越来越繁荣的国家减少了对美国的保护和经济的依赖。世界变得更加繁荣，但其他国家的繁荣并没有以牺牲美国、美国企业或大多数美国公民的利益为代价。中国崛起近40年后，印度、巴西等许多国家开始经济腾飞25年之后，美国在世界经济中的份额仅仅下降了几个百分点，并且人均收入高于从前，原因是美国人口现在只占世界总人口的4.5%左右。美国的社会经济仍然表现良好，但许多美国人却判断情况正在变得更糟。

对于美国公众个体而言，重要的是能够找到有意义的、有回报的就业机会，使人们能够享受舒适的中产阶级的生活水准，并为子女提供一个更美好的未来。同时，社会的公平制度也很重要。一些人挣得比别人多，这是可以容忍的，前提是所有人都能够挣得足够舒适的生活，而且每个人都能获得公平的利益分配。对于数以千万计的美国人来说，这个体系不再提供他们认为所能获得的利益，而且似乎与他们的利益相左，他们没有预想到这种结果。统计数据显示，美国工人的收入30年来基本停滞不前。富人愈加富有，仅有少部分人正在从中产阶级上层上升到富裕阶层，但大多数人的生活水平都处于日益紧张和难以接受的程度。①

美国工人的收入和期望值相悖并不是过去10多年来唯一改变的事情。事实上，上述四个领域的现实和观感都与过去大不相同，更重要的是，所有这些变化都在侵蚀或毁坏美国外交政策稳定性的支柱。

第一，国际体系。尽管除动荡的中东地区之外，国际社会正变得比以往更加繁荣、更加融合、更加相互依存、更加和平，但也变得更加分裂和多样化。冷战虽然在许多方面是令人担忧和充满危险的，但是对于竞争却存在一致性，其他国家是朋友还是敌人，还是与安

---

① Lawrence Mishel, et al., "Wage Stagnation in Nine Charts," Economic Policy Institute, January 6, 2015, http://www.epi.org/publication/charting-wage-stagnation/.

全竞争是否无关，答案都是相当明确的。此外，安全和经济集团之间也有相当大的重叠，美国的盟友也是世界经济自由秩序的一员，美国的敌人几乎不能进入美国的市场，获得美国的资本和技术。1978年以后，中国在不是美国盟国的情况下成为这个经济秩序的一员，并且在往后10年中一直没有被列为敌人。

20世纪90年代初，冷战时期美苏互斥的两极格局带来的明确性开始消失。曾经的自由世界集团已经成为唯一的群体，现在已经包含了几乎所有国家。曾经被明确定义为朋友和敌人的类别之外又出现了“亦敌亦友”，经济关系现在还包含了除参与同一生产和供应链之外，几乎没有共同之处的多数国家。国际舞台上的一切变得越来越复杂，越来越难以管理。

国际舞台在其他方面也发生了变化。第二次世界大战后机制不断老化的国际机构正在失去效力，越来越多的政治活动发生在国际机制之外，国际问题的范畴扩大到包括传染病、人口贩运、温室气体排放等等。开展多边业务的企业之间的竞争，使得劳工政策、税收政策和环境政策（包括其他因素）等成为影响美国国内经济的因素。包括美国在内，失去或者获得工作机会的原因在于公司董事会所做的决定，而不在于美国政府官员。

苏联的消亡也削弱了为维护国家安全而采取一切必要措施的共识。[①] 而且其他国家，特别是美国的盟国，还有其他许多国家已经变得越来越强盛。美国公众因此开始质疑，是否仍需要延续原有的外交政策以威慑和击败已经不复存在的如苏联这样的敌人。评估并修正以往对战略伙伴更加有利的政策安排，这方面的倾向和压力不断增加，部分原因在于美国公众的经济状况和前景与10—15年前相比有很大不同。

第二，美国经济状况与中产阶级。美国工人的工资水平在20世

① 打击恐怖主义已经在相当大的程度上成为了塑造美国冷战时期外交政策共识和缘由的等价物，但其范围和影响是不同的。

纪80年代一直处于高位稳定的状态，之后基本停滞不前。[①] 当工资增长趋于平缓时，似乎是经济周期中的“正常”现象，这并没有引起美国公众的紧迫关注，因为人们预计工资涨幅停滞只会持续较短一段时期。但是，预期的工资水平快速改善并没有发生，在经济和政治影响凸显之前已经持续了几年时间。

美国的国民经济继续缓慢增长，原因是基数变得如此之大，人均国民生产总值持续增长，但增长的收入中越来越多的份额集中在越来越少的群体中，富人变得更加富裕，但中产阶级的收入停滞不前。少数人和多数人之间的差距变得更加明显，同时也更加令人难以接受，美国公众要求政府对此采取措施是可以理解的。国会所做的就是通过立法给中产阶级减税，但却给非常富有的人带来不成比例的好处，此种解决方案使大多数公民的情况变得更糟。[②] 特朗普政府和国会在2017年后期出台的大规模减税，赋予了巨富阶层更丰厚的福利，加剧了收入不公平问题。

美国经济发生变化有很多原因，从老化的基础设施到自动化的发展，教育和技术培训计划的不足，以及来自于其他国家企业的竞争，这些问题没有简单或快速的解决办法。有些责任在于个体，但是企业、地方政府和联邦政府都难辞其咎，必须共同承担解决方案。但是政治家们更倾向于把责任归咎于其他国家的不公平竞争和“不明智”的贸易协议，而不是承认美国政府没能采取有效的政策措施加以补救。

第三，美国社会状况。贫困和中产阶级家庭的经济问题成为2016年大选的一个中心议题，但失业和将其他国家作为美国经济的替罪羊都只是令选民不满的部分原因。同样重要的原因是日益加剧的社会不平等，这使得很多人的经济困难状况更难以被接受，并且

---

① Lawrence Mishel, et al.,“Wage Stagnation in Nine Charts”.

② David Kamin, Isaac Shapiro,“Studies Shed New Light on Effects of Administration's Tax Cuts,” Center on Budget and Policy Priorities, September 13, 2004, http://www.cbpp.org/research/ studies-shed-new-light-on-effects-of-administrations-tax-cuts.

更具政治影响因素。因为占人口1%份额的富裕阶层目前在公众收入中占了非常大的份额，并且这一比例快速增长。[①] 和所有国家都一样，美国的经济精英有很大的政治影响力，他们不愿意进行损及其经济财富和社会地位的改革。

第四，政府的表现。在通常情况下，大多数美国人很少关注政治和党派争论。这更多是源于对美国的政治制度和政治领袖的信心，而不是冷漠或对政治不感兴趣。在正常情况下，美国公众满意于专业的政界人士和政府官员处理政府的日常事务时，适当地调整政策以解决具体问题或者应对事务的发展即可。如果美国政府的政策实施进展不顺，例如，经济不景气，制度方面看起来不公平，或者政府没有尽力保护环境，没有规范企业的行为，美国选民可以利用投票和其他机制使领导人承担责任。由此，美国大多数公众认为没有必要密切关注政治纷争，或者没有必要积极参与改变政策或政府行为的行动中。一般而言，美国公众将政策决策委托给政治人物。在非常情况下，当政策系统如果没有像应有的机制那样运行时，美国选民就会直截了当，通过选举投票更多地参与到政策决策过程中，这就是2016年大选以来正在发生的情形。

2016年的选举受到一场“完美风暴”的塑造，其根源是选民怀疑美国外交和安全政策是否仍然明智性和有效，经济前景是否仍可预期。对很多选民来说，不满情绪来自停滞的或者不断恶化的生活水平，以及对政府没能缓解很多社会问题的失望，认为美国的政策体系没有按照应有的模式运转。共和党和民主党的党派分歧在国会制造的僵局加剧并印证了这种认知的准确性，其结果是普遍扩散的不满情绪，这种情绪类似于1975年的标志性电影《网络》中虚构的新闻主播霍华德·比尔（Howard Beale）的长篇大论所表达的那种感

① Josh Blivens, “The Top 1 Percent's Share of Income form Wealth has been Rising for Decades,” Economic Policy Institute, April 23, 2014, http://www.epi.org/publication/top-1-percentsshare-income-wealth-rising/.

党，“我气疯了，我再也不会接受它了”。[①]

美国公众对共和、民主两党的政治人物和意识形态的各个方面都失去了信心。除了这种后果之外，更多的美国人关注政治和政策争论。外交和安全决策将不会再被委托给外交政策精英中的“专业人员”，直到他们重新获得美国公众的信任和信心，这将需要一些时间。在此期间，外交政策议题将被置于公众面前进行讨论，在各种议题领域间折中权衡，并充斥着由政治妥协而导致的各种矛盾。

三、美国外交政策变迁对亚洲的影响

当前在美国政治阴影下展现出的事态发展和争论，是近20年前开始的趋势和事件的高潮。正在美国发生的事令很多在亚洲和其他地区的人们感到费解和担忧。美国人也对此感到困扰和迷惑，但是大多数美国人还是至少有明确的信心，认为美国将战胜这些挑战，变得更强大、团结，能够更好地迎接明天的挑战。有些人可能认为这种信心是天真的，或者是盲目乐观，但这是典型的美国人的理想主义。了解美国历史的人都知道，美国在历史上也经历过类似的时期。

其他国家的人们并不认同美国克服当前困难的信心。也许更为重要的是，很多亚洲国家的人们担忧，美国解决内部分歧的方式将不利于他们的安全、经济和政治利益。他们的担忧是有道理的，因为简单地回到美国外交的原有状态是不可能的。美国的外交政策和与全球秩序的互动将不同于20世纪后期和21世纪的最初几年。

这些变化对特定国家是有利的还是不利的，它将取决于这些国家自身的行为和反应，以及美国政府的决定。如果包括亚洲在内的其他国家要塑造或对美国的事态发展做出有效的反应，他们就需要准

---

① Jeff DeGraff, “I'm Mad as Hell and I'm Not Going to Take It Anymore,” Psychology Today, October 17, 2011, https://www.psychologytoday.com/blog/innovation-you/201110/i-m-madhell-and-i-m-not-going-take-it-anymore.

确地理解正在发生的事情，发生的原因，以及什么因素可能决定未来美国的优先事务和政策选择。

首先，政治争论的加强代表的是活力，而不是衰落。与亚洲许多人的断言和明确的认知相反，美国并没有衰落。① 美国至今仍然是世界上最强大的经济体，美国企业在全球的产量和收益中所占的份额比30年前的情况更多，美国的军队仍然没有竞争对手，美国的大学仍然为全世界所羡慕，获得美国“绿卡”依然是全球精英人士的梦想。包括很多亚洲高层领导人在内的许多人错误地理解美国的这些方面，这会产生重大的影响。因为这会导致对美国外交政策的错误评估，基于对美国政府想要实现目标的不准确理解而采取错误的应对政策。换句话说，对美国现状的错误分析会导致对其战略目标的误判及其外交政策的误解。

亚洲对美国的众多评论中非常流行和有害的想法之一是，美国正在衰落和国际政治权力将不可避免地转移到崛起的中国。这个概念有很多变种，其中包括一个令人费解的趋势，即把国民生产总值的规模等同于一个国家的总体实力、影响力和稳定性，产生关于权力的“跷跷板”观点，假设中国和其他国家的崛起“证明”美国正在衰落，并对崛起的中国与衰落中的、决心阻碍中国崛起的美国陷入不可避免的冲突表示担忧。此种担忧引申出的推测包括担心美国履行其安全承诺的意志和能力，担心未能抢先适应中国的优势地位将会产生不利的经济后果等。

提出对美国衰落的判断错误不是为了攻击不存在的“稻草人”，是因为该思维的存在使得政府官员和其他人会透过有色眼镜看待美国对地区事务的持续参与，以及美国重新审视冷战安排的方式。由于基本条件已经发生如此大的变化，未来的政策评估不可能建议美国的外交政策回到原有方式。准确地说，未来美国寻求的变化将不

---

① Bonnie S. Glaser, Lyle Morris, “Chinese Perceptions of US Decline and Power,” *China Brief*, 9－14, July 9, 2009, http://www.jamestown.org/programs/chinabrief/single/?tx_ttnews%5Btt_news%5D=35241&cHash=db9748f805#.V9RaXhSTS9c.

仅取决于美国公众和决策者的偏好，也将受到各地区国家的倡议和反应的影响。传统的战略安排将以何种方式如何适应新的环境，其他国家采取的措施将是至关重要的。至关重要的是，其他国家的政策审视应基于对美国的实力和战略目标的准确理解。

其次，美国将继续深度参与亚洲事务。亚洲地区的许多评论家，以及美国的一些评论家，质疑奥巴马政府“亚洲再平衡”战略的诚意、意义和可持续性，但笔者发现大多数这样的评论肤浅的令人难以置信，过于关注词语，而忽视了事实本身。无论是否将美国对亚洲地区的事务参与描述为是美国长期外交政策的持续和发展，还是对美国与亚洲地区总体关系中具体议题的重新重视，或者或多或少地认为这是以美国思维为中心，一个基本的事实是美国正在并将持续深度参与亚洲地区事务。争论美国与过去某些时候相比是否更多地参与，或者与对欧洲、中东和其他地区事务的参与做比较，就像争论一枚大头针上面能够站多少天使一样都毫无意义。

参与并不是一个只有“开”和“关”二元选择，它始终是一个等级指标，区别在于参与程度的多少和参与的具体内容，但永远不会低于最低值。质疑奥巴马总统时期美国在多大程度上更广泛地参与了亚洲地区事务，并猜测特朗普政府撤出跨太平洋伙伴关系协定的长期后果，这是掩盖了更为重要的一点，即美国在亚洲地区的参与将保持非常高的深入程度。贸易量、金融要素流动、生产和供应链、安全关切、大量的亚裔美国公民，以及许多其他“事实”将确保美国持续深入参与。然而，这并不意味着美国参与亚洲事务的形式将和过去几十年完全一样。

再次，美国的利益推动美国参与亚洲事务，那些利益不包括追求或维护美国霸权或者是遏制中国。首要的目标包括维护和延长和平与繁荣，不是通过美国或任何其他国家行使霸权或通过权力平衡机制，而是遵守被所有人所接受和奉行的以规则为基础的国际秩序。美国一直并将继续与一些国家保持比其他国家更紧密的关系，但不寻求将各地区划分为盟友和对手群体。

将美国的亚洲地区外交政策描述为受到与中国的竞争所驱动是错

误的。中国和其他国家做的一些事情美国不喜欢，但大多数外交政策的官员寻求在共同的结构和框架内管理分歧，而不是重现冷战时期的分裂和敌对。竞选言辞中对中国的批评应该被认真对待，因为这些言辞揭示了具体的、大多是经济方面的美国公众的关切。但是有头脑的美国人应该明白，将美国政治和外交决策中的问题归咎于中国和其他国家是对现实的过度简化。例如，企业将生产转移出美国的决定是由企业董事会和美国企业的首席执行官做出，而不是中国或其他国家所导致的。将解决根本问题的需求定性为国家安全关切是为了强调这些的重要性，不应仅从字面意思理解。

最后，冷战已于20余年前结束，但其遗产继续塑造美国和其他国家的观念、政策以及优先事务。这样的例证包括保持与盟国和伙伴的不平等关系，仍然维持有争议的承诺，确保获得不再需要的战略资源。美国继续冷战时期的政策选择，例如，向一些盟国提供单方面的安全保障，赋予总部在美国的企业进入美国市场的更加有利的条件，但这些做法可能不再合适。美国的政府官员和其他从这种政策安排中获利国家的政府官员不愿改变这些已经实施很长时间的、惠及双方的、并与美国各个方面交织在一起的策略选择。但是如上所述，2016年美国总统大选期间所凸显的一些关切和态度，或明或暗地挑战了继续实行原有外交政策行为的基础。

特朗普总统以前所未有且不可持续的方式回应了这些担忧，但重新审视美国追求战略目标的手段是基于现实的需要。特朗普政府的“解决方案”不可能持续，但美国的外交政策也不会重回原状。美国仍在考虑和争论的是到底想要什么样的冷战后世界，美国在新秩序中的角色应该是什么，如何改革、替换或补充现有的机制以满足21世纪的要求，以及如何与其他国家合作共同设计并建立一个更加公正和有效的以规则为基础的国际秩序，并提供足够的空间使其他国际关系的行为体做出应有的贡献和发挥领导力。

（原文载于《当代美国评论》2018年第1期）

金融危机后美国的新孤立主义思潮探析*

韩召颖** 岳 峰***

【内容提要】第二次世界大战后，国际主义成为美国对外政策的主导，但具有深厚历史传统的孤立主义仍不断以新的形式出现。2008年国际金融危机后，美国国内出现新的孤立主义思潮，美国对外政策也体现出一定的孤立主义倾向：奥巴马政府将更多的精力放在国内问题上，在对外政策上坚持“最少介入”；特朗普上台以后，以“美国优先”为口号，继续减少国际介入，避免承担国际责任，同时施行贸易保护主义和强硬的移民政策。此次新孤立主义思潮出现的原因是多方面的，既源于美国国内对自由国际主义实践结果的不满和解决国内问题的需要，也是美国相对实力下降和人口结构变化等趋势性因素作用的结果。

【关键词】美国军事与外交 新孤立主义 奥巴马政府 特朗普政府 贸易保护

孤立主义和国际主义是美国对外政策的两个主要传统。第二次世界大战后，国际主义在美国的对外政策中一直占据主导地位，但作为一种历史传统的孤立主义并未就此消亡。相反，在一定的条件下，孤立主义总是以新的形式出现，成为战后限制国际主义

* 本研究得到国家社科基金重大项目“中国构建新型大国关系的实践探索研究”（项目编号：13&ZD049）的资助。

** 韩召颖，南开大学周恩来政府管理学院教授。

*** 岳峰，南开大学周恩来政府管理学院博士研究生。

的重要力量。2008 年国际金融危机后，新的孤立主义思潮再次在美国兴起，且有可能是第二次世界大战以后迄今影响最大的一次。此次新孤立主义思潮有哪些具体的表现？对美国对外政策将造成怎样的影响？为什么会出现新孤立主义思潮？本文试图对这些问题进行分析和回答。

一、美国外交的孤立主义传统及其发展演变

孤立主义在美国具有深厚的历史传统。从第二次世界大战前主导美国对外政策，到第二次世界大战后以社会思潮的形式继续存在，孤立主义在美国经历了一个形成、巩固和变化的过程，也见证了美国对其国际角色认知的变化。

美国对外政策中的孤立主义主要是指美国长期奉行的“不与其他国家，尤其是欧洲大国结盟、不做出政治军事承诺”① 的对外政策。立国之初，美国对外政策的主要目标是摆脱列强控制，巩固独立成果，孤立主义对外政策便由此产生。针对法国大革命爆发后欧洲各国间的战争，美国政府于 1793 年 4 月发布《中立宣言》，声明不介入战争任何一方。通过这一宣言，美国一方面明确了不介入欧洲纷争的态度，另一方面也在事实上废止了独立战争期间与法国签订的同盟条约。因而《中立宣言》实际上“奠定了美国孤立政策的真正基础”。② 1796 年，华盛顿在宣布退出政坛时发表了著名的告别演说，告诫美国不要卷入欧洲国家的政治纷争，避开与外界任何部分

① Manfred Jonas, “Isolationism,” in Alexander DeConde, Richard Dean Burns, and Fredrik Logevall, eds., *Encyclopedia of American Foreign Policy*, Second Edition, Volume 2 (New York: Charlrs Scribner's Sons, 2002), p. 337.

② John Holladay Latané, *From Isolation to Leadership: A Review of American Foreign Policy* (Garden City: Doubleday, 1918), p. 8，转引自王晓德：《美国外交的奠基时代》，北京·中国社会科学出版社，2013 年版，第 222 页。

的永久结盟。[①] 这是对孤立主义对外政策的首次系统阐述，也将孤立主义作为美国对外政策的原则确定下来。[②] 1823 年 12 月，时任美国总统詹姆斯·门罗向国会发表国情咨文，提出了“美洲是美洲人的美洲”（America is American America）的口号，将孤立主义从美国孤立扩大到美洲孤立。一方面，除了地理上的阻隔，门罗主义强调美洲在政治制度方面与欧洲的根本区别；另一方面，在美国不介入欧洲事务的基础上，门罗主义强调欧洲也不得干涉美洲事务。因而门罗主义实际上与孤立主义“相吻合并使之得到加强”。[③] 在之后的 100 多年中，尽管美国经济实力和国际影响力不断增强，但其始终恪守孤立主义的对外政策准则。即使有时美国迫于形势的需要而干预欧洲事务，它也会在达到目标后迅速撤回。[④] 美国参加第一次世界大战遭到孤立主义者的强烈反对，战后国会拒绝批准美国加入国际联盟更显示了孤立主义力量的强大。而第二次世界大战前夕《中立法》的通过则是孤立主义的一次极端表现。

第二次世界大战后，美国成为超级大国，并逐渐确立了其在全球的霸权地位，孤立主义的对外政策也被主张积极干涉全球事务的国际主义所取代。随着战后美国自身利益在全球范围内的深度嵌入，孤立主义已不再像第二次世界大战前那样成为一项凌驾于其他原则之上的主导性政策，但作为一种历史传统和政治思潮的孤立主义并未随之消失。相反，“在一定的条件下，孤立主义总是不断以新的形式出现，成为战后反对美国干涉世界事务的重要力量”。[⑤] 第二次世界大战后，孤立主义在美国至少有两次大的回潮。一次是 20 世纪 60

---

① ［美］乔治·华盛顿：《华盛顿选集》，聂崇信、吕德本、熊希龄译，北京·商务印书馆，2012 年版，第 308—309 页。

② 杨生茂主编：《美国外交政策史》，北京·人民出版社，1991 年版，第 55 页。

③ Cecil V Crabb, Jr., *The Doctrines of American Foreign Policy: Their Meaning, Role, and Future* (Baton Rouge: Louisiana State University Press, 1982), p. 14.

④ Lane Crothers, "The Cultural Roots of Isolationism and Internationalism in American Foreign Policy," *Journal of Transatlantic Studies*, Vol. 9, No. 1, March 2011, p. 22.

⑤ 张也白：《孤立主义与美国对亚洲的干涉》，载《美国研究》，1991 年第 3 期，第 32 页。

年代末期，美国国力相对衰落，特别是深陷越战泥潭，导致美国国内政治、经济危机频发。在这样的背景下，孤立主义思潮卷土重来，其中的代表人物为参议院外交委员会主席威廉·富布赖特（William J. Fulbright）和1972年民主党总统候选人乔治·麦戈文（George McGovern）。他们要求减少美国在海外承担的义务，放弃自第二次世界大战以来在世界上的干涉主义，将美国的注意力更多地转向国内，以使美国的对外政策与其国力相适应。① 另一次是20世纪90年代，随着两极格局的终结，美国国内关于美国未来的对外战略展开了规模空前的大辩论，孤立主义作为其中的一种政治主张再次兴起。许多有影响的学者、政客提出美国应把视角转向国内，其中比较全面和系统地阐述冷战后孤立主义主张的是1992年的共和党总统候选人帕特里克·布坎南（Patrick J. Buchanan）。布坎南以“美国第一”“美国优先”为口号，提出美国不该过多干预世界事务、背负不属于自己的责任，而应该致力于解决美国自身的问题；美国应取消所有对外援助，撤回驻在国外的军队，设立贸易保护主义的关税壁垒。②

需要说明的是，第二次世界大战后的孤立主义已不同于美国早期的孤立主义，因而通常被称为“新孤立主义”。首先，第二次世界大战后的孤立主义不再是政府的对外政策，而只是存在于民间和政坛的一种政治思潮。孤立主义是对各种反对第二次世界大战以来美国政府秉持的国际主义对外政策的主张的统称，不同的孤立主义者可能因对国际事务认知的差异而提出不尽相同的政策主张。因而第二次世界大后的孤立主义纷繁复杂，基于不同的分类方法可以将其分为自由孤立主义和保守孤立主义、理想主义的孤立主义和现实主义的孤立主义、安全孤立主义和经济孤立主义等。③ 其次，第二次世界

① 资中筠：《战后美国外交史》，北京·世界知识出版社，1992年版，第601页。

② *New York World*, February 29, 1992，转引自王晓德：《美国文化与外交》，北京·世界知识出版社，2000年版，第166页。

③ 参见 John Dumbrell, “Varieties of Post-Cold War American Isolationism,” *Government and Opposition*, Volume 34, Issue 1 (January 1999), pp. 24 – 43。

大战后的孤立主义并不完全反对美国介入国际事务，而是强调海外介入不能超过美国力量的限度，不能以损害美国利益为代价。由于新孤立主义的政策主张不尽相同甚至在某些问题上截然相反，很难就具体的政策主张对新孤立主义进行界定①，但其核心思想却是相通的，也因此才能被统称为新孤立主义。这些核心思想可以归纳为紧密联系的三点：（1）重新定义美国的国家利益，认为美国的根本国家利益在于美国自身的安全、繁荣和自由民主制度，而不是世界的所谓和平、民主，更不是其他国家的安全和利益。因而，（2）美国应当将政策重心置于国内问题上，以保护美国的安全，促进美国经济的繁荣。这就要求（3）美国减少在海外承担的义务，只介入那些与美国的安全和繁荣密切相关的国际事务，并严格根据国家利益制定美国的对外政策。

作为美国对外政策最重要的传统之一，孤立主义的形成及其巨大影响有着深刻的文化渊源和现实动因。首先，"美国例外论"是孤立主义对外政策的重要思想根源。早期北美移民多是出于对欧洲政治和宗教状况的不满而选择逃离，他们来到北美这个新大陆就是要建设一个不同于欧洲，且优越于欧洲的新世界。因而"多数美国人的内心深处对欧洲有一种鄙视心理"，"他们从心底里认为欧洲在堕落、欧洲在沉沦，而对美国自己的制度和价值观却感到自豪，因此他们感情上不愿与欧洲为伍。"② 同时，美国不与欧洲为伍也是出于保护自己优越的制度和价值观的考虑，因为美国人担心"对霍布斯式的国际政治世界进行过多干预，会腐化和破坏美国人民已经建立的洛

① 美国学者巴里·波森（Barry R. Posen）和安德鲁·罗斯（Andrew L. Ross）将新孤立主义视为美国四个相互竞争的大战略构想之一，并对新孤立主义大战略的政策主张进行了描述，参见 Barry R. Posen and Andrew L. Ross, "Competing Visions for U. S. Grand Strategy," *International Security*, Vol. 21, No. 3（Winter 1996 – 1997）, pp. 5 – 53。但他们的界定明显过于狭窄，其所界定的"新孤立主义战略"更像是第二次世界大战前美国的传统孤立主义，因而罗伯特·阿特（Robert J. Art）在分析美国可能采取的大战略模式时，直接使用了"孤立主义战略"这一概念，参见［美］罗伯特·阿特：《美国大战略》，郭树勇译，北京大学出版社，2005 年版。

② 庄锡昌：《二十世纪的美国文化》，杭州·浙江人民出版社，1993 年版，第 93 页。

克式的民主秩序”。[①] 其次，特殊的地理位置为孤立主义对外政策提供了重要的客观环境保证。在交通和通讯技术尚不发达的年代，浩瀚的大西洋成为阻隔美国与欧洲的天然屏障，这道屏障既有效限制了欧洲列强对美国的干预，也有利于美国专心于国内事务。正如华盛顿在告别演说中所言：“我国位于隔离和遥远的位置，这要求我们并使我们追寻另一条不同的道路。”[②] 最后，孤立主义在一定程度上也是当时国内外环境作用的结果。美国独立之初，孤立主义显然是巩固独立成果、增强国力的需要；第二次世界大战前美国的孤立主义达到鼎盛时期，在一定程度上也是经济大萧条和国内民众对欧战态度分裂造成的；[③] 20 世纪 60 年代末的孤立主义回潮，是在美国国力相对衰落和深陷越南战争泥潭的背景下发生的；20 世纪 90 年代的孤立主义回潮则是外部对手突然消失和对冷战深刻反思的结果。总的来说，“每当美国在国内遇到危机或在国外遭到失败，孤立主义情绪往往会高涨起来。”[④]

二、金融危机后的新孤立主义思潮

自 2008 年国际金融危机以来，美国再次出现了新孤立主义思潮。这一思潮在美国民间、学界和政坛都表现得非常明显。

金融危机后，美国社会出现明显的孤立主义倾向，强度甚至超过前两次孤立主义回潮。美国皮尤研究中心 2009 年的民调数据显示，49% 的被调查者认为美国应“管好自己的事情，让其他国家尽量依

---

① ［美］沃尔特·拉塞尔·米德：《美国外交政策及其如何影响了世界》，曹化银译，北京·中信出版社，2003 年版，第 198 页。

② ［美］乔治·华盛顿：《华盛顿选集》，第 308 页。

③ David Hastings Dunn, “Isolationism Revisited: Seven Persistent Myths in the Contemporary American Foreign Policy Debate,” *Review of International Studies*, Vol. 31, No. 2 (April 2005), pp. 256 – 257.

④ 张也白：《孤立主义与美国对亚洲的干涉》，第 32 页。

靠自身力量处理好各自的问题”，76%的被调查者认为美国应“更专注于自己国家的问题，致力于美国的强大和繁荣”，皮尤研究中心的报告以“孤立主义情绪达到40多年来的最高点”概括这次民调的结果。① 但这一“最高点”很快就被再次刷新。到了2013年，支持上述两种观点的被调查者分别增长至52%和80%，均达到皮尤研究中心1964年开始此项民调以来的最高值；相比之下，第一次孤立主义回潮期间，两项数据的最高点分别为43%和73%；第二次孤立主义回潮期间，两项数据的最高点分别为41%和78%。② 2016年，支持上述两种观点的被调查者比例在2013年的基础上均有所下降。但另一方面，57%的被调查者认为美国应“管好自己的事情，让别的国家尽力应对他们自己的问题”，只有37%认为美国应帮助其他国家解决问题；同时，41%的被调查者认为美国已经在国际事务上做的太多，而不是太少（27%）；49%的被调查者认为美国参与全球经济是一件坏事，只有44%持相反观点，这表明美国民众对参与国际事务仍持十分谨慎的态度。③

同时，芝加哥全球事务委员会（The Chicago Council on Global Affairs）进行的民意调查也证明了美国民众的孤立主义倾向。根据该委员会2014年的民调，58%的被调查者支持美国在国际事务中发挥积极作用，41%的被调查者认为美国应从国际事务中抽身；虽然该委员会的报告坚持不应将此视为民众的孤立主义倾向，但基于对同一问题的回答，58%这一数字是芝加哥全球事务委员会自1974年开始此项调查以来的第二低点，仅次于1982年的54%，41%则是1974年以来的最

---

① Pew Research Center, “America’s Place in the World 2009,” December 2009, available at: http://www.people-press.org/files/legacy-pdf/569.pdf, 2017.3.20, pp.1, 12.

② Pew Research Center, “America’s Place in the World 2013,” December 2013, available at: http://www.people-press.org/files/2013/12/12 - 3 - 13 - APW-VI-releasel.pdf, 2017.3.20, p.20.

③ Pew Research Center, “Public Uncertain, Divided over America’s Place in the World,” May 5, 2016, available at: http://www.people-press.org/2016/05/05/public-uncertain-divided-over-americas-place-in-the-world/, 2017.3.20.

高点；此外，调查发现，只有感受到直接威胁，且认为军事干预的成本相对较低、风险相对较小或涉及人道主义灾难时，美国人才支持使用武力。[①] 到了2015年，认为美国应从国际事务中抽身的被调查者比例降至35%，但仍高于开始此项调查以来的大多数年份。[②]

在美国战略学界，持明显孤立主义倾向的战略主张受到越来越多的关注。自冷战结束以来，美国战略学界关于美国对外战略的争论从未停止，对美国“自由霸权”战略的批评也一直存在。[③] 而在小布什政府的“自由干涉主义”导致美国深陷中东战争泥潭的背景下，批判的声音受到越来越多的关注，其中的“离岸平衡”（Offshore-Balancing）战略和“克制”（Restraint）战略无疑属于新孤立主义的范畴。“离岸平衡”战略的倡导者主要包括克里斯托弗·莱恩（Christopher Layne）、约翰·米尔斯海默（John J. Mearsheimer）和斯蒂芬·沃尔特（Stephen M. Walt）等人。[④] “离岸平衡”战略认为美国应从权力政治角度确定自己的战略目标，即“维持美国在西半球的统治地位，防止其他地区潜在霸权国的崛起”[⑤]，而不是在全世界

---

① Dina Smeltz and Ivo Daalder with Craig Kafura, “Foreign Policy in the Age of Retrenchment,” September 2014, available at: https://www.thechicagocouncil.org/sites/default/files/2014_ CCS_ Report_ 1.pdf, 2017.3.26, pp.7, 19.

② Dina Smeltz and Ivo Daalder with Craig Kafura, “America Divided: Political Partisanship and US Foreign Policy,” September 2015, available at: https://www.thechicagocouncil.org/sites/default/files/CCGA_ Public Survey 2015.pdf, 2017.3.26, p.10.

③ 关于美国对外战略的争论和对“自由霸权”战略的批判，参见 Barry R. Posen and Andrew L. Ross, “Competing Visions for U.S. Grand Strategy”；［美］罗伯特·阿特：《美国大战略》；赵明昊：《迈向“战略克制”？：“9·11”事件以来美国国内有关大战略的论争》，载《国际政治研究》（季刊），2012年第3期，第133—162页；王栋、尹承志：《自由国际主义的兴衰与美国大战略》，载《外交评论》，2015年第1期，第87—112页。

④ ［美］克里斯托弗·莱恩：《和平的幻想：1940年以来的美国大战略》，孙建中译，上海人民出版社，2009年版；John Mearsheimer, “Imperial by Design,” *The National Interest*, Issue 111 (January/February 2011), pp.16 – 34; Stephen M. Walt, “The End of the American Era,” *The National Interest*, Issue 116 (November/December 2011), pp.6 – 16; John J. Mearsheimer and Stephen M. Walt, “The Case for Offshore Balancing: A Superior U.S Grand Strategy,” *Foreign Affairs*, Vol.95, Issue 4 (Jul/Aug 2016), pp.70 – 83.

⑤ John J. Mearsheimer and Stephen M. Walt, “The Case for Offshore Balancing: A Superior U.S Grand Strategy,” p.71.

范围内推广民主价值观、维护自由开放的国际秩序。他们强调美国根据欧洲、东亚和波斯湾地区的权力分配调整自己的军事布局：鼓励地区国家承担责任，维持地区权力均势，防止某一国家崛起为地区主导国；美国只在必要时介入，以扭转权力的失衡。在具体的行动策略上，他们认为当前只有东亚地区出现了权力失衡的趋势，因而美军要继续留在亚洲，但应该从欧洲和波斯湾撤离。通过限制军事上的投入，美国一方面可以将更多的资源用于解决国内问题，进一步巩固美国的优势地位，另一方面可以有效缓解恐怖主义的威胁，因为“美国在中东的干预是穆斯林憎恨美国的主要原因”。[①] 因而，“离岸平衡”战略的实质是“节约使用美国的力量，以在尽可能长的时期内维持美国的超级大国地位、捍卫美国的民主自由”。[②]

“克制”战略的主要倡导者是麻省理工学院教授巴里·波森（Barry R. Posen）。[③] 这一战略认为美国的核心利益在于美国自身的安全及其在国际上优势地位，而对美国利益的威胁主要来自地区强国的崛起、核武器的扩散和恐怖组织对美国的袭击。在“自由霸权”战略的指导下，美国毫无节制的对外干涉不仅造成巨额的经济损失和人员伤亡，而且引发其他大国的制衡和中东地区强烈的反美情绪；美国的同盟关系对美国利益的贡献有限，反而是助长了一些盟友的肆意妄为。为了解决这些问题，美国应“逐步减少政治承诺和军事部署”，废止“冷战期间遗留的联盟组织和安全承诺”，“让盟友独自承担自身的安全责任”。[④] 这样，美国可以通过削减开支来促进经济

① John Mearsheimer, “Imperial by Design,” p. 24.

② John J. Mearsheimer and Stephen M. Walt, “The Case for Offshore Balancing: A Superior U. S Grand Strategy,” p. 72.

③ Barry R. Posen, “The Case for Restraint,” *American Interest*, Vol. 3, No. 1 (November/December 2007), pp. 7 – 17; Barry R. Posen, “A Grand Strategy of Restraint,” in Michele A. Flournoy and Shawn Brimley, eds., *Finding Our Way: Debating American Grand Strategy* (Washington, D. C.: Center for a New American Security, 2008), pp. 81 – 102; [美] 巴里·波森：《克制：美国大战略的新基础》，曲丹译，北京·社会科学文献出版社，2016 年版。

④ [美] 巴里·波森：《克制：美国大战略的新基础》，第 113 页。

发展，同时以地区均势来制衡可能威胁美国优势地位的地区强国，从而在内外两方面缓解对美国优势地位的威胁。就相应的军事战略而言，美国应逐步撤回大部分的海外驻军，转而寻求在全球范围的“制公权”（Command of the Commons），即对国际公域，包括海、空、天的控制。这样的战略一方面能有效减少其他国家和恐怖组织对美国的恐惧和憎恨，从而削弱核扩散和恐怖主义的根基，另一方面也足以维护美国的优势地位，并保证美国在需要时能做出快速高效的反应。

与前两次孤立主义回潮相似，金融危机后的新孤立主义也有总统候选人作为代表人物。首先是 2008 年和 2012 年的共和党总统候选人罗恩·保罗（Ron Paul）。美国外交政策网站将保罗的对外政策主张概括为“自由意志主义、不干涉主义和帝国规避主义”。[①] 作为自由意志主义者，保罗坚信过多的干预不会产生好的效果，美国的对外干预不仅将士兵置于危险境地、浪费宝贵的国家财产，而且会造成事与愿违的结果，招致其他国家或非国家行为体的憎恨和报复。因而他反对任何形式的对外干预，反对侵略战争，主张美国结束与其他国家的盟友关系，撤回驻扎在外国的军队；同时，保罗强调美国的主权和自由，支持绝对自由的国际贸易，因而他主张退出联合国、国际法院、世界贸易组织等限制美国主权和行动自由的国际组织，反对北美自由贸易协议、中美洲自由贸易协定等实际上“有碍自由贸易”[②] 的自贸协定；此外，保罗坚决反对非法移民，提出废除出生公民权、加强边境防卫等措施以限制非法移民。[③] 虽然两次都没能通过党内初选，但保罗的政策主张赢得相当数量年轻人和底层民众的支持，也为之后具有孤立主义倾向的总统候选人的出现奠定了

① Kedar Pavgi, “Ron Paul's Foreign Policy,” November 17, 2011, available at: http://foreignpolicy.com/2011/11/17/ron-pauls-foreign-policy/.

② Ron Paul, “CAFTA: More Bureaucracy, Less Free Trade,” June 7, 2005, available at: http://archive.lewrockwell.com/paul/paul254.html.

③ 参见罗恩·保罗的支持者所建的网站：http://www.ronpaul.com.

基础。

2016 年总统大选中，共和党总统候选人唐纳德·特朗普的对外政策主张在许多地方与保罗惊人的相似。竞选期间，特朗普打出“美国第一”的口号，将之作为其政策的最高理念。特朗普认为美国在国际事务中消耗了过多的资源，也失去了盟友的信任和对手的尊重。因而他提出美国应将更多的精力转向国内，建设强大的军事和繁荣的经济，维护美国的安全和广大民众的利益。特朗普主张，在安全上，美国应减少不必要的安全承诺，让盟友承担更多的义务并为美国提供的安全保障买单；美国应避免为推广民主而进行对外干涉，但为维护美国的安全和利益要敢于使用武力；在经济上，美国应退出各种对其构成限制的贸易组织和自贸协议，设置贸易壁垒，以保护美国的经济和民众的利益；同时，美国应退出联合国气候变化协议，避免为此承担不必要的义务。[①] 此外，特朗普将非法移民视为“美国面临的最严峻的挑战之一”，提出在美墨边境修建隔离墙、抓捕并遣返非法移民等措施以应对这一挑战。[②]

需要指出的是，第二次世界大战后，“孤立主义”一词在美国已被异化，成为国际主义者用以抨击对国际主义政策稍有质疑者的蔑称。[③] 因此，在美国学界，事实上持孤立主义立场的学者很少愿意承认自己是孤立主义者或新孤立主义者，而总是将自己的政策主张冠以其他称谓，[④] “离岸平衡”战略和“克制”战略就是如此。波森反

---

① 参见特朗普关于外交政策的讲话：“Transcript: Donald Trump's Foreign Policy Speech,” April 27, 2016, available at: https://www.nytimes.com/2016/04/28/us/politics/transcript-trump-foreign-policy.html.

② 参见特朗普关于移民问题的讲话：“Transcript of Donald Trump's Immigration Speech,” September 1, 2016, available at: https://www.nytimes.com/2016/09/02/us/politics/transcript-trump-immigration-speech.html.

③ David Hastings Dunn, “Isolationism Revisited: Seven Persistent Myths in the Contemporary American Foreign Policy Debate,” p. 243；另参见 John Dumbrell, “Varieties of Post-Cold War American Isolationism,” p. 24.

④ Barry R. Posen and Andrew L. Ross, “Competing Visions for U. S. Grand Strategy,” p. 9.

对将克制战略视为新孤立主义，① 甚至在早期将自己划为选择性干预战略的倡导者。② 但在其他学者看来，“离岸平衡”战略和“克制”战略都具有明显的孤立主义倾向，应被划为新孤立主义的范畴。③ 同样，在政坛，保罗和特朗普都不承认自己是孤立主义者，甚至极力分辨自己的政策与孤立主义的不同④，但他们的整体政策倾向和核心思想无疑都具有明显的孤立主义特征。

三、金融危机后美国对外政策中的孤立主义倾向

金融危机后，在新孤立主义思潮兴起的背景下，美国的对外政策也体现出一定程度的孤立主义倾向。一方面，这是对外政策决策者基于国内外环境做出的现实选择；另一方面，也是更主要的，这是新孤立主义社会思潮影响的结果，因为“任何民主政体都很难抗拒公众情绪持久且广泛的转变”。⑤

奥巴马在金融危机中上台，其对外政策体现出一定的孤立主义倾向。

第一，就国家总体战略而言，相比于外交，奥巴马政府将更多的精力放在国内问题上。这一战略定位基于奥巴马的一种理念，即对

① Barry R. Posen, "The Struggle against Terrorism: Grand Strategy, Strategy, and Tactics," *International Security*, Vol. 26, No. 3 (Winter 2001 - 2002), p. 53.

② Barry R. Posen and Andrew L. Ross, "Competing Visions for U. S. Grand Strategy," p. 17.

③ James J. Hentz, "Introduction", in James J. Hentz, ed., *The Obligation of Empire: United States' Grand Strategy for a New Century* (Lexington: The University of Press of Kentucky, 2004), p. 3；赵明昊：《迈向“战略克制”?：“9·11”事件以来美国国内有关大战略的论争》，第 151 页；潘忠岐：《冷战后美国大战略的理论思辨》，载《国际观察》，2006 年第 1 期，第 27 页。

④ Kedar Pavgi, "Ron Paul's Foreign Policy"; Donald J. Trump, "Remarks at the Summit Sports and Ice Complex in Dimondale, Michigan," August 19, 2016, available at: http://www.presidency.ucsb.edu/ws/index.php? pid = 123197&st = isolationist&st1 = isolationism.

⑤ John Dumbrell, "Varieties of Post-Cold War American Isolationism," p. 33.

外战略的基础是国家实力，对外战略要服务于国家增强实力的需要。在2010年的《国家安全战略》报告中，奥巴马指出：“我们首先应致力于建设强大的国内基础，因为我们在国外的力量和影响力源于我们在国内的行为。”“我们工作的中心是让经济保持活力，这是美国力量的源泉。”① 2015年的《国家安全战略》报告再次强调：“美国的领导力根植于我们的国内基础，即强大的经济和科技实力，以及美国人民的价值观。”② 基于这一理念，奥巴马将更多的精力和资源投入到国内的社会和经济问题，这在历年的联邦预算中都有明显的体现。③

第二，在对外政策上，坚持“最少介入”，尽量减少美国权力资源的消耗。上任之初，奥巴马就开始分阶段从伊拉克撤军，并最终于2011年12月将美军全部撤出伊拉克。在阿富汗，奥巴马的计划是先增兵以稳定阿富汗的安全形势，然后再逐步撤出美军。虽然最终未能如愿，但到奥巴马离任时，在阿富汗的美军人数也已从其上任之初的3.6万人缩减至不足一万人。④ 在“阿拉伯之春”期间，面对埃及这个重要盟友，奥巴马在危机爆发之初就敦促穆巴拉克下台，之后对穆斯林兄弟会的上台执政和军队的政变又都视而不见。奥巴马的这一系列行为明显前后矛盾，唯一可能的解释就是不愿介入埃及国内的纷争。对伊朗，奥巴马综合利用多边制裁和外交谈判，最终同五大国一起和伊朗达成了全面解决伊朗核问题的协议，使得持

---

① The White House, "National Security Strategy," May 2010, available at: https://obamawhitehouse.archives.gov/sites/default/files/rss_viewer/national_security_strategy.pdf, p. 2.

② The White House, "National Security Strategy," February 2015, available at: https://obamawhitehouse.archives.gov/sites/default/files/docs/2015_national_security_strategy_2.pdf, p. 1.

③ Colin Dueck, "The Accommodator: Obama's Foreign Policy," October 1, 2011, available at: http://www.hoover.org/research/accommodator-obamas-foreign-policy.

④ Department of Defense, "Enhancing Security and Stability in Afghanistan," December 2016, available at: https://www.defense.gov/Portals/1/Documents/pubs/Afghanistan-1225-Report-December-2016.pdf, p. 1.

续12年之久的伊朗核问题最终通过外交途径得到一定程度的解决。[①]对朝鲜，奥巴马上任之初实行“伸手外交”，遭遇失败后转而执行“战略忍耐”政策[②]，即继续对朝鲜的孤立和制裁，在朝鲜显示出弃核的诚意前，美国不与之进行对话。其实质就是搁置朝核问题，以避免在此投入过多资源和精力。

第三，拒绝人道主义干预。面对“阿拉伯之春”的民主化浪潮，奥巴马的态度相当冷漠。在利比亚，奥巴马是在英法等欧洲盟友和政府内部“自由干预主义者”的共同推动下才决定参与空袭行动的，但在几天后即将指挥权交给北约，转而进行“幕后领导”；[③] 在叙利亚，在阿萨德政府打破美国的红线，美军也做好战争部署的情况下，奥巴马突然宣布将战争决定权交给国会，并积极寻求通过外交途径解决叙利亚危机；即使是面对伊朗的民主抗议浪潮，奥巴马也没有推波助澜。奥巴马的冷漠固然有干涉风险和成本过高的考虑，但其深层次根源却是奥巴马关于推广美国价值观的理念，即美国应通过树立榜样影响其他国家，而不是通过干涉的手段来推广民主价值观。这在奥巴马任内发布的两份《国家安全战略》报告中都有明显的体现，2010年报告强调：“美国的道义领导地位植根于美国榜样的力量，而不是通过将自己的制度强加于人来实现”[④]，2015年的报告再次申明：“只有在国内维护好我们的价值观，我们才可能在世界范围内更好地推广它们。”[⑤] 从意识形态角度看，孤立主义与干预主义的根本分歧就在于如何使美国的价值观普遍化，孤立主义坚持通过树立榜样来影响其他国家，而后者认为美国影响世界的方法应是行动

---

① 李绍先：《伊核全面协议的影响评估》，载《西亚非洲》，2015年第5期，第11页。

② 杨悦：《奥巴马政府对朝“战略忍耐”政策探析》，载《外交评论》，2015年第4期，第142页。

③ 达巍：《全球再平衡：奥巴马政府国家安全战略再思考》，载《外交评论》，2014年第2期，第62页。

④ The White House, “National Security Strategy”, May 2010, p. 10.

⑤ The White House, “National Security Strategy”, February 2015, p. 3.

主义的“圣战”。[①] 第二次世界大战后的众多孤立主义派别中，自由孤立主义的主要理论根据就是美国应通过树立榜样而不是对外干涉来影响世界。[②]

金融危机后，美国民众的孤立主义倾向愈益明显，而特朗普在竞选期间的对外政策主张也体现出明显的孤立主义色彩。两者相辅相成，并最终在2016年的总统大选中实现合流。特朗普的当选从侧面验证了美国孤立主义思潮的强大，而这也为特朗普政府的对外政策奠定了基调。一方面，有广泛的民意为基础，特朗普敢于执行其竞选时的主张，另一方面，民众的孤立主义倾向也在一定程度上塑造着特朗普的对外政策。虽然执政时间不长，特朗普政府的对外政策已经体现出明显的孤立主义色彩。

首先，就总体国家战略而言，特朗普政府坚持“美国优先”原则，把战略重心转向国内，将美国自身的强大和人民的福祉作为内外政策的核心。在就职当天发表的演说中，特朗普抱怨美国为世界付出太多：“几十年来，我们以牺牲美国工业为代价发展外国工业，以消耗美国军队为代价援助外国军队，以破坏美国边境为代价保护外国的边境”，作为总统，他将改变这一状况，并承诺：“每一个贸易、税收、移民和外交的决定都将以美国劳工和美国家庭的福祉为第一考虑。”[③] 就具体政策而言，特朗普将重点放在了军队建设、经济发展和提升就业上。白宫网站将“让美军再次强大”列为新政府要优先处理的议题之一，并强调“以实力求和平”将是特朗普“外交政策的中心”。[④] 为此，特朗普在上任后一周就发布“重建美军”

---

① 周琪主编：《意识形态与美国外交》，上海人民出版社，2006年版，第152页。

② John Dumbrell, “Varieties of Post-Cold War American Isolationism,” p. 26.

③ Donald Trump, “The Inaugural Address,” January 20, 2017, available at: https://www. whitehouse. gov/inaugural-address.

④ The White House, “American First Foreign Policy,” available at: https://www. whitehouse. gov/america-first-foreign-policy.

的备忘录[①]，并在2018财年预算案中要求大幅增加国防部的预算。[②]在经济方面，特朗普的计划是在未来10年创造2500万个就业岗位并实现年均4%的经济增长。[③]为实现这一目标，特朗普制定了雄心勃勃的基础设施建设计划[④]，并不惜以破坏环境为代价大力推动化石能源产业的发展。[⑤]

第二，就对外战略而言，特朗普政府减少国际介入，逃避国际责任，体现出明显的收缩态势。在特朗普看来，美国在国际事务中消耗过多，这与其"美国优先"原则相悖。因而特朗普要求减少美国在国际事务中的投入，这在白宫提交的2018财年预算案中得到清楚体现。根据这一预算，美国国务院和国际开发署用于海外应急行动、维和行动、对外援助、国际组织及国际教育与文化交流等项目的资金被大幅削减，国务院和财政部对绿色气候基金（Green Climate Fund）和气候投资基金（Climate Investment Funds）的注资被彻底废除。[⑥]主导气候变化项目和可再生能源计划的美国环境保护署则成为被削减最严重的部门。[⑦]这在一定程度上反映了特朗普对国际公共产

① The White House, "Presidential Memorandum on Rebuilding the U. S. Armed Forces," January 27, 2017, available at: https://www.whitehouse.gov/the-press-office/2017/01/27/presidential-memorandum-rebuilding-us-armed-forces.

② Office of Management and Budget, "Budget of the United States Government, Fiscal Year 2018," May 23, 2017, available at: https://www.whitehouse.gov/sites/whitehouse.gov/files/omb/budget/fy2018/budget.pdf, p. 17.

③ The White House, "Bringing Back Jobs and Growth," available at: https://www.whitehouse.gov/bringing-back-jobs-and-growth.

④ The White House, "Remarks by President Trump in Joint Address to Congress," February 28, 2017, https://www.whitehouse.gov/the-press-office/2017/02/28/remarks-president-trump-joint-address-congress.

⑤ The White House, "Presidential Executive Order on Promoting Energy Independence and Economic Growth," March 28, 2017, available at: https://www.whitehouse.gov/the-press-office/2017/03/28/presidential-executive-order-promoting-energy-independence-and-economi-1.

⑥ Office of Management and Budget, "Major Savings and Reforms," May 2017, available at: https://www.whitehouse.gov/sites/whitehouse.gov/files/omb/budget/fy2018/msar.pdf, pp. 67-75.

⑦ 美国环境保护署2018财年的预算被削减31.4%，成为被削减幅度最大的部门，参见Office of Management and Budget, "Budget of the United States Government, Fiscal Year 2018," p. 42.

品供应、海外干预和应对气候变化的态度。预算案体现出的政策倾向在特朗普的政策宣誓和具体行动中也得到了印证，如在就职演说中，特朗普强调："我们不谋求迫使他人接受我们的生活方式，但会让美国模式成为闪亮的榜样。"① 同时，特朗普对盟友在安全上的搭便车行为十分不满，虽然已不再宣扬盟友无用论，特朗普仍多次公开要求盟友为美国提供的安全保障买单。这在一定程度上将对美国与北约成员国及日韩的盟友关系产生负面影响。此外，签署关于"能源独立"的行政命令则是特朗普为推翻奥巴马时期的气候政策、逃避国际责任迈出的重要一步。

第三，在国际贸易领域，特朗普政府秉持贸易保护主义。特朗普强调，国际贸易要以美国的经济发展和劳工福祉为第一考虑，但在特朗普看来，当前的国际贸易和自贸协议完全背离了这一点。一方面，许多自贸协议对美国经济是十分不利的，美国制造业因此遭受冲击；② 另一方面，不公平的贸易协议在美国国内造成业内人士和行业精英的利益凌驾于广大劳动工人之上，严重损害了普通劳动者的利益。③ 因此，特朗普强调"只有保护才能带来繁荣富强"。④ 在就职后的第四天，特朗普就正式宣布美国退出"跨太平洋伙伴关系协定"（Trans-Pacific Partnership，TPP）。3 月底，特朗普连发两道行政令，要求官员们拿出一项解决美国贸易逆差的方案，⑤ 同时加强对他国贸易违规行为的惩罚力度。⑥ 4 月底，特朗普又命令商务部和贸易代表

① Donald Trump, "The Inaugural Address."

② The White House, "Bringing Back Jobs and Growth."

③ The White House, "Trade Deals That Work for All Americans," available at: https://www.whitehouse.gov/trade-deals-working-all-americans.

④ Donald Trump, "The Inaugural Address."

⑤ The White House, "Presidential Executive Order Regarding the Omnibus Report on Significant Trade Deficits," March 31, 2017, available at: https://www.whitehouse.gov/the-press-office/2017/03/31/presidential-executive-order-regarding-omnibus-report-significant-trade.

⑥ The White House, "Presidential Executive Order on Establishing Enhanced Collection and Enforcement of Antidumping and Countervailing Duties and Violations of Trade and Customs Laws," March 31, 2017, available at: https://www.whitehouse.gov/the-press-office/2017/03/31/presidential-executive-order-establishing-enhanced-collection-and.

全面审议美国所有的贸易协定和投资协定，以及与美国未签署自贸协定但对美存在巨大贸易顺差国家的贸易关系。① 特朗普政府的贸易政策虽然打着维护公平贸易的旗号，其实质却是以美国利益为核心的贸易保护主义。因而在2017年3月的二十国集团财长和央行行长会议上，美国坚决反对在公告中继续使用“反对任何形式的贸易保护主义”的措辞。②

第四，在移民问题上，特朗普始终坚持强硬政策，全力打击非法移民。在特朗普看来，非法移民是“美国面临的最严峻的挑战之一”，因为非法移民的涌入带来严重的治安问题，增加了政府的财政负担，且导致美国人就业更加困难。③ 上台后，特朗普几乎完全按照竞选时的承诺，开始了收紧移民政策、打击非法移民的行动。先是签署两道行政命令，要求行政部门在美国内部严格执行移民法规，终止对非法移民“捉了又放”的做法；④ 在美墨边境建造一道隔离墙，以有效限制非法移民的进入。⑤ 之后又签署了被称为“禁穆令”的行政命令，要求暂时停止向伊朗、伊拉克、利比亚、索马里、苏丹、叙利亚和也门七国的国民发放签证，并暂停接收难民。⑥ 遭到联

---

① The White House, “Presidential Executive Order Addressing Trade Agreement Violations and Abuses,” April 29, 2017, available at: https://www.whitehouse.gov/the-press-office/2017/05/01/presidential-executive-order-addressing-trade-agreement-violations-and.

② “G20 Finance Ministers Drop Anti-protectionist Pledge,” March 18, 2017, available at: http://www.bbc.com/news/business-39315098.

③ Donald Trump, “Remarks on Immigration at the Phoenix Convention Center in Phoenix, Arizona.”

④ The White House, “Executive Order: Enhancing Public Safety in the Interior of the United States,” January 25, 2017, available at: https://www.whitehouse.gov/the-press-office/2017/01/25/presidential-executive-order-enhancing-public-safety-interior-united.

⑤ The White House, “Executive Order: Border Security and Immigration Enforcement Improvements,” January 25, 2017, available at: https://www.whitehouse.gov/the-press-office/2017/01/25/executive-order-border-security-and-immigration-enforcement-improvements.

⑥ The White House, “Executive Order: Protecting the Nation from Foreign Terrorist Entry into The United States,” January 27, 2017, available at: https://www.whitehouse.gov/the-press-office/2017/01/27/executive-order-protecting-nation-foreign-terrorist-entry-united-states.

邦法院冻结后，特朗普又签署了修订版的“禁穆令”。[①] 最终，在美国最高法院的支持下，“禁穆令”得以暂时生效。同时，为了配合行政令的执行，特朗普要求将国土安全部的预算增加 28 亿美元，其中绝大多数将被用于修建隔离墙和执行移民法令。[②]

通过以上的分析可以发现，奥巴马政府和上台不久的特朗普政府在对外政策上都体现出一定的孤立主义倾向。但是，两者又表现出一些不同的地方：一方面，特朗普政府对外政策的孤立主义色彩明显强于奥巴马政府；另一方面，特朗普政府的孤立主义倾向带有明显的民粹主义[③]特征，如其反全球化、反移民的立场和对民众利益的强调。当然，需要强调的是，金融危机后的美国对外政策只是具有孤立主义倾向，而不能说美国的对外政策正在或已经回归孤立主义，因为此孤立主义倾向与传统孤立主义对外政策已经大不相同。一方面，随着科学技术的发展，美国早已无法借助地理优势将自己隔绝，也不可能完全将威胁拒于国门之外；另一方面，也是更重要的，第二次世界大战后美国的安全和国家利益已经全球化，因而其不可能再回到二战前那种不结盟、不承担任何义务的孤立主义。与之前两次的孤立主义回潮一样，金融危机后的孤立主义其实是某种“有限

---

① The White House, “Executive Order Protecting the Nation from Foreign Terrorist Entry into The United States,” March 06, 2017, available at: https://www.whitehouse.gov/the-press-office/2017/03/06/executive-order-protecting-nation-foreign-terrorist-entry-united-states.

② 根据 2018 财年的预算案，国土安全部的预算有 26 亿美元将用于修建美墨边境的隔离墙，3 亿美元用以增聘 500 名边境巡逻员和 1000 名移民管制人员。参见 Office of Management and Budget, “Budget of the United States Government, Fiscal Year 2018,” pp. 18, 42.

③ 作为一个社会政治范畴，“民粹主义”并没有统一的概念或定义，甚至没有明确的使用范围。民粹主义既是一种政治思潮，也是一种政治运动，还是一种政治策略，美国学者查尔斯·库普乾则用“民粹主义”来代指美国国内主张减少国际参与的外交政策主张，与本文的“新孤立主义”类似。根据美国学者沃尔特·拉塞尔·米德的分析，民粹主义的核心是强调平民群众的价值和理想，维护平民群众的利益和自由；民粹主义在美国表现为不信任精英和政府，专注国民的安全和利益，反对世界主义的道德关怀。参见 [美] 查尔斯·库普乾：《美国时代的终结：美国外交政策与 21 世纪的地缘政治》（潘忠岐译），上海人民出版社，2004 年版，第 298 页；Walter Russell Mead, “The Jacksonian Revolt: American Populism and the Liberal Order,” *Foreign Affairs*, Vol. 96, Issue 2 (March/April 2017), pp. 2 - 7.

制的国际主义”，其与国际主义的争论已经“不是要不要回到传统孤立主义，而是美国干涉世界的程度问题”。①

四、新孤立主义兴起的原因

国际金融危机后美国新孤立主义的兴起固然要以美国历史悠久的道德优越论和固有的地缘政治优势为基础，但在第二次世界大战后国际主义统治美国的背景下，此次新孤立主义思潮的兴起必然有其现实的动因。

（一）美国相对实力下降

进入21世纪，尤其是国际金融危机以来，国际格局发生了明显的变化，其首要表现就是美国相对实力下降，国际权力分配向新兴市场国家倾斜。自第二次世界大战以来，美国国内生产总值（GDP）占世界的比重一直维持在30%左右。但进入21世纪后，这一数字出现了明显的变化。美国国内生产总值占世界的比重从2000年的30.88%下降到2008年的23.31%，之后有所反复，到2015年回升至24.45%；相比之下，金砖国家的国内生产总值之和占世界的比重从2000年的8.11%增长至2015年的22.50%；中国的国内生产总值占比则从3.63%增长至15.04%。② 同期美国的制造业实力也不断下滑，其占美国国内生产总值的比重从2000年的16%一路下降至2015年的12%。③

---

① 张也白：《孤立主义与美国对亚洲的干涉》，第32页。

② 根据联合国贸易和发展会议数据库的数据计算得出：http：//unctadstat. unctad. org/wds/TableViewer/tableView. aspx？ReportId = 96.

③ World Bank Open Data，“World Development Indicator：Structure of output，” available at：http：//wdi. worldbank. org/table/4. 2#.

由于美国经济增长乏力和新兴经济体的迅速崛起，美国对世界经济的掌控能力也明显下降，全球经济治理的话语权呈现多极化的趋势。这一趋势的集中体现是二十国集团取代七国集团，成为协调全球经济事务的首要平台。同时，在二十国集团的推动下，新兴市场国家在国际货币基金组织和世界银行中的投票权都有了明显的提高。在国际货币基金组织中，中国成为继美国和日本之后的第三大股东，印度、俄罗斯和巴西均成为前十大股东；① 在世界银行，中国同样成为第三大股东，印度和俄罗斯的投票权也明显提高，成为前十大股东。②

当然，在经济领导力下降的同时，美国的军事实力在全球仍然具有绝对的优势。

但过去十几年美军在中东的行动却反衬出了美国领导力的衰落。究其原因，军事力量的作用在于应对传统安全威胁，当面对非传统安全和非国家行为体时，军事力量的优势很难得到充分的发挥。在这个经济全球化和政治碎片化日益加深的时代，军事力量优势对美国领导力的贡献必然大打折扣。

（二）自由国际主义的外交实践结果令人失望

自由国际主义是第二次世界大战后美国主导性的对外政策，美国战略学界通常称之为“自由霸权”战略。关于自由国际主义的定义纷繁复杂，但其核心思想是明确的，即维护美国的世界霸主地位，并“推进建立基于国际制度、代议制政府、开放市场和尊重人权的

---

① IMF, “Quota Data: Updated IMF Quota Formula Variables,” September 2016, available at: http: //www. imf. org/external/np/pp/eng/2016/080916. xlsx.

② Word Bank, “World Bank Group Voice Reform: Enhancing Voice and Participation in Developing and Transition Countries in 2010 and Beyond,” April 25, 2010, available at: http: //siteresources. worldbank. org/DEVCOMMINT/Documentation/22553921/DC2010 - 006 (E) Voice. pdf, pp. 17 - 21.

世界秩序”。[①] 随着冷战的结束和两极格局的终结，自由国际主义对外政策体现出明显的局限性。尤其是在缺少大国制衡的背景下，美国的对外政策变得越来越激进和随意，其外交实践的结果也令民众大失所望。

“9·11”事件后，小布什政府以“打击恐怖主义”和“防止大规模杀伤性武器扩散”为借口，先后发动了旷日持久的阿富汗战争和伊拉克战争。美军虽然推翻了两国的独裁政权，也击毙了“基地”组织头目本·拉登，但却很难用“胜利”界定战争的结果。一方面，阿富汗和伊拉克非但没有被改造成中东地区的民主样板，反而陷入持续的动荡之中，并为恐怖主义的发展壮大提供了环境。另一方面，美国深陷战争泥潭，并为两场战争付出了高昂的代价。根据美国国防部的统计，两场战争共造成 6713 名美军士兵和国防部非战斗人员死亡，超过 5 万名士兵负伤。[②] 美国用于二场战争的直接拨款超过 1.6 万亿美元，[③] 而算上其他相关费用的总花费约为 4.8 万亿美元。[④] 更重要的是，这两场战争导致美国全球战略的失衡和国际地位的下降。《纽约时报》专栏作家法里德·扎卡利亚（Fareed Zakaria）甚至将伊拉克战争对美国的影响同布尔战争对英国的影响相提并论，认为美国的霸权地位由此走到了转折点。[⑤]

---

① John J. Mearsheimer and Stephen M. Walt, “The Case for Offshore Balancing: A Superior U. S Grand Strategy,” p. 71.

② 根据美国国防部的伤亡统计数据计算得出：https://www.defense.gov/casualty.pdf.

③ 根据美国布朗大学“战争成本”项目的报告，美国用于阿富汗和伊拉克战争的直接拨款分别为约 8000 亿美元和 8220 亿美元，参见相关报告：Neta C. Crawford, “Update on the Human Costs War for Afghanistan and Pakistan, 2001 to mid - 2016,” August 2016, available at: http://watson.brown.edu/costsofwar/files/cow/imce/papers/2016/War%20in%20Afghanistan%20and%20Pakistan%20UPDATE_FINAL_corrected%20date.pdf, 2017.4.9, p. 1; Vernique de Rugy, “The Budgetary Impact of Recent US Wars,” September 10, 2013, available at: https://www.mercatus.org/publication/budgetary-impact-recent-us-wars.

④ 参见“战争成本”项目的相关评估：http://watson.brown.edu/costsofwar/costs/economic.

⑤ Fareed Zakaria, “The Future of American Power: How America Can Survive the Rise of the Rest,” *Foreign Affairs*, Vol. 87, No. 3 (May/June 2008), pp. 21 - 22.

正是吸取了小布什政府的教训，奥巴马政府在对外干涉问题上异常谨慎。获得安理会授权后，并在英法等欧洲盟友和国内干涉主义力量的共同推动下，奥巴马才决定参加北约部队对利比亚政府军的空袭行动。但卡扎菲政权被推翻后，利比亚局势并没有好转，反而陷入了乱上加乱的恶性循环。尤其是2014年8月以来，两个政府并立的局面使得利比亚再次陷入长期的内战。同时，利比亚的权力真空也为恐怖主义组织的发展壮大创造了机会，利比亚的“伊斯兰国”成为该组织在伊拉克、叙利亚和西奈半岛之外的最大分支①，“安萨尔伊斯兰教义组织”（Ansar al-Sharia）等新的恐怖主义组织也在不断生长。②

在自由国际主义指导下进行的对外干涉让美国付出了惨重的代价，美国国内对自由国际主义的态度也就逐渐发生了变化。在基层民众中间，这一变化主要体现在不愿介入国际事务；而在更为专业和理性的外交精英中间，这一变化主要体现在对意识形态类外交政策目标的认同度的降低。根据皮尤研究中心2013年对美国外交关系协会（Council on Foreign Relations，CFR）成员进行的民意调查，在对美国外交政策的优先目标进行排序时，“提高贫困国家的生活水平”的优先性从2001年的48%下降至2013年的25%，同期，“在其他国家保护人权”的优先性从43%下降至17%，“在其他国家推进民主”的优先性则从44%下降至12%；同时，外交精英们也倾向于认为，造成基层民众孤立主义倾向的最主要原因是阿富汗和伊拉克战争带来的战争疲劳。③

---

① 王晋：《“伊斯兰国”组织在利比亚的扩张及其制约因素》，载《阿拉伯世界研究》，2016年第3期，第90页。

② Frederic Wehrey and Wolfram Lacher，“Libya after ISIS：How Trump Can Prevent the Next War，” February 22，2017，available at：http：//carnegieendowment. org/2017/02/22/libya-after-isis-pub－68096.

③ Pew Research Center，“America's Place in the World 2013，” pp. 7，46.

（三）美国国内挑战增多

自由国际主义在国际上遭遇挫折的同时，美国国内社会经济也面临一系列的问题和挑战。沃尔特认为“今日之美国面临的最大挑战不是国际上强大的竞争对手，而是美国不断积累的债务、破败的基础设施和萧条的经济”。[①] 这代表了相当数量美国人的看法。

国际金融危机后，美国经济复苏较快，一直维持着较为平稳的增长。但经济数据的平稳增长掩盖了两个关键的问题：第一，随着全球化进程的扩展和深化，美国的制造业越来越多的向劳动力成本较低的发展中国家转移，美国国内的制造业也受到这些国家制造业的冲击，这必然导致美国制造业领域工资下降、就业机会减少。在金融危机的打击下，这一问题显得更为严重。因而在皮尤研究中心进行的民调中，虽然受访者总体上认同美国参与全球经济是好事，但绝大多数受访者认为美国公司大规模走向海外实际上是伤害了美国经济。[②] 第二，美国大多数民众并没有感受到经济增长带来的实际生活的变化，相反，他们感受到更多的是阶级的分化和贫富差距的不断拉大。美国经济政策研究所的研究显示，2009 年到 2013 年间，美国总的收入增长中的 85.1% 为最富有的 1% 的人所占有，这 1% 的人收入增长了 17.4%，而剩下的 99% 的国民收入仅增长了 0.7%，前者是后者的 25 倍；相比之下，1979 年到 2007 年间美国最富有的 1% 的人占有总收入增长的 53.9%，其收入增长幅度是剩下的 99% 国民的 10 倍。[③] 皮尤中心的研究也显示，1970 年到 2014 年间，富裕家庭占有的美国总收入的比例从 29% 增长到 49%，而中产阶级占

---

① Stephen M. Walt, "The End of the American Era," p. 16.

② Pew Research Center, "America's Place in the World 2013," p. 6.

③ Estelle Sommeiller, Mark Price, and Ellis Wazeter, "Income Inequality in the U. S. by State, Metropolitan Area, and County," June 16, 2016, available at: http://www.epi.org/publication/income-inequality-in-the-us/.

有的比例从62%下降至43%；2000年到2014年间，中等收入家庭的平均收入下降了4%，他们的平均财富在2001年至2013年间减少了28%；同时，美国家庭属于低收入阶层的比例从1971年的25%增长至2015年的29%。[①]

债务问题也是美国经济面临的一大挑战。“美国经济具有债务驱动特征，其经常项目收支长期保持逆差，联邦财政长期保持年度赤字。”[②] 2008年金融危机之前，美国没有遭遇过大的债务危机，因而对债务问题的重视不够，导致美国对外负债急剧膨胀。根据美国财政部的官方统计，2008年第一季度，美国的外债总额（Gross External Debt）达到13.78万亿美元，比2003年第二季度时的6.57万亿美元增长了1倍多。经过金融危机后的调整，美国债务增速有所下降，但仍超过同期GDP的增速。截至2016年底，美国的外债总额已达到18.33万亿美元。[③] 国际投资净头寸（Net International Investment Position，NIIP）是一国对外总资产与对外总负债的差值，能综合反映一国在海外的资产负债情况。2000到2008年，美国的国际投资净头寸从负1.54万亿美元下降至负4.00万亿美元，到了2016年，这一数字下降至负8.32万亿美元[④]，即美国对外净负债为8.32万亿美元[⑤]，这一数字大致相当于美国国内生产总值的45%。适度的债务能够驱动经济发展，但不断膨胀的对外负债可能引发美

① Pew Research Center, “The American Middle Class Is Losing Ground,” December 9, 2015, available at: http://www.pewsocialtrends.org/2015/12/09/the-american-middle-class-is-losing-ground/.

② 廖峥嵘：《美国主权债务问题及其影响》，载《现代国际关系》，2013年第4期，第45页。

③ U.S. Department of the Treasury, “U.S. Gross External Debt,” available at: https://www.treasury.gov/resource-center/data-chart-center/tic/Pages/external-debt.aspx.

④ Bureau of Economic Analysis, “U.S. Net International Investment Position at the End of the Period,” June 28, 2017, available at: https://www.bea.gov/international/bp_web/tb_download_type_modern.cfm?list=5&RowID=143.

⑤ 国际投资净头寸=本国对外总资产-本国对外总负债，所以，若一国的国际投资净头寸为正值，说明这一国家是债权国，这一差值就是这一国家的对外净资产额；若一国的国际投资净头寸为负值，说明这一国家是债务国，这一差值就是这一国家的对外净负债额。

国的信用危机，不仅拖累美国经济发展，而且将从根本上侵蚀美国的全球领导力。

美国的基础设施大多修建于第二次世界大战结束后，经过几十年的发展，很多基础设施已跟不上现实的需要。根据美国土木工程师协会（American Society of Civil Engineers，ASCE）2017 年的评级报告，美国的基础设施作为一个整体被评为“为 D +”级[①]，与 2013 年相比没有明显改善，比 1988 年首份评级报告中的“C”级还略有下降。在基础设施的 16 个大类中，除铁路被评为“B”外，其他各类的评级都在“C +”和“D –”之间。其中，与民众日常生活密切相关的公路和航空的评级为“D”，公共交通系统的评级则为“D –”。[②] 基础设施的落后不仅给美国人的日常生活带来不便，而且已经影响到美国经济的发展。根据美国土木工程师协会的估算，由于基础设施的落后，未来 10 年美国每个家庭的可支配收入每年将减少 3400 美元；到 2015 年，美国的国内生产总值可能因此而缩水四万亿美元。[③]

（四）美国国内人口结构的变化

美国人口结构的变化，从多个方面影响美国人的孤立主义情绪。首先，就种族结构而言，外来移民的增加导致美国白人对全球化和移民的排斥。早在 2004 年，塞缪尔 · 亨廷顿（Samuel P. Huntington）

---

① ASCE 的评级体系将基础设施的评价分为“A”到“F”5 个等级，其中“A”表示满足未来需要，“B”表示现在可以胜任，“C”表示需要引起注意，“D”表示处于危险中，“F”表示完全无法使用。参见 ASCE，“2013 Report Card for America's Infrastructure,” March 2013， available at：http：//2013. infrastructurereportcard. org/wp-content/uploads/2013ReportCardforAmericasInfrastructure. pdf，2017. 8. 4， pp. 11 – 12.

② ASCE，“2017 Infrastructure Report Card,” available at：http：//www. infrastructurereportcard. org/.

③ ASCE，“Failure to Act：Closing the Infrastructure Investment Gap for America's Economic Future,” available at：http：//www. infrastructurereportcard. org/wp-content/uploads/2016/10/ASCE-Failure-to-Act – 2016 – FINAL. pdf，p. 4.

就提出"我们是谁"的问题，认为来自拉丁美洲和亚洲的移民正日益威胁到作为美国国家特性的盎格鲁—新教文化。[①] 外来移民已经开始影响美国的身份认同和白人的政治地位，其中尤以拉美裔人口威胁最大，因为他们具有相同的语言和文化，而且人口规模正迅速扩大。根据美国人口普查局（United States Census Bureau）的统计，2000 年到 2010 年间，美国的拉美裔人口从 3530 万增长至 5050 万，增长率高达 43%，占总人口比重从 12.5% 增至 16.3%。[②] 同期，美国白人人口从 1.946 亿增长至 1.968 亿，增长率仅为 1.2%，占比则从 69.1% 降至 63.7%。[③] 截至 2016 年 7 月 1 日，美国的拉美裔人口为 5750 万，白人人口为 1.981 亿，在 2010 年的基础上分别增长了 13.86% 和 0.66%。[④] 按照这样的发展趋势，美国白人在不久的将来也会成为"少数民族"。与身份危机同步到来的是经济上的损失，特别是对于广大中产阶级白人，外来移民的增加可能抢占原本属于他们的工作岗位，造成他们的失业或收入减少。因此，美国白人在近几年体现出明显的反全球化和反移民的倾向。

其次，就年龄结构而言，由于生活经历的不同，年轻的美国人并没有老一代那么强烈的对国际主义的支持。正如美国学者查尔斯·库普乾（Charles A. Kupchan）所言："慕尼黑、珍珠港、欧洲重建、铁幕，这些强烈历史记忆在过去 50 年时间里一直是美国国际主义的

---

① ［美］塞缪尔·亨廷顿：《我们是谁？美国国家特性面临的挑战》，程克雄译，北京·新华出版社，2005 年版，第 17 页。

② U. S. Census Bureau, "The Hispanic Population: 2010," May 2011, available at: https://www.census.gov/prod/cen2010/briefs/c2010br-04.pdf, p. 3.

③ U. S. Census Bureau, "The White Population: 2010," September 2011, available at: https://www.census.gov/prod/cen2010/briefs/c2010br-05.pdf, p. 5.

④ 2016 年的人口数据由美国人口普查局估算（estimate）得出，增长率为笔者根据已有数据计算得出。参见 U. S. Census Bureau, "Monthly Postcensal Resident Population plus Armed Forces Overseas, 7/1/2016 to 12/1/2016," June 2017, available at: https://www.census.gov/programs-surveys/popest/datasets/2010-2016/national/asrh/nc-est2016-alldata-p-file14.csv.

知识和政治基础”[①]，而没有经历过这些重大事件，甚至没有经历过冷战的年轻美国人不太可能具有强烈的国际主义倾向。当然，由于全球化和信息革命的影响，年轻美国人也不太可能是坚定的孤立主义者。但他们具有一个明显的特征，即“在理论上支持国际主义，但在实际上却很少采取国际主义行动；就像他们明白保持体形的好处，却仍然不愿意进行体育锻炼”。[②] 当考虑到国际主义要付出的成本时，这一倾向就会变得更加明显。皮尤研究中心 2016 年进行的民意调查显示，年轻人对美国介入国际事务的态度没有明显的差别，甚至比老一代更支持美国参与全球经济，但当被问及美国在伊拉克和叙利亚的军事行动时，担心美国介入过深的年轻人比重明显高于老年人；当被问及对派出大规模美军打击伊斯兰极端分子的态度时，持反对态度的年轻人比重明显高于老年人（如图 1 所示）。这样，随着二战和冷战记忆的远去，美国人对国际主义的支持正在减弱，在实际上更倾向于新孤立主义。

最后，就地区结构而言，传统上倾向于孤立主义的地区人口增长更快。由于文化和意识形态的差别，美国国内各个地区在国家对外战略上往往产生矛盾和冲突。因为政治和经济利益的变化，历史上美国各个地区对于对外干涉和扩张的态度也经历了数次调整和转变。[③] 大致而言，以农业为主的南部和西部内陆地区在意识形态上较为保守，在对外政策上倾向于减少国际介入、保持美国的行动自由；城市化程度较高的东北部、中部和西部沿海地区在意识形态上较为自由，在对外政策上倾向于自由国际主义。[④] 此外，虽然被称为“军

---

① ［美］查尔斯·库普乾：《美国时代的终结：美国外交政策与 21 世纪的地缘政治》，第 255 页。

② James M. Lindsay, “How an Uninterested Public Is Reshaping Foreign Policy,” *Foreign Affairs*, Vol. 79, No. 5 (September/October 2000), p. 4.

③ 关于美国历史上各个地区对外政策态度的变化，参见［美］查尔斯·库普乾：《美国时代的终结：美国外交政策与 21 世纪的地缘政治》，第 197—238 页。

④ ［美］查尔斯·库普乾：《美国时代的终结：美国外交政策与 21 世纪的地缘政治》，第 249 页。

工产业带”的美国南部和西部地区在军备采购和研发上获益颇丰，也积极支持高水平的国防开支①，但是，“当美国在只有有限利益的地区发动战争时，这部分选民却极其缺乏热情”。② 近些年来，南部和西部内陆地区的总体人口增长明显快于东北部、中部和西部沿海地区，且总人口数上的优势日益明显。根据美国人口普查局的统计，2000 年到 2010 年间，美国南部和西部地区的人口增长率分别为 14.3% 和 13.8%，而中部和东北部的增长率仅为 3.9% 和 3.2%；2010 年，南部和西部人口占美国总人口的比重分别为 37.1% 和 23.3%，中部和东北部所占比重分别为 21.7% 和 17.9%。③ 到了 2016 年，南部、西部、中部和东北部人口占美国总人口的比重分别为 37.9%、23.7%、21.0% 和 17.4%。④ 这样，由于人口的增长，孤立主义倾向在美国南部和西部内陆地区变得更加明显，在全国范围内，反对自由国际主义的力量也显得更加强大。

简而言之，美国相对实力下降、国内挑战增多、自由国际主义外交实践失败和人口结构变化等因素共同促成了美国的新孤立主义思潮。当然，这些因素并不是孤立存在的。在一定程度上，正是美国毫无节制的对外干预导致其国内挑战增多，加速了国力的相对下降；国内挑战增多也是导致美国相对实力下降的重要原因。所以，从根本上说，这是一个国家资源在对内和对外战略上如何分配的问题，

---

① Charles A. Kupchan and Peter L. Trubowitz, "Dead Center: The Demise of Liber Internationalism in the United States," *International Security*, Vol. 32, No. 2 (Fall 2007), p. 33.

② ［美］查尔斯·库普乾：《美国时代的终结：美国外交政策与 21 世纪的地缘政治》，第 291 页。

③ 其中的“西部”包括了西部沿海地区，参见 U. S. Census Bureau, "Population Distribution and Change: 2000 - 2010," March 2011, available at: https://www.census.gov/prod/cen2010/briefs/c2010br-01.pdf, pp. 2-3.

④ 2016 年的人口数据由美国人口普查局估算（estimate）得出，各地区所占比重为笔者根据此数据计算得出。参见 U. S. Census Bureau, . S. Census Bureau, gov/prod/cen2010/briefs/c2010br-01. pdf, 2017ted Statesed States united States Statesnited St December 2016, available at: https://www2.census.gov/programs-surveys/popest/datasets/2010 - 2016/national/ totals/nst-est 2016 - alldata. csv.

自由国际主义导致美国在内外战略上的分配失衡，新孤立主义思潮的兴起正是对这种失衡的纠偏。

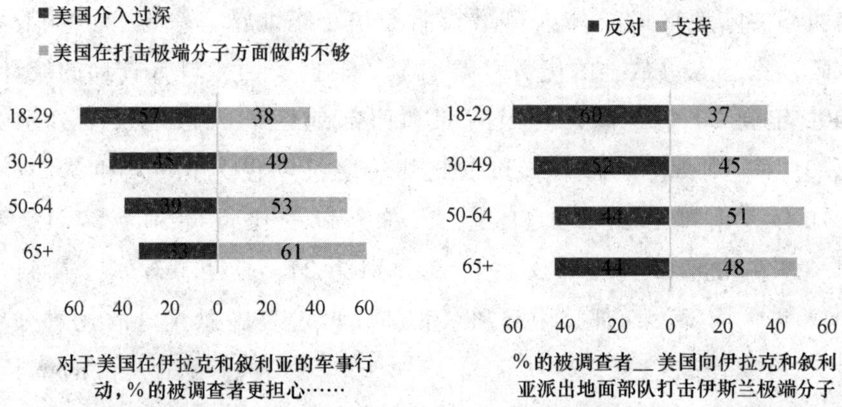

图1　不同年龄段美国人对在伊拉克和叙利亚进行军事行动的态度

资料来源：Pew Research Center，“Public Uncertain，Divided over America's Place in the World，” April 2016，available at：http：//assets. pewresearch. org/wp-content/uploads/sites/5/2016/05/05 – 05 – 2016 – Foreign-policy-APW-release. pdf，pp. 33，35.

结　语

2008年国际金融危机后，美国国内兴起了一股新的孤立主义思潮。美国民众体现出明显的孤立主义倾向，学界也掀起了探讨美国全球战略收缩的又一个高潮，同时，持孤立主义立场的总统候选人也受到越来越多的欢迎。在这一思潮的影响下，金融危机后的美国对外政策也体现出一定的孤立主义倾向，而且呈逐渐加强之势。新孤立主义思潮的兴起既是源于对自由国际主义实践结果的不满和解决国内问题的需要，也是美国相对实力下降和人口结构变化等趋势性因素作用的结果。所以，新孤立主义有可能成为美国的长期倾向，而非昙花一现的现象。当然，就对外政策而言，孤立主义只是一种倾向，即它主张的是有限度的介入国际事务，这并不等同于美国对外政策正在回归二战前的传统孤立主义。

孤立主义是对不介入或少介入国际事务的政治思潮和政策倾向的统称，不同的孤立主义者可能因国际环境的不同和对国际事务感知的差异而提出不尽相同的政策主张，从而造成不同时期的孤立主义的表现形式不同。这就为研究者比较各个时期的孤立主义提供了可能。若以二战为分界点进行比较，战前的孤立主义是主动的，因为美国是刻意地避免介入；战后的新孤立主义则是被动的，因为美国是在过度扩张后的收缩。若将二战前的孤立主义视为一个整体，就领域而言，传统孤立主义和奥巴马的孤立主义倾向都是政治军事上孤立，经贸上积极进取，而特朗普则是政治军事和经贸上全面收缩；就地域而言，传统孤立主义是在欧洲孤立，在亚洲和美洲则奉行干涉主义，奥巴马是在欧洲和中东收缩，在亚洲积极介入，特朗普则由于执政时间尚短，地域侧重暂时无法判断。表面上是具体政策倾向的区别，其实质却是不同时期美国对其国际地位、安全威胁和核心利益定位的变化。因此，通过这样的比较，可以更好地认识和理解美国国际地位和国际战略的变迁。

（原文载于《美国研究》2017 年第 5 期）

“拒绝衰落”与“美国要塞化”：特朗普的大战略

葛汉文*

【内容提要】美国是大战略理论与实践的重镇。冷战结束后，“自由霸权主义”构成了美国大战略的基本内涵。于2017年提出的新版。在相对权势有所衰落的背景下，特朗普政府提出的新版《美国国家安全战略》体现出美国大战略转型的倪端。该战略是对“自由霸权主义”的颠覆：除在战略目标（追求或巩固世界霸权地位）大体一致外，该战略极力强调美国安全环境的恶化和外部挑战的大幅增强，在战略路径上主张单方面强化美国的经济与军事实力，放弃多边主义，撤回对国际机制的支持，以期在未来的大国竞争中取胜。特朗普的战略存在内在的缺陷，效果亦存在颇多不确定性，与国际政治经济发展趋势明显相悖，对中国国家安全环境产生了较为直接的影响。

【关键词】美国　国家安全战略　特朗普　国家安全　霸权

作为当代国际政治经济体系中首屈一指的超级强国，从20世纪30年代以来，美国大战略（grand strategy）① 的制订与实践便一直是推动

---

* 葛汉文，国防科技大学国际关系学院国际安全研究中心副教授。

① 美国政府文件中将国家安全战略直接等同于大战略。例如，美国国防部在《军事术语及相关概念汇编》中，将“国家安全战略”定义为“发展、运用和协调国家力量各组成部分，以达到巩固国家安全的目标”。而有关“大战略”的条目则参见“国家安全战略”。见 Pepartment of Dcfence. Dofartment of Defensce Dictisnary of Military and Associated Term（JP1－02），Washinyton，DC：DOD，2008，pp. 230，369.

当代国际政治经济以及国际安全形势演进的关键性变量，尤其是美国大战略在20世纪当中至少三次具有转折性意义的大转型，在极为显著地影响了20世纪世界历史走向、促动当代国际政治中诸多大事件、大趋势显现与成型同时，亦为大战略理论提供了若干经典案例。[①] 当21世纪第二个十年行将结束之际，主要是2017年1月共和党人唐纳德·特朗普（Donald Trump）就任美国总统以来，尤其是推出的新版《美国国家安全战略》报告，其极具个人风格的政策表态加之当前美国国家安全战略中一些显著变化，在不断激起美国国内及国际社会巨大争议同时，也引发了战略学界的普遍疑问，即：当前的美国是否要从根本上调整冷战后美国已延续近三十年的大战略？特朗普一再宣示的“美国优先”（America First）原则是否代表着美国正准备重返20世纪30年代的孤立主义路线？考虑到美国在当今世界中依然保有的超强国力及其对世界事务的重大影响，对这一问题的解答对于判断国际安全形势发展乃至世界历史演进均具有至为突出的战略意义。

一、大战略理论与美国国家安全战略

尽管有学者将大战略的理论源头甚至追溯至19世纪初拿破仑战争时期战略理论家的归纳，但一般认为，现代意义上的大战略概念之提出及较为系统的理论建构，始予二战前后。[②] 尤其是在二战后国际安全形势急剧变动的宏观历史背景下，包括利德尔·哈特（Liddell Hart）、保罗·肯尼迪（Paul Kennedy）、柯林·格雷（Colin S. Gray）等人在内，诸多战略理论家通过弥补调和传统外交理论与军事战略

---

① 20世纪美国大战略的三次关键性调整分别出现于西奥多·罗斯福、富兰克林·罗斯福和杜鲁门执政时期。参见 William C. Martel, *Grand Strategy in Theory and Practice: The Need for an Effective American Foreign Policy*, New York: Cambridge University Press, 2014, pp. 209, 244.

② Lukas Milevski, *The Evolution of Modern Grand Strategic Thought*, Oxford: Oxford University Press, 2016, pp. 15 – 16.

理论在全面性上之不足，力图构建出一个能够统筹衡量战争与和平、将政治、经济、文化等诸项变量均纳入考察框架的总体战略理论体系，从而为那些具有地区性甚至世界性影响的强国（尤其是美国）在冷战的大搏杀中维持生存、巩固安全乃至最终胜出提供理论指引。20 世纪下半叶，有关大战略的学说大量涌现，学术体系构建速度不断加快，其宏大的格局、视野和突出的政策实用性亦得到国际学术界和各国战略决策界的广泛关注。

尽管在此过程中，学界在大战略概念、可用资源的界定、原则手段与战略目标之间关系等诸多元理论问题上的分歧没有得到明显缓解甚至还在不断加剧，① 但总的来看，大战略的要义和精髓，或者致力于回答的中心问题，目前已经取得广泛的学术共识，即：国家如何本着生存乃至壮大之目的，较为平衡地运用战争与和平的手段，调节和指导本国（甚至连同其盟国）所有的军事、政治、经济和精神资源，以达成一个明确的、适度的和总体可行的宏大战略目标。或者正如当今最杰出的历史学家、战略学家和地缘政治学家之一杰弗里·帕克（Geoffrey Parker）所说，大战略致力于回答：国家如何将其设想的威胁、应对威胁的方式以及它为了使目的与手段相匹配而采取的步骤相互协调。而这种协调肯定“涉及整合国家在平时和战时总的政治、经济和军事目的，以维护长期利益，包括目的和手

---

① 学术界在大战略概念方面最为明显的分歧，存在于对大战略的目标与手段、尤其是政治和军事间相互关系的理解上。以美国当代战略学家罗伯特·阿特（Robert J. Art）为主要代表，狭义的大战略概念关注武力的运用或威胁运用如何与国家总体政治目标相协调。在他看来，所谓大战略就是“如何运用军事力量以实现对外政策的总体目标”；然而，更为宽泛的大战略概念则强调在国家整体战略目标的界定下，“政治、军事、经济、技术、外交、思想文化和精神等”各类资源和手段的相互配合。见 Robert J. Art, *A Grand Strategy for America*, Ithaca: Cornell University Press, 2003, p. 1; Hal Brands, *What Good is Grand Strategy? Power and Purpose in American Statecraft from Harry S. Truman to George W. Bush*, Ithaca, NY: Cornell University Press, 2015, p. 3; Stephen G. Brooks and William C. Wohlforth, *America Abroad: the United States' Global Role in the 21st Century*, Oxford: Oxford University Press, 2016, p. 75; Stephen G. Brooks, G. John Ikenberry and William C. Wohlforth, “Don't come home, America: the case against retrenchment”, *International Security*, Vol. 37, No. 3, (Winter 2012/13), p. 11; Barry R. Posen, *Restraint: a New Foundation for US Grand Strategy*, Ithaca: Cornell University Press, 2014, p. 1.

段的管理操作外交以及军政两大领域内的国民士气和政治文化”。[①]从这个意义上讲，大战略是位于政治战略、军事战略、经济战略等其他战略类型之上的最高层次的战略，其重大意义在于它直接关乎一个国家的“路径、手段和目标”（ways, means and ends）。[②]

美国是二战后大战略理论发展最重要的学术中心。值得关注的是，战后美国大战略理论研究的大勃兴，是与二战结束后美国在当代国际体系中超级强国地位的确立、巩固相伴随甚至互为因果的。包括乔治·凯南（George F. Kennan）、约翰·加迪斯（John L. Gaddis）、亨利·基辛格（Henry A. Kissinger）、兹比格纽·布热津斯基（Zbigniew Brzezinski）等人在内，战后美国诸多学界精英不仅在大战略理论建构方面做出显著的学术贡献，并且直接参与到战后美国国家安全战略的论证筹划过程当中。在政策层面，美国国会1947年通过《国家安全法》成立以总统为首的国家安全委员会，意味着美国大战略的筹划实施由此具备了制度性保障。而根据1986年《戈德华特—尼科尔斯国防部改组法》（Goldwater-Nichols Department of Defense Reorganization Act of 1986）中有关美国总统须定期向国会提交国家安全战略报告的规定，自1987年起美国政府先后出台了17份《美国国家安全战略》报告，更为分析美国历届政府国家安全政策的内容、实质，进而预判美国大战略的走向奠定了坚实的基础。[③]

部分由于美国学术界和决策界对大战略理论与实践的浓厚兴趣，二战结束后美国历届政府的国家安全政策中得以体现出一种清晰、连贯、系统的大战略设计。在冷战期间，这种大战略的基轴就是以

---

① ［英］杰弗里·帕克：《腓力二世的大战略》，时殷弘等译，北京：商务印书馆，2007年版，第1页。

② Peter Dombrowski and Simon Reich, “Does Donald Trump Have a Grand Strategy?” *International Affairs*, Vol. 93, No. 5 (Sep. 2017), p. 1016.

③ 美国政府文件中将国家安全战略直接等同于大战略。例如，美国国防部在《军事术语及相关概念汇编》中，将“国家安全战略”定义为“发展、运用和协调国家力量各组成部分，以达到巩固国家安全的目标”。而有关“大战略”的条目则“参见国家安全战略”。参见 Department of Defense, *Department of Defense Dictionary of Military and Associated Terms* (*JP*1 - 02), Washington, DC: DOD, 2008, pp. 230, 369.

杜鲁门主义为主要表现的遏制战略（Grand Strategy of Containment）。在战后国际政治经济形势发生根本性变动的背景下，在视国际政治为一场以美、苏为首的两个集团的全面竞争的前提下，杜鲁门主义以确保美国在战后国际体系中的“首要地位”（Primacy，或者说，就是霸权）为目标，以苏联为主要敌手，以“冷战加遏制”为战略原则，综合运用包括政治、军事、经济、外交、意识形态在内的诸多手段或手段组合，统率其全球同盟体系与苏联展开了一场世界范围内的竞争与争夺。当然，冷战时期美国的大战略，在逻辑、目标与资源之间的协调、各手段之间的相互配合等方面实际存在重大缺陷，而此类缺陷在部分时段的诸多历史事件（朝鲜战争、越南战争、古巴导弹危机）中亦得到突出暴露，并因此受到不少美国战略学者的尖锐批评。然而总的来说，尽管在资源动员和手段运用上不断有所调整，但以杜鲁门主义为基轴的美国大战略，指导了二战结束后美国近半个世纪之久的军事部署、海外介入、政府预算、外交、对外援助与国际组织的关系，并最终帮助美国赢得了冷战。①

苏联解体、冷战结束后，在主要对手消失、战略目标得到大体实现的情况下，以杜鲁门主义为基轴的美国大战略宣告失效。围绕冷战后或是21世纪的美国应当奉行何种替代性大战略，美国学术界展开了激烈争论，并得出了多种在战略目标、实施手段与资源动员等方面均存在显著差距的大战略类型供21世纪的美国进行选择。② 然而，从20世纪90年代以来美国主要政策行为看，一种名为“自由

① Tim Kaine，“A New Truman Doctrine：Grand Strategy in a Hyperconnected World，” *Foreign Affairs*，Vol. 96，No. 4（Jul. /Aug. 2017），p. 40.

② 巴里·波森等人提出包括：1. 首要地位（Primacy，也即霸权）；2. 选择性介入（Selective Engagement）；3. 集体安全（Cooperative Security）；以及4. 新孤立主义（Neo-Isolationism）等4种大战略供新世纪的美国进行选择。参见 Barry R. Posen and Andrew L. Ross，“Competing Visions for U. S. Grand Strategy，” *International Security*，Vol. 21，No. 3（Winter 1996/97），p. 3. 更有学者归纳出8种大战略类型，即：霸权战略、全球集体安全战略、地区集体安全战略、合作安全战略、遏制战略、孤立主义战略、离岸平衡战略和选择性干预战略。参见［美］罗伯特·阿特：《美国大战略》，郭树勇译，北京：北京大学出版社，2014年版，第10页。

霸权主义"（Liberal Hegemony）的大战略主导了国家安全政策的筹划与实施。这种大战略延续了美国于二战后期就已确定的目标，即巩固美国的全球首要地位，实现"美国治下的""自由主义的世界秩序"（Liberal World Order）。① 其主要路径和手段，在于美国继续保持超强实力的同时，维持其全球同盟体系和基本为其所主导的国际体系的运转、在经济上推动开放的全球自由贸易以及在世界范围内拓展其意识形态。②"自由霸权主义"的逻辑建立在两个相关联的假设基础上：一是美国通过压倒性的物质力量与其对"自由价值"的推广，实际上阻止而非激化大国竞争和大国敌对；二是美国通过遍及全球的同盟网络，为他国搭车提供激励，降低均势的花费。③ 这种大战略无疑相信，在这个基本为美国所塑造和主导的世界秩序的巩固和延续过程中，美国自身的国家利益要么与之重合，要么会随之自然实现。

自1992年至2016年间，尽管冷战后美国各届政府在战略路径选择上有所侧重、在手段和资源运用上有所偏好，但"自由霸权主义"战略实际上在美国决策界已经取得了相当程度的共识：乔治·H·W布什（George Herber Walker Bush）政府力图利用冷战结束之初美国全球独大良机，推动一个为美国所主导、能够体现美国价值、确保美国利益的"新世界秩序"的出现；比尔·克林顿（William Jefferson Bill Clinton）政府虽然更多地强调"民主价值"的推广与多边主义，但显示出与前任政府相当的政策延续性。乔治·W·布什任内，美国偏重于向世界显示其国势的强大、尤其是军事实力的强大；

① Jack Thompson, "Trump and the Future of US Grand Strategy", *CSS Analyses in Security Policy*, N0. 212 (Sep. 2017), p. 1; Barry R. Posen, *Restraint: a new foundation for US grand strategy*, pp. 5 – 6.

② Barry R. Posen, "The Rise of Illiberal Hegemony: Trump's Surprising Grand Strategy," *Foreign Affairs*, Vol. 97, No. 2 (Mar. /Apr. 2018), p. 20.

③ Michael Clarke and Anthony Ricketts, "US Grand Strategy and National Security: The Dilemmas of Primacy, Decline and Denial," *Australian Journal of International Affairs*, Vol. 71, No. 5 (Aug. 2017), p. 480.

而巴拉克·奥巴马（Borack Obama）政府则力图避免小布什时期那种过于简单的、严重依赖运用武力的政策倾向，侧重使用外交、经济手段和多边主义，审慎使用资源。[①] 典型的案例出现在2008年的总统大选当中，无论两党的自由国际主义或是新保守主义，其国家安全政策主张实质均建立在“自由霸权主义”基础上。三位主要的竞选人希拉里·克林顿、奥巴马和约翰·麦凯恩（John McCain）尽管不断质疑对手的政策主张，但在安全政策上具有惊人的相似性：他们均将巩固美国的全球首要地位和领导世界的责任视为理所当然，均将在全球范围内推广美国意识形态视为其天然的责任，他们都将包括北约在内的美国全球同盟体系的进一步强化作为应对恐怖主义、非政府行为体、“失败国家”和崛起强国威胁的必然手段。[②]

当然，也有不少美国学者批评道：冷战结束后美国再未能构建起一个明确的、总体的、兼具前瞻性和可操作性的大战略。[③] 其结果，则是在其后近30年时间里，美国在没有大战略指引下，无目的地卷入多场冲突和对外干涉中去，虚耗了巨量国家资源：很多对外干涉是应急性的，并无深思熟虑，如索马里、海地、波黑、科索沃、阿富汗和伊拉克；而有些“理应介入”的事件，美国则选择了观望，如卢旺达、克里米亚以及最近的叙利亚。[④] 尤其是自2008年奥巴马上台以来，美国更历经了一个模糊不明的、缺少战略指导的阶段。

---

① Michael Clarke, and Anthony Ricketts, “US Grand Strategy and National Security: The Dilemmas of Primacy, Decline and Denial,” *Australian Journal of International Affairs*, pp. 479 – 480.

② Barry R. Posen, *Restraint: a New Foundation for US Grand Strategy*, p. 5.

③ 包括罗伯特·阿特、彼得·多姆布洛夫斯基（Peter Dombrowski）、蒂姆·凯恩（Tim Kaine）、理查德·伯特（Richard Burt）等人在内，很多美国学者或政界人士均表达出这种观点。参见罗伯特·阿特：《美国大战略》，第2页；Peter Dombrowski and Simon Reich, “Does Donald Trump Have a Grand Strategy?” *International Affairs*, p. 1016; Tim Kaine, “A New Truman Doctrine: Grand Strategy in a Hyperconnected World,” *Foreign Affairs*, p. 40; Richard Burt, “A Grand Strategy for Trump,” *National Interest*, Vol. 149, No. 3 (May/Jun. 2017), p. 5.

④ William C. Martel, *Grand Strategy in Theory and Practice: the Need for an Effective American Foreign Policy*, p. 1.

在一系列难题（是否继续留在阿富汗和伊拉克？是否干涉利比亚和叙利亚？是否以亚洲为基轴重新定义对外政策？如何应对俄罗斯“吞并”克里米亚？是否继续推动北约东扩和扩大亚太同盟和伙伴国体系？是否继续新的贸易协定谈判？）面前，由于缺乏一个清晰的、可行的和平衡的大战略，美国被迫做出诸多反应式、“就事论事”的应对。尽管此类做法，不少可能如奥巴马所说的，“不会犯太过愚蠢的错误”，但由于缺乏对战略目标的总体把握，因此美国难以从诸多挑战面前“动员最适当的资源”和“寻求最佳的化解方案”。其后果，使得美国“正在失去全球领导能力”，并且不止一次在“海外陷入困惑”。① 正是出于这种担忧，在一些美国学者看来，大战略的模糊或者缺失才是当前美国面临的最大危险。在 20 世纪里，正确的大战略方针已使得美国取得了世界历史中“最如日中天”的成就，而当前的美国更是“迫切需要制订一项清晰明确的大战略”，以谋略来补充力量的不足，从而“在美国霸权之后的年代里增加符合美国利益的各种机会”。②

二、“美国优先”：特朗普的大战略

大战略之谋划必须回答以下诸项关键性问题，即：国家的总体战略目标是什么？为实现此类目标有哪些资源可用？国家准备以何种方式使用这些资源从而达成总体战略目标？与上述问题密切相关的还有：这个国家的核心利益是什么？如何判断这个国家的内外部环境？如何界定这个国家面临的安全威胁及其严重程度？怎样判定这个国家的敌手与伙伴？一项大体成功的大战略必须对以上问题给出

① Tim Kaine, “A New Truman Doctrine: Grand Strategy in a Hyperconnected World,” *Foreign Affairs*, p. 41

② 罗伯特·阿特：《美国大战略》，第 1 页。

明确的回答。[①] 当然，也必须承认，构建一个深思熟虑、细致系统并且行之有效的大战略，在国际政治实践中何其之难：历史上出现的每一个大战略几乎都天然存在逻辑上的瑕疵，从指导原则到行动皆是。与此同时，由于各种制约因素的存在，政策决策者在战略筹划和实施方面的选择实质上极为有限，而一个国家所设计的大战略与其实施过程、也即“言”和“行”之间更可能存在巨大的差距，一些在历史上已宣告大致成功的大战略亦是如此，尽管这并不意味着大战略构建之无效用甚至无必要。

自2017年1月20日共和党人唐纳德·特朗普（Donald Trump）就任美国总统以来，美国大战略似乎开始发生重大变化。尤其是2017年12月美国政府出台新版《美国国家安全战略》，将特朗普于竞选期间和就任之初诸多远非完整、并多带有颠覆性意义的政策主张进行了较为系统的表述，描绘出以特朗普标志性的“美国优先”为总口号的当前美国国家安全政策的基本框架。此中透露出的有关当下及未来一段时间里美国在战略路径上的大幅调整，不仅对当下美国国家安全政策构成显著的影响，而其中所昭示出的与奥巴马政府乃至冷战结束后历届政府大不相同的精神取向，可能标志着一个全新美国大战略的出台。

在战略目标上，与冷战后甚至二战后美国历届政府实质上并无二致，特朗普依然强调维持巩固美国的全球霸主地位，即美国在世界上的“首要地位”以及“对世界的领导”。[②] 但与其前任各届政府、尤其是与冷战结束之初美国国内对于其霸权地位的极端乐观主义论调出现了异常显著的改变，特朗普政府对当下世界的理解，是一种悲观的、前途黯淡的且大不利于美国的场景。这一场景既是自冷战结束以来所仅见，并且仍将对美国利益构成前所未有的挑战。在构

---

① William C. Martel, *Grand Strategy in Theory and Practice: the Need for an Effective American Foreign Policy*, p. 1.

② The White House, *National Security Strategy of the United States of America* (2017), Washington, DC: The White House, 2017, p. 1.

成这些挑战的来源当中，既有具备足够能力和意愿对美国内外部利益形成威胁的所谓“修正主义大国”（revisionist powers），如中国、俄罗斯；也有所谓的“流氓国家”，如朝鲜和伊朗；还有包括恐怖主义组织及跨国犯罪集团在内的、对美国怀有极大敌意的各类跨国行为体。[①] 值得注意的是，不同于冷战后美国以往各届政府提出的、范围相当广泛的威胁来源，特朗普政府所列举的所谓“威胁”主要集中在军事、经济领域，极度关注此类威胁所触发的安全挑战及对美国国家利益乃至世界“首要地位”的影响。[②]

尤其是中国、俄罗斯等大国，其实力的快速发展引发了特朗普政府的极度关注。一反其在2017年11月访华行程中的温和表态，特朗普在2017年版《美国国家安全战略》中将中、俄与伊朗、朝鲜等“流氓国家”以及恐怖主义组织一同定义为美国的“竞争者”，认为此类竞争者正在系统地挑战美国的“实力、影响和利益”，在军事、政治、经济等各个方面“侵蚀美国的安全和繁荣”，“意图塑造一个与美国价值观和利益背道而驰的世界”。特别是中国，近年来“中国试图在印度太平洋地区取代美国，扩大其国家主导的经济模式的势力范围，并以对它有利的方式改写地区秩序”。为此，特朗普提出美国必须反思近20年来主要针对中国的政策——“接触竞争对手（中国）、将其纳入国际机构和全球贸易，从而使其成为良性参与者和可信赖的合作伙伴”的政策，“已经被证明是错误的”。[③] 特朗普对中国“竞争者”的定义，似乎意味着美国将放弃其长期以来鼓励中国融入现行国际体系从而使其成为“负责任的利益相关者”（responsible

---

① The White House, *National Security Strategy of the United States of America* (2017), pp. 2－3.

② 例如，奥巴马政府于2015年发布的《美国国家安全战略》当中，列举了美国面临的包括暴力极端主义、恐怖主义、网络安全、地缘政治、气候变化、疾病传播在内的范围广泛的威胁来源。参见 The White House, *National Security Strategy of the United States of America* (2015), Washington, DC: The White House, 2015, p. 1.

③ The White House, *National Security Strategy of the United States of America* (2017), pp. 2－3, 25.

stakeholder）的政策，极有可能成为两国关系发展中一个极具里程碑意义的重大事态。①

在这种战略判断基础上，特朗普政府号称将“美国优先”或者“优先考虑美国利益”作为当下美国及未来一段时间政策制订的主要考虑。在此基础上提出“保护美国人民、国土及生活方式，推进繁荣，通过实力维护和平，提升美国国际影响”等所谓四大支柱，试图以此作为应对美国“在全球范围内面临的日益增长的政治、经济和军事竞争”的战略手段。② 此类极具实用主义色彩的政策措施，以维系美国在国家实力上的超强地位及对比其他权势在力量上、尤其是在物质力量上的绝对优势为目标，多集中在直接关乎美国“硬实力”（hard power）指标的关键战略领域，如军事技术与军费投入、国内经济指标、国防工业、科技创新、新兴领域等方面。因此，特朗普的战略大致是一个较为内向的政策设计，主要关注自身的实力发展，即“通过实力维持和平”。在经济方面，提出美国必须“重建经济实力，恢复对美国经济模式的信心”，尤其是重振美国的国内经济、促进“自由、公平和互惠的经济关系”以及可能最为迫切现实的、抵制所谓的“不公平贸易”。在军事方面，强调美国必须保持绝对的武力优势，重点推进国防工业技术创新、扩大军队规模和经费投入，维持一支具有绝对优势、训练有素、常备不懈的军队，从而“在充足的时间内打败敌人，巩固军事成果，并且能够持续保护美国人民和美国的核心利益”。因此，该战略以美国权势力量、特别是军事力量与经济力量的再强化为核心，以建设一个“国内安全、繁荣和自由、拥有力量、信心”的美国作为其“领导世界”的前提和基础。③

---

① William Inboden, “A Comprehensive Roundtable on The National Security Strategy,” 2 Jan. 2018, https://warontherocks.com/2018/01/comprehensive-roundtable-national-security-strategy/

② The White House, *National Security Strategy of the United States of America* (2017), pp. 1 – 4.

③ The White House, *National Security Strategy of the United States of America* (2017), pp. 1 – 29.

这种以“美国优先”为口号、以经典现实主义的“自助”（self-help）原则为基轴、极力强调强化美国自身实力的论调，实际上标志着美国安全政策中单边主义倾向的剧增，这与奥巴马政府国家安全战略及政策实践当中体现出的“多边主义”形成了鲜明的反差。[①] 特朗普本人对国际机制和国际组织抱有几乎天然的怀疑态度，他视目前存在的很多国际机制均被所谓的“独裁国家”所主导并且大不利于美国。在他看来，联合国这个由美国带头创建、美国长期提供大额经费支持、在国际关系发展中具有标志性意义的国际组织，早已为那些“对美国充满敌意的国家”所利用，“正在损害美国的利益”。[②] 特朗普甚至认为一些主要为西方国家（其中很多都是美国盟国）所主导的国际机制（如全球气候谈判和贸易谈判），同样没有能够充分体现美国的利益，尽管“美国已经做出相当程度的让步”。正是出于普遍的不信任态度，虽然特朗普政府依然称“（美国）将在多边组织中竞争并发挥主导作用”，但不断强调在国际机制当中、尤其是当美国被要求向一个国际机制“提供不成比例的支持”的情况下，美国必须对后者决策“产生相应程度的影响”，“努力争取与美国的利益和价值观相一致的结果”，“以保护美国的利益和原则”。[③] 如果这一目的无法达到，美国将采取单独行动以追求其认定的国家利益。

---

① 无论是在文件层面、还是在具体对外战略运行中，奥巴马政府一直强调“领导、强化”同美国盟国、伙伴国乃至其他对象国之间的合作，以共同应对所谓的“挑战”，如领导反恐同盟以打击恐怖主义组织和势力、推动欧洲同盟国在克里米亚危机之后发起对俄罗斯的制裁、实施“亚太再平衡”以强化其亚太地区同盟体系、以及在全球问题治理、核不扩散、网络安全的国际合作等方面。参见 The White House, *National Security Strategy of the United States of America* (2015), p. 3.

② 特别突出的例子包括：在 2017 年 12 月 6 日美国宣布承认耶路撒冷为以色列首都、并将驻以色列大使馆迁往耶路撒冷而导致在联合国内受到普遍谴责后，特朗普对在联合国大会投票反对美国的国家发出威胁：“我们省钱了，我们不在乎。美国过去给这些国家数千万美元援助，但这些国家却投票反对美国，这种事不会再发生了。”参见 Peter Beaumont, “Trump Threatens to Cut Aid to Countries over UN Jerusalem Vote,” 21 Dec. 2017, https://www.theguardian.com/us-news/2017/dec/20/donald-trump-threat-cut-aid-un-jerusalem-vote.

③ The White House, *National Security Strategy of the United States of America* (2017), p. 40.

这一点，从特朗普上台后美国因宣布其“利益受损”从而退出多个国际组织和国际协定（如退出《跨太平洋伙伴关系协定》和联合国气候变化《巴黎协定》以及联合国教科文组织等）已经得到了反复的验证。特朗普政府对于国际机制和国际组织的态度，与冷战后、甚至二战后主导美国各届政府的共识（即“维持国际秩序本身也将有利于美国自身国家利益”）存在明显的不同。①

特朗普对于多边主义的另一个修正，则是强调美国全球同盟体系对美国国力的拖累，要求盟国为美国对其安全保护分担更多费用，从而避免美国国力的“过度损耗”和盟国的免费安全搭车。② 当然，美国的这一要求实际上早在尼克松政府时期便已开始。在冷战期间乃至冷战结束后近 30 年的时间里，在美国的全球同盟体系中，多数盟国便一直为驻本国的美军甚至为美军的全球军事行动支付高额费用。最典型的如日本，不仅在其国防开支当中长期担负驻日美军相关费用的七成到八成，更曾经在海湾战争中向美国提供巨额财政支持，即所谓的“支票外交”（check diplomacy），以换取美国的军事保护。③ 但特朗普上台后，仍提出希望日本继续增加承担费用比例，甚至全额承担驻日美军费用。他在访问亚太及欧洲时，也不断敦促其他盟国分担相关费用，他还曾经将北约称为一个“过时的”和“陈腐的”机构，建议美国盟国应当自己保卫自己，以减轻美国的海外军事负担。④ 从这一点看，特朗普“美国优先”的口号肯定会对其与盟国的关系构成破坏性影响，进而对战后美国全球霸权地位赖以

---

① Jack Thompson, “Trump and the Future of US Grand Strategy”, *CSS Analyses in Security Policy*, N0. 212 (Sep. 2017), p. 2.

② Richard Burt, “A Grand Strategy for Trump,” *National Interest*, p. 5.

③ 例如，2018 年日本防卫开支当中，有 6997 亿日元以所谓“强化日美同盟”名义用于支付驻日美军经费以及驻日美军基地搬迁等费用，占全部防卫预算的 14.2%。参见 Ministry of Defense, “Defense Programs and Budget of Japan: Overview of FY2018 Budget Bill,” http: //www. mod. go. jp/e/d_ budget/pdf/300227. pdf.

④ Aaron Eglitis, Toluse Olorunnipa and Andy Sharp, “Trump's NATO Skepticism Raises Alarm for Allies Near Russia,” 21 Jul. 2016, https: //www. bloomberg. com/news/articles/2016 - 07 - 21/trump-says-u-s-may-not-defend-nato-allies-against-russia-attackiqvw8gki.

维系的重要支柱之一——美国的全球同盟体系造成较为严重的削弱。

总的来看，特朗普国家安全战略报告中体现的主要政策倾向：一是主张极力强化自身的经济与军事实力。在经济上强调国家经济主权以及撤回对全球开放经济的支持，为被全球化削弱的美国制造业提供保护性关税等；在军事上加大投入、进一步强化实力、保持军事实力的优越地位，但同时又远离是非，只限于保卫美国自身。即使是在反恐问题上，也将目标仅限于迅速取得军事胜利，放弃通过军事和非军事手段促进当地的“民主、人权”。二是反多边主义。质疑战后美国的国际机制设计、尤其是国际安全机制设计，从部分国际组织和国际协定中退出或考虑退出。同时淡化美国传统的全球安全视角，在鼓励盟国担负更多责任同时，部分撤回海外安全承诺。三是坚持安全，尤其是美国单方面的军事、经济与国土安全，在同对手竞争时强调获得单方面的优势或好处，这与以往力图在维系其主导之下的国际政治经济体系中实现美国安全和国家利益最大化的传统思路存在较大的差异。

三、“拒绝衰落”与“美国要塞化”：特朗普战略的逻辑与缺陷

二战结束、特别是冷战结束以来，美国凭借其超强的国家实力，通过构建并主导国际规则、国际机制以及组建全球同盟体系，一度实现或接近实现了全球霸权的企图。但进入21世纪第二个十年之后，美国实体经济在全球化浪潮中的受损和制造业的流失、国家实力和战略资源在两次反恐战争中的巨大消耗、在国际机制和诸多新兴领域主导能力大幅下降甚至接近丧失，与中国迅速崛起、俄罗斯实现复兴、部分地区问题（朝核、伊核、中东、阿富汗）积重难解等事态或趋势合在一起，引发了美国政治和学界精英乃至普遍民众的受损者心理和对于国力衰落的普遍恐慌。他们现在已经承认，当

下的世界正在、或已经转变成为一个多极化的、类似于二战之前的世界。特别是在奥巴马执政的十年间，美国在诸多国际问题、领域中的“克制”和“退缩”立场，格外加剧了很多美国政界和学界精英的失落感，认为美国在应对挑战中的无力和混乱，“不仅动摇了国家的战略信心和精神，也助长了关于这个国家正在相对衰落和政治无序的认识”。[①] 因此在2016年总统选举中，很大一部分美国政界人士对奥巴马政府在国际事务上的政策主张公开表示不满，由此导致了特朗普上台后政策主张的大幅反动。

特朗普战略调整的主旨就是“拒绝衰落”（decline denial），这与奥巴马的“管理衰落”（decline management）存在截然不同的主张和路径。[②] 实现的方式，就是在极力提振美国国力的同时，力图将美国从国际法、国际机制和多边主义的“枷锁”下解放出来，确保美国的行动自由，以充分行使其无与伦比的权势力量，从而实现其“使美国再度伟大”的战略目标。其精髓就是重回经典现实主义、强调国家在国际竞争中的自助（self-help）而非延续美国长期固守的“自由霸权主义”路线。正如2017年版《美国国家安全战略》中所宣告的：“纵观历史，对权力的争夺一以贯之，当今时代也不例外。”[③] 这种对国际关系“零和”本质的认定，当然与长期主导美国国家安全战略制订、洋溢着浓厚意识形态气息的“自由霸权主义”形成了鲜明的反差。正因为此，当下美国战略界对特朗普的主要担忧，便在于认为其政策主张中的“民粹主义的、保守的民族主义”（populist conservative nationalism）将使美国放弃其长期坚持的“国际主义、致力于建立自由主义世界秩序”的战略方向，而后者构成了冷战结束

① Michael Clarke and Anthony Ricketts, “US Grand Strategy and National Security: The Dilemmas of Primacy, Decline and Denial,” *Australian Journal of International Affairs*, p. 479.

② Ibid.

③ The White House, *National Security Strategy of the United States of America* (2017), p. 25.

以来、甚至二战结束以来美国大战略的基本考虑。[①]

就其战略手段而言，特朗普提出的战略实际上就是“美国要塞化”（Fortress America）：强调在首要维护美国自身安全、竭力提升国家实力（尤其是经济实力与军事实力）的同时，注意节省资源，在“美国优先”口号下削减长期以来对国际机制的战略性投入，以单边主义和强烈的现实主义趋向为主要特点。这是一种冰冷的、精于算计的逻辑，认为其他国家（包括其盟国以及中、俄等竞争对手）长期以来均在系统性地利用美国的“慷慨”和“开放”；认为更大规模的全球化实际上削弱了美国，威胁到美国的主权和抵御国际政治经济大变动的能力，而在全球范围内主动推动美国式意识形态是“无果的”和“唐吉诃德式”的追求；认为美国必须拥有和更有攻击性地使用其庞大武装力量，但只限于保卫狭义的国家利益，并在美国与其他强国的竞争中取得压倒性的胜利，而对美国所承担的更宽泛意义上的国际安全义务不以为然。有学者评论道，特朗普的主张实质上已经对美国的战后规划提出了强大挑战，如果按这种趋势发展下去的话，当前这个多少为美国所主导和维护的国际秩序有可能被美国自己抛弃，后者也可能重新步入20世纪30年代甚至更前的状态当中去。[②] 有学者因此评论道，特朗普的战略体现出一种简单化的、狭隘化霸权主义（Illiberal Hegemony）倾向。[③]

但应当注意的是，在路径手段上体现出强烈现实主义的特朗普政府，尽管没有将美国式意识形态的拓展和建构一个美国式的“自由主义世界秩序”置于其政策主张的首要位置，但其对于世界的认识同样存在极为严重的意识形态偏见。例如，在描述当前美国面临的诸多现实挑战时，该报告使用了类似凯南电报（Kannan Telegram）

---

① Jack Thompson, “Trump and the Future of US Grand Strategy”, *CSS Analyses in Security Policy*, p. 1.

② Hal Brands, “U. S. Grand Strategy in an Age of Nationalism: Fortress America and its Alternatives,” *The Washington Quarterly*, No. 40, Vol. 1 (Spring 2017), p. 77.

③ Barry R. Posen, “The Rise of Illiberal Hegemony: Trump's Surprising Grand Strategy,” *Foreign Affairs*, p. 20.

的口吻：美国与包括中国、俄罗斯、朝鲜、伊朗以及有敌意的跨国组织之间的竞争，实际上“是在尊重个人尊严自由的国家与压制个人并强制同质化的国家之间的根本性竞争”。[①] 而美国在这场竞争中面临严峻形势的原因，在于此类“专制的、封闭的国家和组织”虽有其脆弱性，但由于后者“不受真理、民主国家固有的保护私利的规则以及武装冲突法律的约束”，并且“有耐心、有能力随着时间的推移获得战略收益”，因此极大提升了美国及其盟国应付此类挑战的难度。[②] 与几十年前冷战的发起者（杜鲁门）与冷战高潮的推动者（里根）的语调几乎完全雷同，这种以美国自身意识形态标准将国际形势发展变化一律以“善—恶”对立进行标签化区分的方式，无疑是冷战思维的又一次集中体现，而这种武断的、充满意识形态偏见的论调，非但无助于当前国际事务中的一些热点问题的解决，同时当然大有害于国际关系的正常发展和良性演进。

特朗普的国家安全战略是对“自由霸权主义”战略的颠覆（或者是有限的颠覆）。美国战略学界对“自由霸权主义”战略的批评早已有之。当代美国著名战略学家巴里·波森（Barry R. Posen）早就指出，冷战后主导美国对外政策的“自由霸权主义”虽号称收益巨大（如美国得以保持权力的独大、主导全球安全、掌控世界经济、促进“民主自由”价值），但是该战略是“不必要的、达不到预期目的、代价高昂的和浪费资源的”，导致美国权力地位处于不断衰落当中，最终将“自我失败”。[③] 因此，相对实力有所下降的美国，必须有效降低其海外军事负担，撤出塑造其他国家社会的企图，从一些地区脱身以降低恐怖主义的风险，减小国防预算，集中有限资源，使得美国更好地有能力保卫自己的关键利益：美国的安全和人民的

---

① The White House, *National Security Strategy of the United States of America* (2017), p. 3.

② The White House, *National Security Strategy of the United States of America* (2017), p. 27.

③ Barry R. Posen, *Restraint*: *a New Foundation for US Grand Strategy*, p. 24.

繁荣。[①] 从这一点看，当前很多美国学者在对"自由霸权主义"的批判性认识上同特朗普是一致的，但在构建一个新的大战略、尤其是战略目标与战略手段设定上（如对海外介入的程度、美国军事实力发展的限度、全球范围内意识形态拓展的必要性以及对待国际机制的态度）存在巨大的分歧，这也充当表现出复杂国际形势面前美国战略界当前的思想混乱。

实际上，当前美国所面临的诸多威胁和挑战，实际上与奥巴马和小布什执政时期并无实质上的不同。与冷战时期相对简单的形势（意识形态对抗和两极竞争）相比，美国战略学界已经充分意识到当前美国面临的安全形势任务之异常复杂。首先是威胁种类的多元化：当前美国既面临诸多"高级政治"（high politics）问题的挑战，如应对欧亚大陆地缘政治变迁、处理与俄罗斯和中国等兴起中大国的关系、处理与美国盟国的关系、防止大规模杀伤性武器扩散等；同时也有诸多"低级政治"（low politics）问题有待解决，如海盗、毒品、非法移民、跨国犯罪、金融安全、网络攻击等；还有性质多少介于上述两类之间的问题，如恐怖主义活动、国家经济安全等。其次是威胁来源的分散化：既有存在中国、俄罗斯此类大国国力上升以及随之而来的、对美国战略压力的加大，也有伊朗、朝鲜等地区国家对美国的"反复挑衅"，还有恐怖主义组织、跨国犯罪集团等非国家行为体对美国国家安全的直接冲击。再次是冲突类型的多样化：既有常规武装冲突的挑战，也有非对称（asymmetric）攻击的威胁。此类范围广泛、性质迥异的安全挑战，对于美国应对策略的考验前所未有，在其国力呈相对衰落趋势的情况下更是如此。美国资深参议员约翰·麦凯恩（John McCain）便指出："在非常严格的财政资源的情况下，美国现在面对二战结束以来国家安全最为分散和复杂的威胁。"[②]

---

① Barry R. Posen, *Restraint: a New Foundation for US Grand Strategy*, p. 24.

② Peter Dombrowski and Simon Reich, "Does Donald Trump have a grand strategy?" *International Affairs*, p. 1018.

与20世纪90年代至今美国战略学界提供的诸多大战略选项相比，特朗普的国家安全战略实质上是“追求首要地位”“新孤立主义”及“选择性介入”三种战略的混合物：在追求世界性霸权、保有绝对优势军事实力、防备和抑制全球范围内所有可能权势竞争者等方面同“追求首要地位”战略保持一致；在对国家利益的有限限定、将战略关注主要集中于北美和本土、对国际机制的疏离（包括联合国和北约）、对全球范围内人道主义干涉的排斥等方面，特朗普的战略接近于“新孤立主义”；但而加大军事打击恐怖主义力度则又同“选择性介入”战略存在共通之处。① 这既说明在当前国际政治经济和安全形势大幅变动背景下，一种单一的大战略类型显然已经无法同时应对美国当前急剧多样化与复杂化的安全挑战；同时亦说明当前美国决策界在被迫承认全面掌控国际政治经济体系已无可能同时，依然寄希望于再强化并有选择地展示美国权势优势（尤其是军事优势）以期在未来国际政治重回大国竞争场景下取胜。其中所体现出的，当然是当前美国部分政治－学术精英在明知美国国力有不及的情况下，依然拒绝承认美国正处于相对衰落中的事实，依然难以摆脱其维持甚至巩固世界霸主地位的迷梦。

特朗普所提供的战略路径，短期内有望降低美国大战略的损耗，至少在一段时间内提供诸多的好处：经济保护主义和提升美国制造业，将增加美国就业机会；从部分国际机制和国际协定中退出可以减轻美国的国际负担、使其享有更多的“行动自由”；军事实力的强化可望更为迅速击败（至少是在军事行动上）各类恐怖主义组织，而不再参与以西方意识形态标准重塑当地社会，可避免使美国深陷中东泥潭等等。然而，这种以民族主义和保守主义为精髓的战略转型，对国际社会而言却绝非福祉。特朗普鼓吹以实力、特别是军事实力为后盾以应对国际权势对比变化、尤其是应对其他大国“竞争”

① 有关新孤立主义、选择性介入、追求首要地位等战略在目标、手段、资源方面的比较，参见 Barry R. Posen and Andrew L. Ross, “Competing Visions for U. S. Grand Strategy,” *International Security*, p. 4.

的简单化做法，不仅有碍国际政治经济发展的总体趋势，加剧了国际安全形势的进一步紧张，并且对美国实现自身的战略目标亦毫无帮助。特别是在应对中国和俄罗斯此类兴起大国的政策上，美国部分学者便批评道，特朗普的政策严重混淆了上述两个大国在战略目标和行为路径上的明显差别，“对俄罗斯不够严厉，对中国又过于强硬”。[①] 而此类简单的、武断的甚至粗暴的（而非注重技巧的，如有些学者鼓吹的“将合作、竞争和对抗相结合的”[②]）做法，将严重破坏与上述国家的关系，甚至可能将两国直接推向与美国公开敌对。在当前大国之间全面战争难以想象的情况下，美国的正确做法显然绝非是将其与中、俄等大国的关系、尤其是将中美关系无可挽回地推入“修昔底德陷阱”（Thucydides Trap）当中。因此，特朗普关于与上述国家进行接触已经总体失败的结论相当草率：“接触战略不会保证成功，但不接触一般会失败。”[③]

尽管面对的批评不断，但特朗普关于强化经济与军事实力的政策，还是得到了美国国内、尤其是那些对全球化持敌视态度、留恋美国的大国荣光、不满于现实的政治保守势力不小的支持。美国空军中将大卫·德普塔拉（David Deptula）尤为赞赏特朗普关于美国必须进一步强化军事实力的说法，认为这一策略蕴含了里根“以实力求和平”的战略精髓。他完全认同特朗普关于美国军事力量的优势地位已经被其他竞争者（包括俄罗斯、中国、朝鲜和伊朗）军力建设严重削弱的看法，认为美国空军就是这种情况的代表——“预算匮乏、规模欠缺、准备不足”，“当前是空军有史以来最糟糕的状态，我们用着最陈旧的武器系统，规模最小，准备也最差”。[④] 不仅如此，

---

① William Inboden, “A Comprehensive Roundtable on The National Security Strategy,” 2 Jan. 2018, https: //warontherocks. com/2018/01/comprehensive-roundtable-national-security-strategy/

② Tim Kaine, “A New Truman Doctrine: Grand Strategy in a Hyperconnected World,” *Foreign Affairs*, p. 45.

③ Ibid. , p. 44.

④ William Inboden, “A Comprehensive Roundtable on The National Security Strategy, 2 Jan. 2018, https: //warontherocks. com/2018/01/comprehensive-roundtable-national-security-strategy/

很多民主党人士尽管在其他议题上有严重保留，但也对特朗普关于强化军事实力的动议持赞同态度。希拉里·克林顿竞选团队中的重要成员、资深参议员蒂姆·凯恩（Tim Kaine）就认为美国军事力量的全球独大地位现在正受到严重削弱。其原因，既有中、俄等国军事力量建设的高速发展，也有奥巴马政府执政时期对军费开支的主动缩减，认为这已经对美国的全球霸权支柱构成了致命的削弱。①

正由于美国国内在进一步强化美国军事实力议题上存在的广泛共识，特朗普政府提出的2018年度国防预算在美国国会几乎毫无争议地通过（参议院一致通过；众议院356票支持，仅有70票反对）。这个总额7000亿美元、创历史记录的军费预算较上一财年增长13%，远远超过了确保美国本土安全和在海外击败恐怖主义组织的需要，后两者是特朗普极力强调的当前美国两个最为首要的任务。特朗普执政一年以来，似乎也越来越倾向于在应对大国竞争方面显示和运用武力：如2017年至今美军更加深度地介入叙利亚的军事行动；中止从阿富汗和伊拉克撤军，甚至扩大驻军规模；不断派遣战略轰炸机、核潜艇、航母编队在朝鲜半岛周边炫耀武力；在北大西洋和太平洋频繁进行单边、双边以及多边大规模联合军演以向战略对手施压；在中国南海更为积极地实施所谓的“航行自由行动”（FONOPS）等等，这与奥巴马时代美军全球行动的有限收缩形成了较大的反差。② 特朗普政府一方面宣称要减轻海外负担、一方面却在全球范围内极力显示和运用美国超大规模的武力；一方面誓言要放弃全球扩张意识形态，另一方面又不断用自身的意识形态偏见妖魔化其想像中的竞争对手和外部世界。此类看似异常抵触的现象的出现，集中体现出特朗普战略在逻辑上存在的深刻矛盾：特朗普治下的美国还未能设计出一个适度的和可行的大战略目标，也未能在强

① Tim Kaine, “A New Truman Doctrine: Grand Strategy in a Hyperconnected World,” *Foreign Affairs*, pp. 48 - 49.

② Barry R. Posen, “The Rise of Illiberal Hegemony: Trump's Surprising Grand Strategy,” *Foreign Affairs*, p. 21.

化实力与节省资源这两个战略原则之间取得基本的平衡以及在确保美国自身安全与广泛的海外负担方面取得大致的协调。因此，特朗普的设想还远不能称得上是一个设计明智的和切实可行的大战略。

特朗普政府国家安全战略的出台及其中所蕴含的大战略转型，无疑将对当下正处于和平发展关键阶段的中国具有重大战略意义。尽管以经典现实主义著称的特朗普政府在拓展西方意识形态全球扩张将可能为中美关系发展产生正面推动作用，但前者将权势对比作为判断"敌—友"标准和"零和"的战略思维模式，肯定会将快速发展中的中国作为其延续世界霸主地位的头号敌手，这从2017年版《美国国家安全战略》一反常态、前所未有地将中国定义为"竞争者"已经得到鲜明的体现。当然，由于面临国内政治反对势力、政府官僚系统以及国际社会的广泛牵制，加之执政团队内部矛盾及特朗普本人政策态度的多变，特朗普政府在政策执行力方面依然存在较大的不确定性，其战略转型是否能够得到坚定的、有力的和连贯的实施依然存在疑问。但是执政以来特朗普政府对强化军事、经济实力并以此作为其遂行单边主义行动甚至作为参与大国战略竞争主要手段的不断鼓吹和部分实践，尤其是当下美国优势军力在我周边更加频繁、更具挑衅性的战略运用，以及美国向我施加的、所谓纠正不平等贸易等经济压力的激增。尽管此举还不足以对我民族伟大复兴大局产生全面的和具有颠覆性的影响，但肯定会对我国国家安全与和平发展造成不小的干扰和挑战。

从另一个角度看，特朗普的战略转型实质上也会对我国构建更加友善、稳定的国际安全环境提供一定的机遇。在世界多极化、经济全球化深入发展、全球治理与国际秩序加快演进、各国相互依存趋势愈发牢固的当下，特朗普战略中体现出的强烈的单边主义、霸权主义和极端利己主义无疑将或是已经引发了甚至包括美国盟国在内的国际社会的广泛置疑。而中国政府提出的包括推动构建人类命运共同体、摒弃冷战思维和强权政治、积极发展全球伙伴关系等一系列倡议和原则精神，在展现出一个在世界事务中负责任大国形象的同时，也极大有利于我国在诸多国际安全议题上（尤其是反对冷战思维与强权政治回潮、反对地缘政治竞争加剧、坚定维护自身国家利益等方面）争取国际社会的进一步支持、甚至是来自美国盟国的支持。

美国作为超级强国的勃兴早在19世纪60年代便已初露端倪：奴隶制的废除、内战的结束、急速发展的工业化和经济活力加之规模可观的领土、资源和人口基数，所有这些因素合在一起奠定了美国在20世纪里发挥世界级影响的物质基础。到1890年时，美国经济已经跃升至全球首位，西奥多·罗斯福时期的美国也开始逐步拓宽其世界性视野，而选择介入两次世界大战（尤其是第二次）及取得的大胜无疑为美国登上国际政治经济体系的顶级地位提供了不二良机。① 战后美国凭借其压倒性的权势力量主导了战后国际规则、国际规范和国际机制的建构，并发动了对苏联集团的冷战；而苏联解体、冷战结束后美国的一超独强，使其凭借在国际政治经济体系中愈发显赫的地位，几乎已经继罗马和不列颠之后实现了世界历史上的第三次“霸权治下的和平”。

然而，随着当前国际政治经济当中一些事件、事态和趋势的突出发展，当下的美国早先异常牢固的世界霸主地位，现在显然面临来自性质、来源、形式各不相同的综合性甚至是系统性的挑战，其中不少有可能会对美国在当前国际政治经济体系中的主导性地位构成实质性威胁。而特朗普的当选、执政及其令人印象深刻的政策主张和实践，就是当前美国尽力维系其全球霸权、至少是权势绝对优势地位的一次全新尝试。而无论美国大战略是否开始决定性的转型，但至少它在未来将具有更多的单边性、攻击性甚至冒险性。然而，在和平发展、协商共赢、开放包容等新型国际关系理念在全球范围内取得愈发广泛影响的今天，特朗普这种洋溢着重商主义、强权争

① Tim Kaine, “A New Truman Doctrine: Grand Strategy in a Hyperconnected World,” *Foreign Affairs*, p. 52.

霸时代色彩的政策举措，及其中体现出的历史偏执或无必要的自我满足，在极大有悖于国际政治经济演进趋势的同时，是否真正有利于美国的安全与发展也存在相当大的疑问，更勿论对国际社会的和谐、繁荣做出有益贡献。

（原文载于《国际安全研究》2018 年第 3 期）

特朗普贸易新政与中美经贸关系

特朗普贸易新政：理念、议程与制约因素

吴其胜*

【内容提要】经过近一年执政，特朗普政府的对外贸易政策目标和优先议程逐渐清晰。为实现削减贸易逆差和促进国内投资的目标，特朗普政府推进有别于前几届政府的贸易政策议程，包括强化经济主权、减少国际规则约束、修改贸易协定和加强贸易执法等。特朗普政府的贸易新政在目标和手段上显出内在矛盾，且受到国内不同政策主张、经济利益集团和国会的牵制，实施过程中将面临诸多挑战，可能会经历不断的调整。

【关键词】特朗普政府贸易政策　美国对外贸易　贸易保护主义

总统大选期间，特朗普在其竞选纲领中将贸易政策改革与税收、政府监管和能源政策改革并列为四大经济改革，并提出了改革美国贸易政策的路线图。自上任以来，特朗普政府逐步兑现其在贸易议题上的竞选承诺，包括退出“跨太平洋伙伴关系协定”（TPP）、提名贸易鹰派人士担任贸易部门负责人、推动北美自贸协定（NAFTA）重新谈判、加强贸易执法等。经过近一年的执政，特朗普政府的对外贸易政策框架已经形成，一系列新政策举措相继出台。如何理解和评估特朗普政府的贸易政策理念、议程及其内在矛盾，对于把握美国对外贸易政策的走向具有重要意义。

---

* 吴其胜，上海社会科学院国际问题研究所助理研究员。

一、基本政策理念

贸易政策改革是特朗普政府一系列经济改革计划的重要组成部分，并集中反映了特朗普本人及其政策团队的经济政策理念。在特朗普政府看来，国内投资和净出口的增加是实现经济增长的前提，而经济全球化和前几届政府失败的贸易、税收、监管和能源政策却导致了美国国内制造业投资下滑和净出口长期为负。因此，为解决美国当前面临的制造业萎缩和贸易逆差高居不下的问题，需要实施包括贸易改革在内的一系列结构性改革。

（一）美国经济的症结在于国内投资下降和贸易赤字高企

特朗普的贸易政策团队认为，一国的国内生产总值（GDP）主要由四大因素驱动，包括消费、政府支出、投资和净出口。其中，国内投资能提高经济总量，而对外投资只是在国外提供就业和税收，并不能在国内推动经济增长；当净出口为负时，即进口额大于出口额，贸易会减少一国的经济总量，而减少贸易赤字能够增加经济总量。① 过去15年来，美国经济增长率的下降主要是由于在投资（尤其是非住宅类固定投资）和净出口领域出现了结构性问题。大量工厂外迁、本土投资下降和净出口长期为负，直接拖累了美国GDP的增长，并导致了制造业岗位持续减少、政府债务激增甚至金融危机

---

① Peter Navarro, "Why the White House Worries About Trade Deficits," *Wall Street Journal*, Eastern edition, March 6, 2017, A. 17; Peter Navarro and Wilbur Ross, "Scoring the Trump Economic Plan: Trade, Regulatory, and Energy Policy Impacts," September 29, 2016, p. 5, https://assets.donaldjtrump.com/Trump_Economic_Plan.pdf.（上网时间：2017年4月20日）

的爆发。[①] 在特朗普政府看来，美国国内投资下降和净出口长期为负不仅仅是由人口老龄化、劳动力减少、储蓄率偏低等宏观经济因素所造成的周期性现象，更是由经济全球化和前几任政府错误的政策所导致。

（二）国内投资下降和贸易赤字增加的主因是经济全球化

主流的经济学研究认为，通过商品、资本和人员的跨国流动，经济全球化能够提高国际分工水平和生产要素的配置效率，推动世界经济的总体增长和各国生产力的发展。但在特朗普的经济政策团队看来，经济全球化在过去几十年来极大地限制了美国国内投资的增速，扩大了美国的对外贸易逆差，并对美国经济尤其是制造业部门造成了严重伤害。在20世纪80年代之前，美国企业主要通过在国内工厂用资本替代劳动力来提高生产效率，但之后随着全球化进程加速，越来越多的美国企业通过将工厂和生产基地转移到低成本国家的方式来实现利润的最大化；工厂的大量外迁不仅降低了国内投资和GDP增速，同时外迁工厂的产品出口到美国而进一步增加了美国的贸易赤字；虽然全球化带动了美国的出口，但美国的商品进口速度远超过出口。在很大程度上正是由于认为当前的经济全球化对美国不利，特朗普在竞选期间提出了“经济独立”的口号，主张减缓全球化的势头，强调经济主权和减少对国外的经济依赖，这在很大程度上正是由于他认为当前的经济全球化对美国不利。[②]

---

① 特朗普提名的美国贸易代表（USTR）罗伯特·莱特西泽（Robert E. Lighthizer）就曾认为与中国的巨额贸易逆差是导致2008年美国金融泡沫破裂的原因之一。Robert E. Lighthizer，“Evaluating China's Role in the World Trade Organization Over the Past Decade，” Testimony Before the U. S. - China Economic and Security Review Commission，June 9，2010，p. 15.

② Donald J. Trump，“Declaring American Economic Independence，” speech at the Alumisource Factory in Monessen，Pennsylvania，June 28，2016.

（三）失败的贸易政策加剧了全球化对美国经济的冲击

特朗普的政策团队认为，美国所签署的糟糕贸易协定和国外普遍存在的不公平贸易行为，阻碍了贸易的再平衡。在他们看来，华盛顿被支持经济全球化的国际主义者所主导，后者所推行的贸易政策是完全失败的，包括让美国加入了糟糕的贸易协定以及纵容主要贸易伙伴对美国采取歧视性政策。正如美国商务部长威尔伯·罗斯（Wilbur Ross）认为的，“美国制造业岗位数量和生产率的下降，以及与之相关的经济增长缓慢和工资停滞不前，被一系列阻止贸易重归平衡的糟糕的贸易协定和长期的汇率错配加速和放大了”。[①] 此外，特朗普政府还认为大多数国家没有采取基于市场的经济政策，国外重商主义和贸易“欺骗”行为普遍存在，使得贸易变成了零和游戏。而美国前几届政府对于大量存在的不公平贸易行为无动于衷，并没有采取果断措施加以应对，使得其他国家从贸易中获得了不对称的收益和比美国更快的经济增长速度。

（四）推动经济增长需要更强硬的贸易政策

针对美国经济所面临的国内投资下降和贸易赤字长期高居不下的问题，特朗普政府不仅主张进行税收、政府监管和能源等领域的改革，还主张对贸易政策进行全面调整。为了减缓企业外迁和消除长期存在的巨额贸易逆差，特朗普政府提出改变前几届政府过于被动消极的贸易政策导向，转而采取更具进攻性和更强硬的措施，包括将纯粹的自由贸易看作是“象牙塔”理论，认为需要更加主动和频繁地采用各种贸易保护措施来为国内制造业发展提供帮助；在打击

---

① Wilbur Ross, “Trump Campaign Benefits from Criticism of Trade Imbalances,” *Financial Times*, August 29, 2016, p. 11.

不公平贸易行为上，强调绕过世界贸易组织（WTO）向其他国家采取单边性贸易制裁的权利；在改变现有贸易规则和商签对美国有利的贸易协定上，主张通过双边而非多边的谈判方式，最大化地发挥美国的影响力。

二、贸易政策目标与优先议程

特朗普政府旨在通过推行以“美国优先”为原则的贸易政策改革，来增加国内制造业投资和消除长期存在的贸易逆差，帮助美国经济实现3%的年增长率。在进口方面，严格执行美国贸易法，防止国内市场受到外国倾销和补贴等不公平竞争行为的扭曲；在出口方面，希望打破外国市场的壁垒，扩大美国的出口；在国际贸易规则上，确保避免其他国家对贸易规则做出不利于美国的解释，并推动贸易规则根据美国利益需求的变化进行更新。过去一年来，特朗普政府为实现上述目标而明确并落实了如下四项优先议程：

（一）摆脱多边贸易规则的束缚

自WTO建立以来，美国历届政府都积极支持该组织在管理国际贸易和推动贸易自由化上所扮演的角色，包括支持其他经济体加入WTO和严格遵守其争端解决机制的裁决等。但在特朗普政府看来，以WTO为代表的多边贸易机制是由支持全球化的建制派所推动建立的，其中所包含的权利与义务不对称并且逐渐变得官僚化，经常做出对美国不利的裁决，严重限制了美国在贸易政策上采取单边行动的空间。[①] 鉴于对WTO的怀疑以及为了摆脱其规则的束缚，特朗普

---

① Shawn Donnan, “Trade Shake-up: Why the US President Has Taken Aim at WTO,” *Financial Times*, March 3, 2017, p. 6.

政府极力强调美国在贸易上采取单边行动的权利，抵制其他国家通过 WTO 争端解决机制来约束美国的贸易政策。

为寻求绕过 WTO 争端解决机制的方法，特朗普政府在上台后不久就指示美国贸易代表办公室起草清单，列出美国政府可以用来单方面制裁贸易伙伴的法律机制。① 针对其他国家可能会通过 WTO 对美国的单边行为进行起诉，特朗普甚至放言一旦 WTO 妨碍美国维护国内产业和工人的利益，就会退出该组织。虽然美国退出 WTO 的可能性不大，但其立场显示出特朗普政府将会倾向于从较为狭隘的角度来界定该多边机制，认为 WTO 是各成员集体意志的反映，而不是独立的全球经济治理机构。在 2017 年 3 月份发布的总统贸易政策议程年度报告中，特朗普政府专门援引 WTO 和国内法律条款，指出美国在谈判《乌拉圭回合协定》时，对 WTO 在管理国际贸易中所应扮演的角色进行了明确的界定，强调 WTO 争端解决机构的裁决不能自动导致成员国（包括美国）法律和行为的改变，认为“《乌拉圭回合协定》的任何条款，以及对这些条款针对任何人或在任何条件下的实施，一旦与美国的法律不一致，都将不具有效力”。②

为摆脱多边贸易规则的束缚，特朗普政府一改美国数十年来支持“强约束性”贸易规则的立场，转而寻求弱化多边争端解决机制。现任美国贸易代表罗伯特·莱特西泽近期公开赞扬关税总协定（GATT）框架下的非约束性争端解决机制的有效性，认为 WTO 框架下的强制性争端解决机制超越了成员国的授权范围，需要进行改革。③ 此外，美国近期在修订北美自由贸易协定（NAFTA）的谈判

---

① Shawn Donnan and Demetri Sevastopulo, "US Looks to Bypass WTO Dispute System," *Financial Times*, February 27, 2017, p. 4.

② Office of the United States Trade Representative, *The President's* 2017 *Trade Policy Agenda*, March 2017, p. 3.

③ Robert, Lighthizer, "U. S. Trade Policy Priorities," kenote remarks at Center for Strategic and International Studies, Washington, D. C., September 18, 2017, https://www.csis.org/analysis/us-trade-policy-priorities-robert-lighthizer-united-states-trade-representative.（上网时间：2017 年 9 月 22 日）

中，也寻求建议性而非强制性的争端解决机制，并要求在 NAFTA 中设立“日落条款”（sunset provision），即在协定满 5 年后自动终止生效，除非三国一致同意更新该协定。[①]

（二）加大惩治“不公平贸易行为”的力度

特朗普政府认为当前全球经济被各种不公平的非市场行为所扭曲，国外普遍存在的补贴、汇率操纵、知识产权窃取等行为是对美国的一种“经济侵略”，不仅严重损害了美国工人、农民和企业的利益，还威胁到美国的国家安全，因此需要通过严格执行贸易法，打击违反国际规则的“不公平贸易行为”，而与美国存在较大贸易逆差的国家将成为主要目标。

自上台以来，特朗普政府频繁利用“双反”（反倾销和反补贴）调查等贸易救济措施来打击所谓“不公平”的贸易行为。从特朗普宣誓就职到 2017 年 4 月中旬，美国商务部对价值超过 23 亿美元的进口钢铁、化学、木材、橡胶制品新展开了 24 项“双反”调查，并就 34 项“双反”调查做出了初步或最终裁定，涉案超过 36 亿美元，力度远超往届政府。[②] 为提高反倾销税率，美国商务部还首次援引《2015 年贸易优惠延长法案》（the Trade Preferences Extension Act of 2015）第 504 条款，在计算倾销幅度时采用了更为严格的方法。[③] 在调查程序上，特朗普政府也改变之前主要由国内企业或劳工组织提

---

① Jenny Leonard, “U. S. NAFTA Sunset Proposal Ties Termination to Trade Deficit, Sources Say,” *Inside US Trade*, Vol. 35, Issue 39, September 29, 2017, p. 5.

② U. S. Department of Commerce, “Statement of U. S. Secretary of Commerce Wilbur Ross on Today's Trade Enforcement Actions,” April 18, 2017, https: //www. commerce. gov/news/press-releases/2017/04/statement-us-secretary-commerce-wilbur-ross-todays-trade-enforcement.（上网时间：2017 年 4 月 22 日）

③ U. S. Department of Commerce, “Department of Commerce Finds Dumping of Oil Country Tubular Goods from the Republic of Korea in Groundbreaking Ruling,” April 11, 2017, https: //www. commerce. gov/news/press-releases/2017/04/department-commerce-finds-dumping-oil-country-tubular-goods-republi.（上网时间：2017 年 4 月 13 日）

交调查申请的方式，转向更为主动地启动贸易救济程序[①]。由于传统的贸易救济措施耗时较长且必须满足一定的标准才能实施，特朗普政府更倾向于使用一些不常用的政策手段，包括试图通过行政命令或税收改革的方式直接对进口商品征收关税、援引《1962 年贸易扩展法》（Trade Expansion Act of 1962）第 232 条款对进口钢铁和铝制品展开国家安全调查、援引《1974 年贸易法》第 301 条款对中国进行关于知识产权保护和技术转移问题的调查等。

为加强贸易执法能力，特朗普在向国会提交的 2018 财年预算方案中，显著增加了商务部国际贸易司、劳工部国际劳工事务司等贸易执法部门的经费。[②] 2017 年 3 月 31 日，特朗普还专门签署两项行政命令，要求严厉打击违反贸易和海关法律的行为，确保反倾销和反补贴税得到全面征收，并指示商务部协同其他部门对美国的贸易赤字和国外违反贸易规则的行为进行全面评估，为美国未来加强贸易执法提供依据。

（三）以强硬方式打开国外市场

执政以来，特朗普政府采取了各种举措来推动出口。例如，在农业部设立专门负责贸易和农产品出口的副部长职位，帮助扩大农产品出口；在面临共和党反对的情况下，依然向参议院递交美国进出口银行董事会领导和成员的提名名单，支持该银行在推动美国企业的出口上发挥更大作用。由于认为国外市场长期存在着制约美国商品出口的关税和非关税壁垒，特朗普政府表示将以更为强硬的方式打破国外贸易壁垒，为美国企业争取更多的市场准入机会，包括通

---

① Wilbur Ross, "Free and Fair Trade for American Workers and Business," April 13, 2017, https://www.whitehouse.gov/blog/2017/04/13/free-and-fair-trade-american-workers-and-businesses.（上网时间：2017 年 4 月 22 日）

② Executive Office of the President of the United States, Office of Management and Budget, *Budget of the U.S. Government: A New Foundation for American Greatness*, May 23, 2017.

过威胁退出美韩自贸协定要求韩国取消进口汽车的非关税壁垒、特朗普本人多次在媒体公开攻击加拿大的乳制品供应管理机制、就知识产权保护和技术转移问题启动对中国的“301 条款”调查等。在迫使其他国家对美国出口开放市场上，《1974 年贸易法》第 301 条款将成为特朗普政府的有力工具。特朗普政府能够依据该条款的法律授权对外国的贸易壁垒和违反贸易规则的行为进行调查，并对歧视或损害美国出口利益的国家进行报复，包括暂停实施或退出贸易协定、对外国进口商品征收关税或实施配额限制等。该条款是美国在 20 世纪 80 年代敲打日本、欧盟、巴西和印度等国开放市场的重要手段，但自 1995 年以来，美国更多地依靠 WTO 的争端解决机制来应对外国市场的开放问题。鉴于对 WTO 缺乏信心，特朗普政府更倾向于重新援引“301 条款”的授权，通过单边施压的方式迫使贸易伙伴在市场开放上做出让步。

自二战结束以来，美国基于国际战略利益的考虑经常在市场开放上对盟国和战略伙伴国做出不对称的让步，并支持 GATT/WTO 框架下的最惠国待遇原则。但特朗普政府认为这种单边性的贸易自由化拖累了美国经济，也没有使其他国家向美国对等地开放市场。为此，特朗普政府在推动国外市场开放上更加突出互惠和对等原则，即“如果一国对美国设置了大量的贸易壁垒，美国也应该对该国设置类似的贸易壁垒；如果一国对我们的贸易壁垒很少，我们应该对它设置较少的壁垒”。[①] 特朗普本人也多次声称将通过采取贸易保护政策来迫使其他国家降低关税，以实现公平贸易。[②] 为了保留通过贸易保

① White House, “Press Briefing by Secretary of Commerce Wilbur Ross on an Executive Order on Trade Agreement Violations and Abuses.” 白宫国家经济委员会主任加里·科恩（Gary Cohn）在 2017 年 4 月底一次国际经济会议上，表达了类似观点，指出如果一国对美国商品征收关税，特朗普政府将以“互惠的方式”对该国的进口商品征收同样的关税。参见“Trump Administration and World Financial Officials Clash Over Trade,” *Reuters*, April 21, 2017.

② White House, “Remarks by President Trump in Joint Address to Congress,” February 28, 2017.

护向其他国家进行施压的权利，特朗普政府还分别在2017年上半年的G20和G7财长和央行行长会议上阻挠将“反对保护主义”写入会议公报中。

（四）重审贸易协定

特朗普政府认为美国自20世纪80年代末以来签订的多数贸易协定所带来的结果与预期不符，导致了美国贸易赤字的扩大和美国制造业岗位的大量流失，因此需要进行重新评估，包括退出或重新谈判“糟糕”的贸易协定，并通过“强硬”和“聪明”的谈判达成对美国更为有利的贸易协定。为此，特朗普在2017年4月底专门签署行政命令，指示商务部和全国贸易代表办公室（USTR）对美国所签署的贸易协定和与美国存在巨额贸易逆差的WTO成员之间的双边贸易关系进行全面评估，并在2017年8月中旬发起了修订NAFTA的首轮谈判。NAFTA谈判所要修改和涵盖的内容，包括强化知识产权保护、监管规则、政府采购、劳工、环境、数字贸易、国有企业等，也旨在为修改包括美韩自贸协定在内的其他贸易协定提供样板，在2017年12月发布的《国家安全战略报告》中，特朗普政府明确提出要塑造和改革WTO，以确保与提高裁定“不公平”贸易行为的效率和能力。①

在谈判的方式上，由于认为多边谈判会削弱美国进行讨价还价的能力，特朗普政府一直表示将通过双边而非多边的方式来为美国企业和工人争取更有利的条款。上任伊始，特朗普即宣布美国将永久性地退出TPP，并指示USTR通过双边贸易谈判的方式来“促进美国产业、保护美国工人和提高美国人的工资”。② 在退出TPP后，特朗普政府还着手在亚太地区通过与日本、越南等国的双边贸易谈判，

① The White House, *National Security Strategy of the United Stares of America*, pp. 40 - 41.
② Presidential Memorandum of January 23, 2017, 82 FR 8497.

取代地区贸易协定。[①] 出于对多边谈判的质疑，特朗普及其政策顾问还一度表示希望通过与欧盟成员国的双边谈判取代与欧盟的“跨大西洋贸易与投资伙伴关系”（TTIP）谈判，并对与“脱欧”后的英国之间的双边贸易谈判持积极立场。

三、内在矛盾

特朗普政府的贸易政策调整在很大程度上反映了美国传统经济民族主义思潮的回归，包括重视制造业、强调经济主权和更倾向于采取贸易保护政策等。[②] 特朗普政府也希望借鉴里根政府时期“经验”，通过在贸易问题上采取更具进攻性和更加强硬的措施，来维护美国经济的竞争力。虽然特朗普政府的贸易政策在政治上迎合了国内民粹主义的诉求，并受到东北部传统制造业、工会和国会民主党议员的支持，但在逻辑和经验上却存在诸多内在矛盾，这些内在矛盾也将极大地限制其贸易政策议程的推进。

（一）对贸易逆差和制造业发展关系的错误认知

在特朗普政府看来，贸易赤字和投资下降尤其是制造业外流是美国经济疲弱的一种表现，需要通过包括贸易政策调整在内经济改革加以纠正。但经济学的分析表明，一国经常项目下的贸易赤字与其资本项目下的资本盈余是相伴的，与美国存在贸易顺差的国家往往将贸易出口收入投资到美国的不动产、土地、工厂、设备和各种金融资产，其中很多投资并不像债务那样需要偿还。另外，贸易赤字

---

① Jenny Leonard and Jack Caporal, “Navarro Outlines Trade Priorities to Finance, Ways and Means Lawmakers,” *Inside US Trade*, Vol. 35, No. 7, February 17, 2017.

② 王晓德：“美国早期历史上的经济民族主义及其影响”，《南开学报（哲学社会科学版）》2006 年第 1 期，第 18—26 页。

在很多情况下是经济繁荣的一种表现，它意味着一国货币购买力和消费者需求的强劲。事实上，美国经济繁荣时期大多都是贸易赤字迅速增加的时期，美国在20世纪30年代的大部分时间虽然有贸易顺差，但经济却很低迷。①

在制造业问题上，虽然美国当前制造业就业人数占美国就业总人数的比例处在历史低位，但美国的制造业产出却创造了历史新高。事实上，美国转移到国外的制造业主要是低附加值产业，这也是世界经济一体化背景下各国根据要素禀赋进行国际分工的结果。考虑到美国当前的总体失业率并不高，如果将一些低附加值制造业强行带回美国，将会立刻导致美国劳动力成本的提高，从而迫使企业加强自动化生产的投入来抵消人工成本的上升，并在中长期造成更大的结构性劳动力问题。② 因此，特朗普的胜选在很大程度上是因为通过允诺将制造业岗位带回美国来获得“锈蚀地带”低收入选民的支持，但其贸易政策的实施可能最终会损害这些选民的利益。

（二）贸易保护难以消除贸易赤字和重振美国制造业

特朗普政府希望通过加强贸易执法、提高关税、限制进口和进行双边贸易谈判等方式实现消除贸易逆差和促进制造业投资。虽然这些主张在政治上具有很大吸引力，但却无法达到预期目标，甚至会损害美国经济。鉴于贸易赤字主要是由国内私人储蓄、投资、政府开支水平等各种宏观经济因素所决定，如果不解决贸易失衡的根源问题，仅通过缩小对个别国家的贸易逆差并不能实现削减贸易赤字

---

① “How to Think About the Trade Deficit,” *Wall Street Journal*, Eastern edition, March 10, 2017, A. 14.

② Erik Kobayashi-Solomon, “Donald Trump's ‘Investment’ Strategy Doomed to Failure,” *Forbes*, December 7, 2016.

的目标。[①] 此外，由于贸易的转移效应，双边安排只能影响贸易赤字的部门与地理分布，但并不能从根本上消除贸易逆差问题。

为阻止企业外迁，特朗普在上任初期逐个敲打将生产基地转移到国外的美国企业，并威胁通过增加关税、限制进入政府采购名单等方式来惩罚转移工厂的行为。出于获得更多的政府补贴以及在降低公司所得税、放松政府监管等议题上获得特朗普政府支持的需要，一些汽车、家电、玩具企业表示将增加在美国本土的投资或暂缓在国外建厂的计划。但从市场反馈来看，企业的决策依然主要依据生产成本和销售需要来决定投资目的地，特朗普政府很难通过贸易政策阻止美国企业的跨国生产战略。[②]

（三）与其他经济改革主张的冲突

基于保守主义“小政府、大市场”的理念，特朗普政府反对政府权力的过度膨胀，主张限制政府对市场的干预，并为此提出改革美国监管体制的计划。然而，特朗普政府为推动制造业回流和消除贸易逆差而采取的贸易措施，代表了对市场主体的持续性干预，并与其主张的政府监管改革相违背。为减轻企业和消费者负担，特朗普政府通过了旨在削减企业和个人所得税的税收改革方案，但加强贸易救济和提高进口商品关税的贸易政策将会不可避免地增加进口中间品和消费品的价格，进而加重美国企业和消费者的负担。通过

---

① Stephen Roach, “Donald Trump is Suffering from Trade Deficit Disorder,” *Financial Times*, March 7, 2017; Martin Wolf, “The Folly of Donald Trump's Bilateralism in Global Trade,” *Financial Times*, March 14, 2017, p. 9. 由于高关税与低贸易赤字没有关联，通过提高关税的方法也无法从根本上消除美国的贸易逆差。参见 Joseph E. Gagnon, “We Know What Causes Trade Deficits,” *Trade & Investment Policy Watch*, Peterson Institute for International Economics, April 7, 2017.

② 例如，美国家电企业开利公司在特朗普的干预下曾宣布取消转移工厂的计划，但出于降低生产成本和进行国际化经营的需要，该公司最终还是决定削减在美国的员工，并将相应的制造业岗位转移到墨西哥。参见 Danielle Paquette, “Trump Said He Would Save Jobs at Carrier, The Layoffs Start July 20,” *The Washington Post*, May 24, 2017.

财政和税收补贴的方式鼓励企业将海外工厂迁回美国的做法虽然对企业有吸引力，但成本高昂，缺乏可持续性，并且会显著增加地方和联邦政府的财政负担，与特朗普政府削减政府开支的政策目标相矛盾。特朗普政府的一些保护性贸易政策还会扰乱各产业的地区与全球供应链体系，削弱美国企业的国际竞争力，进而不利于实现重振美国制造业的目标。

特朗普政府采取限制进口和威胁绕过 WTO 对贸易伙伴实施单边制裁的做法还会招致其他国家的效仿和反制，包括对美国农产品、高技术和高附加值工业品、服务业的出口进行限制，减少对美国商品的依赖等。在此情况下，国际贸易摩擦必将加剧甚至有演化为贸易战的可能，世界经济也必将受到拖累。如果特朗普政府能够专注减税、基础设施建设和监管改革，未来数年美国的经济增长能达到 3%—4%，而“一旦发起类似 20 世纪 30 年代的贸易战，则会功亏一篑”。[①] 因此，虽然美国特定产业能够从贸易保护中获利，但却会使整个美国经济承担高昂代价。

四、来自国内的政策制约

鉴于美国宪法赋予总统在外交事务上广泛的权力，以及美国国会在过去一个世纪以来通过立法的方式授予了总统较大的贸易政策制定权，[②] 特朗普政府拥有较大的权力和广泛的政策工具来推动其贸易议程的落实，包括退出贸易协定和对进口商品征收高关税等。利益受到损害的美国企业或者地方政府可以通过法院对特朗普的贸易政

① Robert J. Barro, “How to Engineer a Trump Boom,” *Wall Street Journal*, Eastern edition, March 28, 2017, A. 17.

② 如《1962 年贸易扩展法》第 232 条款、《1974 年贸易法》第 122 条款和第 301 条款、《与敌国贸易法》（Trade with the Enemy Act of 1917）、《国际经济经济权力法》（International Emergence Economic Powers Act of 1977）等。

策进行挑战，也可以向国会施压，要求后者通过新的立法收回对总统的授权或者限制总统的贸易政策权，但这些方式要么耗时较长，要么会面临总统的否决。因此，如果愿意将自身贸易权力发挥到最大化，特朗普政府能够推动其贸易政策议程的落实，国会和最高法院在短期内将很难阻止。[①] 然而，从长期来看，特朗普政府的贸易改革仍将面临来自国内民意基础、农业利益集团和其他政策议程的限制。

（一）缺乏民意支持

虽然国内民粹主义升温，但美国国内支持对外贸易的民意仍占主流。随着 2016 年大选期间关于贸易辩论的结束，美国民众关于贸易的态度发生了较大改变，当前大部分美国人对贸易持积极立场。盖洛普在 2017 年 2 月初的一项民调显示，72% 的受访者认为对外贸易为经济增长提供了机遇，远超过 2016 年的 58%，为冷战结束以来的最高。[②] 根据《华尔街日报》和美国全国广播公司新闻网（NBC News）的民意测验，有 43% 的美国人认为与外国的自由贸易对美国是有益的（为两家机构自 1999 年开始进行该项民意测验以来的最高值），认为有损于美国利益的为 34%。在 2016 年，这两项数据分别为 27% 和 43%。[③] 为了巩固自身的政治基础，特朗普政府在推动其贸易政策议程上必然要考虑国内主流民众关于国际贸易的态度。尤其是当其贸易政策的负面影响凸显并导致国内舆论进一步反弹时，特朗普政府必将面临更大的舆论压力。

---

① Gary C. Hufbauer, "Could a President Trump Shackle Imports?," in *Assessing Trade Agendas in the U. S. Presidential Campaign*, PIIE Briefing 16 – 6, Peterson Institute for International Economics, September 2016, pp. 5 – 16.

② Art Swift, "In US, Record-high 72% See Foreign Trade as Opportunity," *Gallup*, February 16, 2017.

③ Jacob M. Schlesinger, "Public Support for Free Trade Climbs," *Wall Street Journal*, Eastern edition, February 27, 2017, A. 4.

（二）利益集团的不满

特朗普政府的贸易新政在很大程度上围绕增强美国制造业基础展开，进而引起了美国农业州的强烈不满。一方面，特朗普政府保护国内制造业的举措会导致外国对美国的农产品出口进行报复性限制，使得美国农场主和农产品企业的利益直接受到损害；另一方面，在国际贸易谈判中，如果特朗普政府在制造业上采取强硬立场，将很难获得其他国家在农产品贸易上做出相应妥协。[①] 目前，美国农业利益集团和来自农业州的国会议员已经开始在 NAFTA 重新谈判、处理与主要贸易伙伴国之间的关系上向特朗普政府施压，要求后者确保农产品出口利益不受损害。鉴于中西部农业州是特朗普在总统大选期间的重要票仓，特朗普政府在采取极端性贸易措施前必然要评估对美国农业出口的影响。[②]

（三）国会意见分歧

美国国会参众两院目前由支持对外贸易的共和党议员主导，即使对贸易自由化持反对立场的多数民主党议员，也不支持特朗普采取诸如退出 NAFTA、抵制 WTO、对进口商品全面征收高额关税等极端政策。针对特朗普政府提出的一系列限制进口和弱化多边贸易机制的主张，国会两党领袖已经明确表示反对。虽然国会很难在短期内通过立法的方式收回赋予总统的贸易授权，但却可以通过如下三种途径来限制特朗普政府采取极端性贸易政策。首先，美国国会拥有

---

① Catherine Boudreau, "The Trade War Comes to the Prairie: What's Good for Manufacturers Could Be a Big Problem for Farmers," *Politico*, February 13, 2017; Shawn Donnan, "Farm Belt Fears a Trump Trade War," *Financial Times*, April 17, 2017, p. 11.

② Ashley Parker, et al., " 'I Was All Set to Terminate': Inside Trump's Sudden Shift on NAFTA," *The Washington Post*, April 27, 2017.

宪法授予的征收关税和管理对外贸易的权力，总统推动的贸易立法和签订的贸易协定必须经过国会批准才能实施。如果特朗普政府希望改革或重新商谈国际贸易协定，则必须获得国会的支持。其次，总统提名的主要贸易官员需要获得参议院的批准，国会还能通过控制行政部门财政预算的方式来影响美国贸易政策的实施。最后，国会可以通过其他政策议题来制约特朗普政府的贸易权力。除贸易外，特朗普政府的优先议程还包括医保、移民、税收体制改革等，而这些改革的落实离不开国会的支持。特朗普为获得国会在医保、移民和税改上的支持，必然要考虑后者对其贸易政策的顾虑。例如，为了获得共和党对其税收改革计划的支持，特朗普政府不得不决定无限期推迟发布对进口钢铁和铝产品的“232 条款”调查报告。[①] 此外，从往届政府来看，较高的民意支持率能够帮助总统获得国会议员的支持。然而，特朗普执政初期的民意支持率较低，在与国会的角力中将会处于劣势。[②]

五、结语

鉴于在政策目标和手段上具有内在矛盾，以及在国内会受到民意、农业利益集团、主流政治精英和国会的牵制，特朗普的贸易新政在实施过程中将面临诸多挑战，其政策目标和手段也将不得不进行相应的调整。事实上，相比竞选期间和上任之初的极端言论，特朗普政府近期关于对外贸易政策的基调已经有所缓和。例如，在新

---

① “Ross Fears ‘Irritating’ Congress on Trade, Says 232 Actions ‘A Question of Timing’,” *Inside US Trade Daily Report*, September 25, 2017.

② 根据 2017 年初的一项民意测验，48% 的美国民众对特朗普执政初期的表现不满意，只有 44% 的民众认可特朗普政府就职以来的成就，明显低于奥巴马、布什和克林顿和老布什政府执政初期的支持率，特朗普本人也成为自二战以来在执政初期的民意净支持率为负的总统。Michael C. Bender, “The Wall Street Journal/NBC News Poll: Trump’s Approval at Historical Low,” *Wall Street Journal*, Eastern edition, February 27, 2017, A. 4.

政府班子的搭建上，特朗普邀请并任命一些支持对外贸易的政策精英进入核心团队；特朗普之前认为 NAFTA 对美国来说是个“灾难”，需要彻底修改甚至威胁退出该协定，但最近却表示仅需对该协定做一些必要的修补；竞选期间曾威胁对中国商品征收高额关税并将中国列为“汇率操纵国”，但上任后不久就转向强调对话与合作，在中美两国领导人“海湖庄园”会晤期间启动了“全面经济对话”这一双边合作机制，并在“百日计划”的框架下取得了双边经贸合作的初期成果；特朗普政府在上任初期曾一度主张绕过欧盟与其成员国进行双边贸易谈判，但在遭到对方强烈反对后则又重申在欧盟的框架下发展美欧经贸关系。

然而，考虑到其主要政治支持群体的利益诉求以及特朗普本人及其核心顾问的经济民族主义理念，特朗普政府依然会投入大量的政治资源，寻求兑现部分竞选承诺。因此，在政策走向上，特朗普政府更可能倾向于在农业利益与传统制造业利益、经济主权与国际义务、贸易自由化与贸易保护之间寻求平衡。一方面，在现有法律和国际规则框架下，针对重点国家和重点产业加强贸易执法，通过更加积极和频繁地使用各种贸易救济工具为国内敏感产业提供保护，同时通过采取一些单边性的贸易措施来在贸易谈判中的要价；另一方面，重视与主要贸易伙伴国的对话与合作，避免爆发损害美国经济利益的贸易战，通过博弈来为美国企业争取更有利的贸易投资规则和更多的市场机会。

（原文载于《国际问题研究》2018 年第 1 期）

特朗普政府的对外经贸政策与中美经贸博弈

张玉环*

【内容提要】特朗普政府执政一年多以来，在“公平贸易”理念的指导下美国的对外经济政策出现重大转向，对绝对公平、绝对对等以及相对收益的追求凸显出美国公平贸易的保护主义性质。具体来看，特朗普政府的对外贸易政策呈现出将经济安全上升到国家安全的高度、加强贸易执法维护公平贸易、重谈自贸协定寻求有利条款、改变多边贸易体系的特点。在此背景下，特朗普政府调整对华经贸政策，实施贸易救济、抑制中国产业升级、阻碍中国企业赴美投资等保护主义措施，中美经贸关系历经多次波折和起伏。“贸易战”风险不断增加。伴随中美两国对贸易的观念错位、对彼此诉求的错位以及对双边关系的认知错位，中美经贸博弈呈现升级态势，而中美“贸易战”可能延续下去。对此，中国还需要理性研判，管控分歧，促进中美经贸关系健康平稳发展。

【关键词】特朗普政府　公平贸易　对外经贸政策　中美关系　贸易战

美国总统特朗普以“美国优先”作为实施各项政策举措的核心原则，在对外贸易领域，对公平贸易的追求成为特朗普政府捍卫美

---

* 张玉环，中国国际问题研究院世界经济与发展研究所助理研究员。

国利益的基本理念。2018年1月，特朗普在达沃斯世界经济论坛演讲中明确提出："我们支持自由贸易，但必须是公平且对等的。"① 作为自由贸易和保护贸易的"混合体"，公平贸易自20世纪70年代登上美国对外经济政策舞台，逐渐成为美国贸易保护主义者的托辞，特朗普政府更是将其保护主义的一面演绎得淋漓尽致。在公平贸易理念的指导下，美国对外经济政策出现重大转向，为中美经贸关系带来重大挑战，导致中美经贸摩擦愈演愈烈，并有爆发"贸易战"之势。本文旨在分析特朗普政府执政以来中美经贸关系的转折与变化，以及美国如何以维护公平贸易为由逐步转变对华经贸政策，探讨中美经贸博弈升级的原因、未来走向及应对措施。

一、特朗普政府对外经贸政策的逻辑

自亚当·斯密和大卫·李嘉图等古典经济学家提出自由贸易理论以来，经济学界对贸易保护主义的批评一直不绝于耳，自由贸易和开放市场被看作是能给所有人和国家带来利益的国际性公共物品，成为增加国家财富、促进世界和平的重要工具。然而，即使自由贸易备受经济学界推崇，但在实际运行中，贸易保护才是世界经济的普遍特征。正如经济史学家保罗·巴洛克指出的，在历史上自由贸易是例外，而保护主义才是惯例。② 自由贸易为全社会带来的普遍利益往往被政治家所忽略，他们受制于利益集团及选举政治，更倾向于采取贸易保护措施，因此贸易保护主义在世界经济中拥趸众多。随着全球化的推进和科技的进步，贸易保护主义通常以不同面貌出

① White House, "Remarks by President Trump to the World Economic Forum", January 26, 2018, https://www.whitehouse.gov/briefings-statements/remarks-president-trump-world-economic-forum/.

② ［美］罗伯特·吉尔平：《全球政治经济学：解读国际经济秩序》，杨宇光、杨炯译，上海人民出版社，2006年版，第178—183页。

现，20 世纪 70 年代以后，“公平贸易”作为自由贸易和保护贸易的“混合体”逐渐登上美国对外经济政策的舞台，而倡导“公平贸易”的特朗普政府更是将这一概念重新推上高峰。

（一）“公平贸易”的理论逻辑

公平贸易最早起源于 19 世纪末备受德国保护政策冲击的英国纺织行业，但其时仅限于行业自发的“公平贸易运动”，尚未转化为国家政策取向。① 不过，公平贸易的理念已初具雏形，并不断发展为国家重要的贸易政策工具，贾格迪什·巴格瓦蒂将公平贸易理念概括为“互惠”和“平等竞技场”（Reciprocity and the Level Playing Field）。② 随着公平贸易理念和政策实践的发展，这一兼具自由贸易和保护贸易性质的“混合体”愈发凸显出保护主义特质，而巴格瓦蒂更是直言公平贸易的本质是保护主义。

一方面，从理念原则上看，公平贸易倡导的“互惠”原则实际上是“对等”原则。二战之后，“互惠”概念已被世界各国广泛接受，并成为 GATT/WTO 维护自由开放的国际贸易体系的基本原则之一，GATT/WTO 互惠原则强调成员国通过谈判给予对方关税减让，使得各方均可获得贸易优惠待遇。

不过，20 世纪 70 年代以来美国所提倡的公平贸易核心理念本意是“对等”，即贸易伙伴国需和美国采取同等的关税减让政策及边境内政策。③ 美国政策决策者不仅从开放程度的不对称定义不公平贸易，还将贸易伙伴国的国内政策和制度作为重要依据。在“对等”理念指导下，任何同贸易伙伴国之间的不平衡贸易都可以被称为不

---

① 刘振环：《美国贸易政策研究》，王世华等译，法律出版社，2010 年版，第 197 页。

② Jagdish Bhagwati，“Protectionism”，The Concise Encyclopedia of Economics，http：//www.econlib.org/library/Enc/Protectionism.html.

③ 盛斌：《世界经济转变中的美国对外贸易政策》，《美国研究》，1998 年第 3 期，第 30—49 页。

公平贸易。[①] 而为了纠正不公平贸易，美国采取的方法是要求贸易伙伴国单方面让步，理由是纠正并补偿二战之后美国单方面对贸易伙伴国开放的做法。[②] 随着美国贸易赤字逐渐增大，对等原则逐渐成为美国对外贸易政策的基石，并形成“贸易有益、进口有害”的单边开放市场观念。

另一方面，从政策实践上看，侵略性的单边主义成为捍卫公平贸易的主要工具。公平贸易强调平等竞争，其目的是纠正外国竞争者的不公平做法，为本国企业创造公平的竞争环境。从目的上看，公平贸易仍是为了维护自由开放的国际贸易体系，创造“平等竞技场”，但在政策实践中，公平贸易的保护主义特质愈发凸显。早在19世纪末20世纪初，早期西方资本主义国家就开启了反倾销反补贴立法的先河，维护公平贸易的举措随之落地，尽管公平和互惠精神始终贯穿在自由贸易理念之中，但各国并未过多强调公平贸易，而GATT中也规定了公平和互惠原则，同时为反倾销反补贴保障措施等确立了国际法基础。

20世纪70年代以后，面临日益激烈的国际竞争，美国政策制定者认为，不平等的开放是美国不断攀升的贸易赤字的“罪魁祸首”，因此对外贸易政策议程从追求多边贸易自由化转变为追求公平贸易，并通过《1974年贸易法》和《1988年综合贸易和竞争法》等国内法授予总统实施贸易报复的权力，并确立了应对“不公平竞争”的政策工具，包括“超级301条款”、“特别301条款”等。公平贸易更是成为美国贸易保护主义者的托辞，日欧等贸易伙伴国的对美顺差皆被归结为采取了不公平竞争政策，美国利用国内法向日欧施压，采取单边主义行动，以维护自由贸易之名行贸易保护主义之实。[③]

① ［美］贾格迪什·巴格瓦蒂：《现代自由贸易》，雷薇译，中信出版社，2003年版，第39页。

② 同上书，第72页。

③ ［美］贾格迪什·巴格瓦蒂：《现代自由贸易》，第41页。

（二）“公平贸易”的历史脉络

从建国之初到20世纪70年代，关于美国对外经济政策的争论主要围绕自由贸易和贸易保护进行，美国的经济崛起伴随着贸易保护主义政策，可以说保护主义是美国经济发展的基本特征，而当19世纪末20世纪初美国工业实力日益增长之时，美国又采取自由贸易政策为本国民族工业开疆辟土。① 二战结束后，美国高举自由贸易旗帜，主导建立了自由开放的国际贸易体系，领导成立关税及贸易总协定，并推动一系列关税减让谈判，此外，美国还通过实施单边自由贸易政策为战后西欧和日本的经济复苏提供支持。20世纪70年代之后，伴随美国霸权的相对衰落，公平贸易开始进入决策者的视野，并逐渐成为美国对外贸易政策的基本原则。

随着西欧和日本经济的快速发展，美国企业在国际市场上面临的竞争与日俱增，贸易优势逐渐削弱，1971年美国结束长达80多年的贸易顺差，开始进入贸易逆差阶段。1974年美国国会通过兼具自由主义和保护主义倾向的《1974年贸易法》，成为1934年以后美国自由贸易政策的转折点，该法明确设置了贸易报复条款“301条款”，即如果美国贸易代表办公室认定某国的贸易政策与两国所签订的贸易协定相抵触，或有不公平、不合理及歧视性的事情发生，则须依总统指示对其采取报复措施，迫使对方遵守协定或修正其行为。这成为美国进行贸易报复的法律依据，也被认为是《1974年贸易法》最富有贸易保护主义色彩的内容。②

在里根政府期间，日本、西欧和新兴工业国的崛起对美国的挑战日益加深，美国对外贸易政策进一步从多边主义和非歧视性原则退

① ［美］迈克尔·赫德森：《保护主义——美国经济崛起的秘诀（1818—1914）》，贾根良等译，中国人民大学出版社，2010年版。

② 李巍：《制度变迁与美国国际经济政策》，上海人民出版社，2010年版，第208页。

守到公平贸易。1988 年，美国国会通过了《1988 年综合贸易和竞争法》，该法包含了许多强硬的贸易保护条款，在“301 条款”的基础上增加了“超级 301 条款”和“特别 301 条款”，便于美国国内产业取得贸易救助的资格。该法是自 1930 年《斯穆特—霍利关税法》通过以来，贸易保护色彩最浓的一部贸易法，标志着美国贸易政策从自由贸易向公平贸易的重大转向。①

布什政府和克林顿政府进一步确立了公平贸易原则。1989 年，布什政府在“国家贸易政策纲要”中明确提出，20 世纪 90 年代美国贸易政策的基本方针是“自由和公平贸易”，这意味着美国将会继续实行自由和开放贸易，但同时又会以坚决的行动反对贸易伙伴国的“不公平贸易”行为。克林顿政府也将公平贸易作为美国贸易政策的基本原则，要求其他国家采取对等优惠措施、扩大市场开放，否则就依托“301”等条款广泛使用贸易报复措施，这在实质上已经放弃了自由贸易的本质。②

在继承“公平贸易”理念的基础上，小布什政府提出“竞争性自由化”贸易战略，旨在为国内企业创造一个有利的、公平的竞争环境，为国内产品开辟更广阔的海外市场。此外，美国还制定了大量的技术标准、法规和评定程序，其中很多与 WTO 的《技术型贸易壁垒协议》相一致，这就给美国以借口要求进口商品“在技术上对等”，环保标准、劳工标准也成为美国要求“公平、对等”的砝码。③奥巴马政府对公平贸易理念的强调建立在公平、透明的自由市场规则的基础之上，因此大力推动 TPP、TTIP 和 TISA 等贸易协定谈判，聚焦于进口配额、管理和安全标准、检验程序等非关税壁垒，通过重塑贸易自由化规则和标准实现公平贸易，同时制约新兴经济体在

① 刘振环：《美国贸易政策研究》，第 205—206 页。
② 张建新：《美国的战略性贸易政策》，《美国研究》，2013 年第 1 期，第 64—80 页。
③ 崔岩：《美国战略性贸易政策研究》，吉林大学出版社，2012 年版，第 67—69 页。

国际贸易体系中的话语权。①

（三）特朗普政府的“公平贸易”观

特朗普政府的“公平贸易”观依然秉持“公平”（fair）和“对等”（re-ciprocal）两个核心概念。对公平贸易的追求贯穿特朗普政府对外经贸政策的方方面面，美国贸易代表办公室发布的《2017 年美国总统贸易政策议程和 2016 年年度报告》指出，特朗普政府对外贸易政策的总体目标是“以一种对所有美国人更自由和更公平的方式扩大贸易”。②

特朗普政府认为，其他国家采取的倾销、补贴、国有企业和汇率操纵等不公平贸易行为扭曲了市场竞争力，造成美国制造业工人失业及工资水平降低，③ 美国将采取强硬措施打击不公平贸易行为。特朗普政府还强调“公平自由贸易协定”的重要性，认为现有的自贸协定如北美自由贸易协定、美韩自贸协定，将大型企业和就业转移出美国，美国劳工遭到不公平待遇，因此必须重谈 FTA，保障美国产业和劳工利益。在美国公布钢铝关税后，特朗普还在社交媒体上表示，除非重新签署全新及公平的 NAFTA，否则不会取消针对加拿大和墨西哥的钢铝关税。④ 此外，特朗普政府还认为，现有的以 WTO 为核心的国际贸易体系在应对不公平贸易行为方面亟待改革，同时

---

① 李巍、张玉环：《奥巴马政府国际贸易战略走向与中国的应对》，《国际关系研究》，2014 年第 2 期，第 121—133 页。

② Office of the United States Trade Representative, “2017 Trade Policy Agenda and 2016 Annual Report of the President of the United States on the Trade Agreements Program”, March 2017, https://ustr.gov/sites/default/files/files/reports/2017/AnnualReport/AnnualReport 2017.pdf.

③ Marianne Schneider-Petsinger, “Trade Policy under President Trump Implications for the US and the World”, Chatham House, November 2017, https://www.chathamhouse.org/sites/files/chathamhouse/publications/research/2017 - 11 - 03 - trade-policy-trump-schneider-petsinger-final.pdf, p. 10.

④ Bloomberg, “Trump Tweets NAFTA Ultimatum: The Tariffs Stay Until a ‘Fair’ Deal Is Signed”, Fortune, March 5, 2018, http://fortune.com/2018/03/05/trump-tariffs-nafta-canada-mexico/.

在多个场合表达了美国追求公平贸易、惩罚实施不公平贸易伙伴国的决心，[①] 希望重塑国际自由且公平的贸易体系。

执政一年多来，特朗普政府出台的对钢铁和铝产品征收关税政策、依据“301 调查”结果对中国出口美国的500 亿美元产品加征关税、遏制外国投资政策等，均加剧了逆全球化和贸易保护浪潮，特朗普政府所捍卫的“自由贸易”被“公平”和“对等”两个条件加以限制后已失去了其本意。

一方面，特朗普政府的“公平”和“对等”强调绝对公平和绝对对等，追求相对收益。在特朗普看来，公平贸易意味着各国必须采取同样的关税水平和开放程度，税率不同即为“不公平”贸易。[②] 为解决关税水平差异带来的美国利益受损问题，特朗普多次提出向包括盟友在内的贸易伙伴国征收“对等税”，即对进口产品征收同贸易伙伴国一样的关税。多边贸易体系中所倡导的“互惠”或“对等”，实际上建立在对处于不同发展阶段国家的包容和理解的基础之上，各国经过谈判对关税减让达成一致意见，成员国均可从贸易自由化中获益。而特朗普政府的“公平贸易”则走向了追求相对收益的极端，其结果是利用贸易保护工具进行“以牙还牙”的贸易报复。从本质上看，特朗普政府的“公平贸易”观延续了前几届政府对“公平贸易”的解读，即强调贸易自由化水平的一致性，更加突出了对持续增加的美国贸易赤字的担忧，以一个非常简单的逻辑链条推动单边贸易保护政策，并期待取得立竿见影的效果。

另一方面，特朗普政府将“公平贸易”理念工具化和政治化。特朗普一再强调贸易需要公平和对等，但从其政策实践来看对等要求并未落实，“公平贸易”愈发凸显出工具化色彩。特朗普政府决定

① Marianne Schneider-Petsinger, “Trade Policy under President Trump Implications for the US and the World”, p. 10.

② 2018 年 4 月 10 日，特朗普在推特上称，美国对中国生产的汽车只征收 2.5% 的关税，中国却要对美国生产的汽车征收 25% 的关税，这并不是自由贸易或公平贸易。

对进口钢铁和铝产品征收高额关税后，还公布了豁免名单，包括欧盟、加拿大、墨西哥、韩国、巴西等贸易伙伴国均位列其中。特朗普政府以促进公平贸易为由，迫使贸易伙伴国寻求同其进行双边谈判，谋取利益最大化，凸显出公平贸易的工具性，也使特朗普政府对“对等”的追求更加模糊。以美韩 FTA 重谈协议为例，韩国通过对美国加大开放汽车市场获得美国对韩国 25% 钢铁进口关税的永久豁免权，事实上反映出韩国在经贸上受制于美国的局面。[①] 另外，公平贸易还成为特朗普政府应对中国崛起的政治武器。特朗普政府对公平和对等的强调表明了美国对国际贸易中相对收益的追求，本质上是一种零和博弈思维，而美国正在把公平贸易演绎为应对“战略竞争对手”、最大的贸易赤字来源国中国的重要利器。通过交易性双边谈判动员其他贸易伙伴国共同应对中国的“不公平”贸易行为，以及对中国产品大规模征税的政策行动，都表明特朗普政府所谓的公平贸易政治化色彩愈发浓厚。

（四）特朗普政府对外贸易政策的内容和特点

特朗普上任一年多以来，美国的对外贸易政策围绕公平贸易在追求绝对公平和对等的道路上渐行渐远，贸易保护措施层出不穷，交易性和反复性并存，均揭示出特朗普政府维护美国国内社会利益的本质。美国贸易代表办公室发布的最新《总统贸易政策议程》指出，特朗普政府对外贸易政策主要涉及捍卫美国国家安全、巩固美国经济发展、推动更好的贸易谈判、强化贸易执法以及改革多边贸易体

---

① Office of United States Trade Representative, “Joint Statement by the United States Trade Representative Robert E. Lighthizer and Republic of Korea Minister for Trade Hyun Chong Kim”, March 28, 2018, https://ustr. gov/about-us/policy-offices/press-office/press-releases/2018/march/joint-statement-united-sta-tes-trade; Adam Behsudi, “South Korea Releases Terms of Deal on KORUS, Steel”, March 26, 2018, https://www. politico. com/newsletters/morning-trade/2018/03/26/south-korea-releases-terms-of-deal-on-korussteel - 150600.

制等内容。①

第一，将经济安全上升至国家安全的高度。特朗普政府格外强调维护美国主权和经济安全，绝不容忍任何侵犯美国经济的不公平行动，表示将动用一切可用工具捍卫国家主权，并试图把国内经济和贸易政策纳入国家安全范畴，重塑围绕这些政策的全国性辩论。特朗普政府上任后，两份《总统贸易政策议程》均表示要捍卫美国国家安全，首份美国国家安全战略报告也强调“经济安全就是国家安全”。② 在具体的对外经贸行动中，美国对进口钢铁和铝产品发起“232”国家安全调查，并据此分别对进口钢铁和铝征收25%和10%的关税，还将美国外国投资委员会（CFIUS）的国家安全审查提上立法议程，进一步加强CFIUS对外国投资的安全审查范围和权限。在特朗普看来，美国国内的经济活力、增长和繁荣攸关国家安全，必须采取措施捍卫本国经济优势，“以实力促和平”。

第二，通过加强贸易执法维护公平贸易。特朗普将美国制造业不振的原因归结于中国、墨西哥等国“抢走”美国的就业岗位，还造成巨额贸易赤字，这一观点赢得了传统制造业就业者的青睐，也成为特朗普赢得总统大选的关键因素。为减少美国贸易赤字，特朗普政府强调建立公平和对等的经贸关系，并充分利用国内法开展贸易救济调查，截至2018年3月27日，先后发起了104项反倾销反补贴调查。2018年以来，美国先是利用《1974年贸易法》第201条对进口光伏产品和大型洗衣机分别采取为期四年和三年的全球保障措施，③ 还根据《1962年贸易扩展法》“232”国家安全调查结果对进

---

① Office of United States Trade Representative, “2018 Trade Policy Agenda and 2017 Annual Report”, https://ustr.gov/about-us/policy-offices/press-office/reports-and-publications/2018/2018-trade-policy-agendaand-2017.

② White House, “National Security Strategy of the United States of America”, December 2017, https://www.whitehouse.gov/wp-content/uploads/2017/12/NSS-Final-12-18-2017-0905.pdf.

③ Office of United States Trade Representative, “President Trump Approves Relief for U.S. Washing Machine and Solar Cell Manufacturers”, January 22, 2018, https://ustr.gov/about-us/policy-offices/press-office/press-releases/2018/january.

口钢铁和铝产品分别征收25%和10%的关税，[①] 根据《1974年贸易法》对中国知识产权问题进行“301”调查并对价值500亿美元的中国进口产品征收高额关税。[②]

第三，重谈自贸协定，寻求有利条款。自1984年同以色列签署第一份双边FTA生效以来，美国目前共实施了12个双边FTA和2个区域FTA，并推动TPP和TTIP等大型自贸协定的谈判，建立了以北美地区为核心的自贸协定网络。[③] 然而，特朗普认为美国无法从“特惠型贸易网络”中获益，因此提出以双边FTA取代多边FTA，并对现有FTA进行重新谈判，推翻过去对美国不利的规则，维护美国劳工利益。特朗普上任伊始即退出TPP，并称将同TPP成员国进行双边自由贸易协定谈判，同加拿大和墨西哥重谈NAFTA，同韩国重谈美韩FTA。相比区域和多边FTA，双边FTA更易操作，且美国可凭借强大的经济实力和广阔的市场吸引力占据谈判的主导地位。

第四，强调改善多边贸易体系而非放弃。“退出”外交体现出特朗普政府将维护国内社会利益放在优先位置，但并不意味着美国要减少插手国际事务、放弃全球经济治理体系的领导地位。在对待以WTO为核心的国际多边贸易体系上也是如此，尽管特朗普政府对WTO颇为不满，认为美国在WTO遭受了不公正对待，其《总统贸易政策议程》也指出，美国不会遵守WTO做出的不利于美国的裁决，

---

① White House, "Presidential Proclamation on Adjusting Imports of Steel into the United States", March 8, 2018, https: //www. whitehouse. gov/presidential-actions/presidential-proclamation-adjusting-imports-steelunited-states/; "Presidential Proclamation on Adjusting Imports of Aluminum into the United States", March 8, 2018, https: //www. whitehouse. gov/presidential-actions/presidential-proclamation-adjusting-imports-aluminum-united-states/.

② Office of United States Trade Representative, "Under Section 301 Action, USTR Releases Proposed Tariff List on Chinese Products", April 3, 2018, https: //ustr. gov/about-us/policy-offices/press-office/pressreleases/2018/april/under-section – 301 – action-ustr.

③ 李巍、张玉环：《美国自贸区战略的逻辑——一种现实制度主义的解释》，《世界经济与政治》，2015年第8期，第127—154页。

美国还以技术原因为由，阻止为 WTO 的七人上诉机构填补空缺，[①] 但事实上美国本意是试图改革现有多边体系，利用包括 WTO 在内的一切可用工具促进公平贸易，这也突显出“美国优先”并非“美国孤立”。2018 年 3 月，美国贸易代表罗伯特·莱特希泽在国会众议院筹款委员会作证时称，WTO 不利于促进贸易自由化，美国寻求改革以 WTO 为代表的多边贸易体系。[②] 此外，美国贸易代表办公室分别就印度政府对本国出口商品提供补贴以及中国强制性技术转移等问题向 WTO 争端解决机制起诉。[③] 可以看出，特朗普政府不会放弃多边贸易体制，只要有利于维护美国国内社会利益的政策举措都在其工具箱中。

特朗普对外贸易政策的逻辑并非混乱无章，而是非常清晰简洁且一以贯之。其目的体现出“本土主义”，采取各种保护主义政策以促进经济增长和增加就业，将“美国优先”的执政理念体现得淋漓尽致。其方式则具有进攻性和交易性双重特点，特朗普政府对贸易伙伴国采取全面进攻态势，同时又通过双边谈判方式同伙伴国进行交易，获得更多谈判筹码，最大限度地维护美国的国家利益。在特朗普政府实用主义思想的指导下，美国的贸易保护措施追求“立竿见影”的经济效应，但一味迎合国内民粹主义政策偏好、将贸易伙伴国作为国内制造业衰落和就业岗位流失的“替罪羊”，忽视国际贸易的运行规律，无益于从根本上解决美国经济和社会面临的困境，相反可能损害选民利益，其政策前景并不乐观。

---

① 美国贸易代表莱特希泽在阿根廷举行的 WTO 第 11 次部长级会议上发表的演讲，可视为特朗普政府看待 WTO 作用的最有力阐释。莱特希泽指责 WTO 成为以诉讼为中心的机构、规则没有得到充分执行且缺乏制定新规则的能力。

② Office of United States Trade Representative, "Opening Statement of USTR Robert Lighthizer to the House Ways and Means Committee", March 21, 2018, https: //ustr. gov/about-us/policy-offices/press-office/press-releases/2018/march/opening-statement-ustr-robert.

③ Office of United States Trade Representative, "United States Launches WTO Challenge to Indian Export Subsidy Programs", March 14, 2018, https: //ustr. gov/about-us/policy-offices/press-office/press-releases/2018/march; "Following President Trump's Section 301 Decisions, USTR Launches New WTO Challenge Against China", March 23, 2018, https: //ustr. gov/about-us/policy-offices/press-office/press-releases/2018/march.

二、特朗普上台以来的中美经贸关系进程

特朗普政府秉持“美国优先”和公平贸易理念，将解决贸易赤字作为任内重要任务，并启用彼得·纳瓦罗、罗伯特·莱特希泽等对华“鹰派”担任重要经贸职务。作为美国第一大贸易赤字来源国，中国成为特朗普政府实施贸易保护政策的首要打击目标，其执政理念内顾、对华态度强硬导致中美经贸关系经历多次起伏，对华经贸政策保护主义色彩日益鲜明。回顾特朗普政府执政一年多以来中美经贸关系的进程，大致可分为以下三个阶段。

（一）中美经贸关系“蜜月期”

从2017年1月走马上任到2017年7月首轮中美全面经济对话举行之前，特朗普并未履行对中国产品征收45%的高关税、将中国列为汇率操纵国等竞选承诺，相反，中美开展了频繁的经济外交活动，通过首脑会晤、通话及谈判推动一系列经贸合作、管控经贸分歧，开启了中美经贸关系的“蜜月期”，有效消除了外界对中美爆发“贸易战”的担忧。不过，受制于中美在全球产业链上地位、分工及贸易结构不同等因素，中美经贸摩擦升级的可能性持续存在。

第一，“庄园会晤”释放合作信号。在中美“贸易战”隐忧增大之际，两国元首会晤及时释放中美经贸合作信号，推动两国经贸关系及双边合作迈上新台阶。中国国家主席习近平于2017年4月访问美国，同特朗普总统举行首次中美元首会晤。此次会晤在经贸领域取得积极进展，在机制建设上，中美两国建立全面经济对话机制，取代奥巴马时期的中美战略与经济对话，为中美经贸对话创立了新平台。在经贸谈判上，中美启动“百日计划”谈判，旨在通过磋商扩大中美经贸规模、缩小贸易不平衡。中美两国元首的海湖庄园会

晤，在一定程度上减轻了外界对特朗普执政后美国对华经贸政策不确定性的担忧。作为第一次“习特会”的重要成果，“百日计划”谈判和中美全面经济对话机制为中美经济团队沟通和交流提供了平台，也为两国弥合经贸分歧、推进经贸合作创造了机遇。

第二，“百日计划”谈判收获颇丰。“百日计划”谈判旨在利用一百天时间解决中美经贸中存在的问题，促进两国贸易再平衡，由中美全面经济对话中方牵头人汪洋副总理与美方联合牵头人财政部长姆努钦和商务部长罗斯共同推动。中美双方工作团队在进行了为期一个多月、近30轮的磋商后，于2017年5月12日同时公布“百日计划”早期收获，中美两国就农产品贸易、金融服务、投资和能源等10大问题达成共识。[①]“百日计划”早期收获不仅有利于减少美国对华贸易逆差，还可以撬动其他经贸议题，促进中美经贸关系发展。当然，“百日计划”谈判无法面面俱到，中美经贸中深层次、根本性的问题无法依靠短期对话彻底解决，还需要通过长期对话机制保持交流磋商，双方也同意制定中美经济合作一年计划甚至更长远计划，最终实现中美互利共赢。

（二）中美经贸关系“转折期”

从2017年7月首轮中美全面经济对话落幕到同年11月特朗普总统访华，中美经贸关系出现明显转折，前期首脑经济外交营造的良好氛围逐渐被难以在短时间内弥合的贸易分歧打破，这一时期，两国经贸合作与摩擦并存，开始暴露出中美在经贸问题乃至中美关系上存在的根本性矛盾。

第一，首轮中美全面经济对话机制无果而终。7月19日，在华盛顿举行的首轮中美全面经济对话落下帷幕，中美双方就缩小中美

---

① 《中美经济合作百日计划早期收获联合新闻稿》，中国财政部网站，2017年5月12日，http：//wjb. mof. gov. cn/pindaoliebiao/gongzuodongtai/201705/t20170512_ 2599646. html。

贸易赤字达成共识，然而，除此之外并没有就其他具体问题达成协议，这为接下来的谈判蒙上了阴影。中美经贸诉求复杂，短期之内难以得到根本解决，“百日计划”涉及的是中美经贸关系中相对容易解决的问题，然而首轮全面经济对话才是两国的“真正较量”，双方诉求复杂敏感，涉及利益广泛，在短短几个月的时间内未取得成果并不难理解，但这也预示着未来的谈判绝非坦途。

第二，美国针对中国知识产权问题发起“301”调查。8月，美国贸易代表办公室根据《1974年贸易法》第301条正式在技术转让、知识产权和创新等领域对中国开展调查。[①] 过去美国对中国知识产权问题发起过多次“特殊301”调查，此次“301”调查不同于以往针对具体行业，涉及范围广泛，直指《中国制造2025》，将对中国高新技术产业带来冲击，体现出美国遏制中国高端制造业的意图和决心。

第三，特朗普访华经贸成果丰硕但摩擦仍存。11月，特朗普总统访华，中美达成价值2535亿美元的经贸大单，签署了涉及能源、科技、金融、农业等领域的多项合作协定，对促进两国贸易再平衡有积极作用。然而，美方对中国的金融开放提议仍有不满和质疑，认为中方只是在履行过去的承诺，并计划采用单边行动维护本国利益。[②] 这一时期，中美依然通过对话谈判推动合作事宜，但特朗普政府对中国的不满日益增加，一场成功的国事访问也难掩两国经贸龃龉。

---

① White House, “Presidential Memorandum for the United States Trade Representative”, August 14, 2017, https://www.whitehouse.gov/presidential-actions/presidential-memorandum-united-states-trade-representative/; Office of United States Trade Representative, “USTR Announces Initiation of Section 301 Investigation of China”, August 18, 2017, https://ustr.gov/about-us/policy-offices/press-office/press-releases/2017/august/ustr-announces-initiation-section.

② Lingling Wei, Jacob M. Schlesinger, Jeremy Page and Michael C. Bender, “U.S. Rebuffs China's Charm Offensive, Edging Closer to Trade War”, *The Wall Street Journal*, November 19, 2017, https://www.wsj.com/articles/beyond-trump-xi-bond-white-house-looks-to-toughen-china-policy-1511124832.

（三）中美经贸关系“摩擦期”

特朗普访华后，中美经贸摩擦日益频繁，美国采取了诸多单边行动，不断推动中美经贸冲突升级，前期的贸易救济调查开始进入“收获”的季节，对中国的贸易保护措施驶入正轨。

第一，加大对华贸易保护力度。美国对华贸易救济调查出现新进展，一方面采取新的单边贸易调查加大对中国的施压力度，特朗普访华后不久美国商务部就针对进口中国铝材启动“自发性”反倾销调查，[1] 这是25年来美国政府首次主动展开而并非由私营部门发起的贸易救济调查；另一方面，美国出台贸易救济调查结果，2018年特朗普政府先后公布了对进口太阳能电池板和洗衣机的惩罚性措施，决定对进口钢铁和铝产品分别征收25%和10%的高额关税，公布知识产权“301”调查结果，并计划对价值500亿美元的进口中国产品征收关税，中国的相关产品受到直接冲击。此外，美国还对中兴通讯发布出口禁令，禁止美国公司向中兴通讯出售产品。[2]

第二，拒绝中国市场经济地位。中国一直要求美国履行《中国加入世贸组织议定书》第15条义务，停止采取替代国价格对中国企业设置高额反倾销税率。美国则于2017年11月向WTO提交法律申请反对中国自动获得市场经济地位，[3] 并继续采用替代国价格计算反倾销税。美国认为中国的政府管控及市场开放程度均与市场经济

---

① U. S. Department of Commerce, “U. S. Department of Commerce Self-Initiates Historic Antidumping and Countervailing Duty Investigations on Common Alloy Aluminum Sheet from China”, November 28, 2017, https: //www. commerce. gov/news/press-releases/2017/11/us-department-commerce-self-initiates-historic-antidumping-and.

② U. S. Department of Commerce, “Secretary Ross Announces Activation of ZTE Denial Order in Response to Repeated False Statements to the U. S. Government”, April 16, 2018, https: //www. commerce. gov/news/press-releases/2018 /04 /secretary-ross-announces-activation-zte-denial-order-response-repeated.

③ Jacob M. Schlesinger, “U. S. Rejects China's Bid for ‘Market Economy’ Status”, *The Wall Street Journal*, December 4, 2017, https: //www. wsj. com/articles/u-s-rejects-chinas-bid-for-market-economy-status1512018002.

存在距离，在一定程度上反映出美国对中国经济发展模式的关切，这不仅关系到两国经贸平衡问题，更能从侧面说明美国已经将意识形态差异作为处理中美关系的考量因素，对中美关系形成重大挑战。

第三，对华投资保护愈演愈烈。2018 年初蚂蚁金服收购速汇金受阻，华为与 AT & T 合作计划失败，美国证券交易委员会（SEC）否决了将芝加哥交易所出售给一个由中国投资者领衔的财团的交易，美国半导体测试设备公司 Xcerra 与湖北鑫炎股权投资合伙企业也被 CFIUS 否决。美国监管机构对日益活跃的中国投资愈发警惕，对于有中国政府背景的企业投资、涉及高新技术等领域的投资，CFIUS 一再以“威胁美国国家安全”为由加以阻止，CFIUS 立法改革也明确指向中国，中美投资领域的博弈愈发突出。

三、特朗普政府对华经贸政策的走向和特点

在逆全球化和贸易保护主义浪潮抬头的背景下，特朗普的胜选反映了美国国内社会面临的深层次困境，包括贫富分化、收入增长缓慢、制造业就业岗位外流以及中产阶级萎缩等，秉持“美国优先”理念的特朗普致力于维护美国“失落”的蓝领阶层的利益，[①] 将中国等贸易赤字来源国当作“替罪羊”，不断加大贸易保护主义力度，导致中美“贸易战”风险日渐增加。总体来看，特朗普政府对华经贸政策具有以下特点。

（一）强化“公平贸易”，贸易救济措施不断升级

在“公平贸易”理念引导下，特朗普坚持同包括美国盟友在内

① 李巍、张玉环：《“特朗普经济学”与中美经贸关系》，《现代国际关系》，2017 年第 2 期，第 8—14 页。

的贸易伙伴国发展“对等”贸易关系，[①] 2017 年《总统贸易政策议程》指出，美国将严格执行有关国内贸易法，根据有关法律，加大反倾销和反补贴力度，总统有权实施暂时进口禁令，USTR 也有权引用“301 条款”打击任何不正当竞争等非市场行为。[②]

特朗普执政以来，美国对华贸易救济出现新变化，一是美国对华采取的贸易救济调查频次增多、裁决税率走高。特朗普政府实施的贸易救济调查数量明显增长，执政第一年间，美国商务部共发起 84 项反倾销和反补贴调查，比奥巴马政府最后一年（52 项）增加了 62%。[③] 根据中国商务部统计，2017 年美国对输美中国产品立案 22 起，涉及金额 45 亿美元，占中国产品遭遇贸易救济调查总量的近 30%，是对中国产品立案数量最多、涉案金额最高的国家。[④] 特朗普执政以来，美国已公布多起涉及中国产品的贸易救济案件裁决，对不锈钢板带材、工具箱、聚酯短纤、铝箔等实施高额反倾销税和反补贴税。相关学者表示，一般案件终裁税率会低于初裁税率，但特朗普上台以来，不少案件终裁税率与初裁税率相差无几，这种对华贸易保护倾向将对中美经贸关系带来不利影响。[⑤]

二是美国对华贸易保护手段不断升级，频频使用非常规保护政策。2017 年 4 月，特朗普签署总统备忘录，要求根据《1962 年贸易

---

① Ana Swanson, “Trump Threatens New Trade Penalties, but It Could Be a Hard Bargain”, *The New York Times*, February 12, 2018, https://www.nytimes.com/2018/02/12/us/politics/trump-trade-taxtariffs.html.

② Office of United States Trade Representative, “2017 Trade Policy Agenda and 2016 Annual Report of the President of the United States on the Trade Agreements Program”.

③ U. S. Department of Commerce, “U. S. Department of Commerce Initiates Antidumping Duty and Countervailing Duty Investigations of Imports of Certain Plastic Decorative Ribbon from China”, January 17, 2018, https://www.commerce.gov/news/press-releases/2018/01/us-department-commerce-initiates-antidumping-duty-and-countervailing.

④《2017 年中国出口产品遭遇国外贸易救济调查的有关情况》，中国商务部网站，2018 年 3 月 14 日，http://trb.mofcom.gov.cn/article/cx/ajtj/201803/20180302719287.shtml。

⑤ 裴昱：《特朗普美国优先政策推波助澜，对华反倾销案件税率畸高》，新浪网，2017 年 2 月 11 日，http://finance.sina.com.cn/roll/2017-02-11/doc-ifyameqr7416789.shtml。

扩展法》对进口钢铁和铝产品进行国家安全调查。中国作为美国进口钢铁和铝来源国之一，国内相关行业也将受到一定冲击。美国贸易代表办公室对中国知识产权问题展开的"301"调查，是中国加入WTO后美国对中国第二次发起的"301"调查。美国商务部对自中国进口的通用铝合金板自主发起反倾销反补贴调查，是近三十年来美国政府首次并非基于国内产业申请而对进口产品采取的贸易救济行动。特朗普政府频频采用行政命令手段、实施不常用的对华贸易保护政策，在一定程度上是为了绕开耗时较久、程序复杂的传统贸易救济措施，加快贸易保护政策落地实施。[①]

（二）贸易摩擦变迁，从减少贸易赤字到抑制产业升级

中美经贸关系发展并非一帆风顺，双方曾在纺织品、知识产权、钢铁等领域发生过激烈交锋，一度剑拔弩张，但最终通过对话合作管控分歧，推动中美两国互利共赢。特朗普政府对华贸易关切并未脱离中美经贸关系中长期存在的问题，具体包括对华贸易赤字、中国产能过剩、人民币汇率、知识产权等，其中贸易赤字与知识产权问题成为两大焦点。

第一，减少对华贸易赤字是特朗普政府采取对华贸易保护主义的直接目的。在"美国优先"及"公平贸易"的理念支持下，特朗普政府从上任之初即致力于减少美国对外贸易赤字，中国作为美国第一大贸易赤字来源国首当其冲。中美自建立经贸关系以来，双边贸易额不断增长，中国对美贸易顺差也快速攀升。根据美方统计，2017年美中双边货物贸易额为6359.7亿美元，美方贸易逆差为3752.3亿美元，增长8.1%。[②] 在特朗普政府看来，庞大的对华贸易

---

① 吴其胜：《特朗普贸易新政：理念、议程与制约因素》，《国际问题研究》，2018年第1期，第124—138页。

② United States Census Bureau, "2017: U. S. Trade in Goods with China", https://www.census.gov/foreign-trade/balance/c5700.html#2017.

赤字是美国制造业岗位减少的重要原因，同时也是中国采取“不公平”贸易行动的结果。为削减贸易赤字，特朗普政府采取诸多保护政策施压中国，一方面实施关税保护政策，诸如对价值500亿美元的进口中国产品征收高关税，还提出中国减少1000亿美元对美贸易顺差的要求；另一方面将对华经贸同朝核及台湾等政治问题相联系，期待通过“交易”实现美国对华经贸诉求。然而，中国对美巨额货物贸易顺差是由中美两国宏观经济结构差异性等多种因素决定的，中美分别依赖出口导向增长模式和发达的金融服务业，这一国际分工在短期内难以改变，美国对华出口管制也不利于改变贸易逆差，此外，统计原因在一定程度上夸大了中美贸易不平衡。

第二，抑制中国产业升级在特朗普政府对华贸易保护行动中愈发凸显。长期以来，知识产权问题一直是中美经贸的主要问题之一。20世纪90年代中美就知识产权问题展开了多次交锋，美国贸易代表分别于1991年、1994年和1996年对中国发起了三次“特别301”调查，而今，特朗普政府再次就中国知识产权、强制技术转移等问题展开“301”调查，并采取征收惩罚性关税等贸易保护行动。在美国贸易代表办公室发布的《2018年特别301报告》中，中国再次位列“优先观察名单”之首，美国指责中国在保护知识产权方面不仅长期存在的问题没有解决，目前还有新的问题需要给予关注，包括强制技术转让、知识产权执法及包括窃取商业秘密、网络盗版猖獗和盗版伪造的大范围侵权活动。①

特朗普政府对中国知识产权的关注还反映了美国对中国产业升级的担忧和关切。美方及其他西方国家对中国提出的旨在打造“制造强国”的《中国制造2025》规划十分关注，核心问题在于两个方面：一是认为中国的自主创新政策导致了不公平竞争，“国家资本主义”盛行背离市场经济的公平竞争原则，政府在经济政策制定过程

---

① Office of United States Trade Representative, “2018 Special 301 Report”, April 27, 2018, https://ustr.gov/sites/default/files/files/Press/Reports/2018%20Special%20301.pdf.

中占据重要地位，产业政策、政府补贴、优惠贷款、贸易壁垒、技术转移等对外国企业形成“歧视”，这种模式也将对全球贸易体系构成威胁；二是认为中国发展高新技术将威胁美国国家安全，随着中国企业不断向全球价值链高端迈进，作为美国国家安全核心的高新技术产品和服务在国际市场上面临的竞争更为激烈，美国企业竞争力将受到削弱，因此需要采取措施阻止中国不受限制地使用产业政策，维护美国国家安全和利益。① 特朗普政府最直接的举动包括公布500亿征税清单，涵盖航空航天、信息通信技术、高铁装备等在内的高科技产品，而这也是《中国制造2025》的核心行业。特朗普政府还以中国电信设备商中兴通讯未履行和解协定部分协议为由，禁止美国企业向中兴通讯销售元器件，华为赴美投资也屡屡碰壁。

（三）加大国家安全审查，中企赴美投资难度增大

在特朗普政府高举贸易保护旗帜之际，CFIUS以“国家安全”为由干扰外国投资，中国企业对美投资也纷纷折戟而归。特朗普上台以来，美国先后否决或阻止Canyon Bridge收购Lattice半导体公司等多项中资企业并购美企交易，CFIUS立法改革更是明确将矛头指向中国，支持立法的美国国会议员表示立法的首要目的是为了防范中国通过投资实现技术转移。② 通过加强CFIUS的审查权限，美国对华投资保护将为中美投资关系及双边关系发展增加障碍。

第一，CFIUS对外国投资的审查重点出现变化，从高新技术领域扩展到以技术获取个人数据等更为广泛的领域。一方面，CFIUS增加对先进技术行业领域投资的关注和审查。近些年来，随着中国企业对外投资从获取资源型逐步转为获取技术和管理型，美国对中国企

① James Andrew Lewis, ed.,“Meeting the China Challenge”, CSIS, January 2018.

② Shawn Donnan,“Trump's Protection Plan to Keep ‘Competitor’ China at Bay”, Financial Times, February 25, 2018, https://www.ft.com/content/a3870776-1724-11e8-9e9c-25c814761640.

业并购美高新技术企业格外警惕，担心中方获取敏感技术，进而威胁美国国家安全。另一方面，CFIUS 还增加了对本国公民个人信息和数据的保护。2018 年初，蚂蚁金服收购速汇金交易遭到 CFIUS 否决，这也成为 CFIUS 否决涉及个人数据投资交易的先例。

第二，CFIUS 立法改革提上日程，旨在扩大 CFIUS 国家安全审查的权限和范围。2017 年 11 月，美国参议院共和党党鞭约翰·科宁牵头提交了《外国投资风险审查现代化法案》（FIRRMA），[①] 该法对 CFIUS 的审查范围、程序、豁免权等内容进行了修改，可能对中国存在较大负面影响的内容包括：一是重新定义 CFIUS 的审查范围，新增"美国关键技术企业通过合资等方式为外国投资者提供知识产权及相关支持（除特定国家的投资外）"。高科技行业将受到较大影响，过去一些中国公司通过与美国公司成立合资企业获得高新技术的授权许可，从而达到避开 CFIUS 审查的目的，但是 FIRRMA 将 CFIUS 审查范围从并购扩大到合资企业，要求外资所有权超过一定门槛的合资企业自动接受检查，并对某些可能会使中国获得敏感技术的交易加强审查，美国国会堵住法律漏洞，中国企业赴美投资困难将加剧。二是重新规定豁免权范围，提出 CFIUS 可免除达到标准的外国投资交易的审查包括：投资来源国是否与美国达成共同防御条约或达成共同协议等标准，投资来源国是否也采取国家安全审查措施等。这将在国际上起到不良示范作用，加剧逆全球化和保护主义风潮。随着中国企业对外投资步伐加快，在美国引导下，澳大利亚、英国、法国等国也加大了对中国投资的审查力度，"国家安全"成为保护本国利益的最佳"理由"。国家安全审查的非公开性和不透明性，赋予了审查机构绝对权力，模糊了经贸投资与政治安全的界限，增加了国际投资的不确定性，也成为新型保护主义的"得力助手"，美国投资保护剑指中国无疑为中美经贸关系平稳发展增加了不确定性。

---

① John Cornyn, "S. 2098: Foreign Investment Risk Review Modernization Act of 2017", November 8, 2017, https://www.govtrack.us/congress/bills/115/s2098.

（四）延续进攻型交易风格，中美经贸谈判面临挑战

特朗普政府对外经贸政策呈现鲜明的进攻性和交易性特点，通过游刃有余地使用“交易的艺术”，“借力打力、以打促谈”，迫使贸易伙伴国在谈判桌前向美妥协，最大限度保护美国本土制造业和劳工利益。2018 年 5 月中上旬，国务院副总理刘鹤率领的中国经贸谈判代表团同美国财政部长姆努钦牵头的谈判代表团分别在北京和华盛顿举行两轮磋商，双方发表联合声明就不打“贸易战”达成共识，为阴云笼罩的中美经贸关系带来转机。不过，美方延续强势进攻谈判风格，中美经贸后续谈判仍然面临挑战。

中美第一轮经贸磋商于 5 月 3—4 日在北京举行，国际主流媒体《华尔街日报》、路透社等公布了美方提交给中方的贸易谈判要求，共涉及八项内容，包括中国削减 2000 亿美元贸易赤字、停止实施《中国制造 2025》计划等极端要求。① 这一变本加厉、层层加码的清单依然围绕贸易赤字、技术转移、投资等领域展开，核心关切主要包括两个方面：一是中国政府对企业的补贴和相关的产业政策问题，美国认为补贴给予中国企业“不公平”的竞争优势，破坏了国际贸易体系，这涉及到产能过剩及中国通过补贴打造“制造强国”等问题。二是中国的市场开放和投资准入问题。美国对中国的多项要求均涉及到这一问题，例如要求中国削减关税和非关税壁垒、开放服务业和农产品、出台全国范围的负面清单等。

---

① 美方谈判清单主要包括：（1）中国在 2020 年前减少 2000 亿美元对美顺差；（2）保护美国先进技术和知识产权，中国停止向《中国制造 2025》计划涉及的先进技术领域提供补贴或其他支持、停止技术转移等；（3）美国将限制中国企业赴美投资关键技术领域，中国不能就此进行报复；（4）中国取消外国投资限制，出台全国范围的负面清单；（5）到 2020 年中国关税水平不能高于美国，取消特定的非关税壁垒；（6）中国扩大服务业开放；（7）中国对美国农产品扩大开放；（8）每季度开会讨论协议执行情况，如果中国未能遵守承诺，美国将实施报复措施。详情参见：“Balancing the Trade Relationship between the United States of America and the People’s Republic of China”，May 4，2018，http：//xqdoc. imedao. com/16329fa0c8b2da913fc9058b. pdf。

在重重分歧之下，这次谈判中美并没有达成具体成果文件，但双方首先了解了对方的想法和立场，同时也同意建立工作机制，为进一步磋商提供制度性保障。

中美第二轮经贸磋商于5月17—18日在华盛顿举行并发布联合声明，就以下问题达成共识：① 一是削减对华贸易赤字，促进中美贸易关系再平衡。中国承诺加大从美国进口农产品和能源，同时扩大制造业产品和服务贸易合作。姆努钦表示，预计今年美国农产品对中国的销量将增长35%—40%，美国能源对华出口在未来3—5年翻倍。② 二是化解经贸分歧，中国将进一步完善知识产权保护体系。声明指出，“双方高度重视知识产权保护，同意加强合作。中方将推进包括《专利法》在内的相关法律法规修订工作。”这在一定程度上满足美方诉求，更为重要的是，这对推动中国加大对知识产权保护力度、推进经济社会创新发展意义重大。第三，改善双边投资关系，营造公平竞争营商环境。此轮中美经贸磋商将改善双边投资关系作为重要内容之一，这符合中美双方共同利益，期待在日后的谈判中双方可以就此问题达成更多实质性内容，为两国企业扩大双边投资营造良好环境。

第二轮中美经贸磋商传递出积极信号，但后续谈判仍然面临挑战。特朗普政府提出中国削减2000亿美元赤字及停止《中国制造2025》等要求，双方还会继续在这些难点问题上进行博弈。美国学者分析，特朗普政府并非虚张声势，如果中国不改变其产业政策、创造平等竞技场，美国将对中国发动全面的贸易战。③ 正如莱特希泽

---

① 《中美就经贸磋商发表联合声明》，新华网，2018年5月20日，http：//www. xinhuanet. com/fortune/2018 - 05/20/c_ 1122857979. htm。

② Lindsay Dunsmuir and Howard Schneider, “U. S. , China putting trade war on hold, Treasury's Mnuchin says”, Reuters, May 20, 2018, https: //www. reuters. com/article/us-usa-trade-mnuchin/u-s-chinaputting-trade-war-on-hold-treasurys-mnuchin-says-idUSKCN1IL0JG.

③ Scott Kennedy, “The Diaoyutai Divide: U. S. - China Trade Negotiations Highlight Deep Differences”, May 4, 2018, https: //www. csis. org/analysis/diaoyutai-divide-us-china-trade-negotiations-highlight-deepdifferences.

在联合声明发布后所称，“美国政府可能仍会诉诸关税以及投资限制和出口限制等其他工具，除非中国对经济进行真正的结构性改革……虽然让中国向更多美国出口产品开放市场非常重要，但更重要的是强制技术转让、网络窃取及美国创新保护等问题”。①

四、中美“贸易战”：态势、走向与对策

特朗普执政以来，在公平贸易理念指导下采取多项对华贸易保护措施，中美“贸易战”风险不断增加。中美经贸关系中存在的贸易失衡、产能过剩、知识产权、市场准入等问题属于老生常谈，中国一直通过加快国内改革、扩大对外开放、去产能、推出外商投资负面清单等多项措施解决这些问题。不过，这种循序渐进的解决方案未能得到特朗普政府的理解，这种错位造成了中美经贸摩擦加剧的局面，而随着中美经济实力对比发生变化，中美贸易摩擦可能常态化，对此中国还需继续做出适当的政策选择，管控分歧，促进中美经贸关系健康平稳发展。

（一）三大错位导致中美经贸博弈升级

第一，中美对贸易的观念存在错位。特朗普对公平贸易的绝对化认知为其贸易保护政策提供解释，也同倡导自由贸易的中国产生了观念上的错位。“公平贸易”原本是自由贸易和保护贸易的混合体，公平的竞争环境符合绝大多数参与市场竞争的经济体的基本利益，而反倾销、反补贴及保障措施等贸易保护工具也得到了 WTO 的认可和保护。但特朗普政府强调的是以绝对公平和绝对对等为核心的公

---

① Bob Davis and Josh Zumbrun, “Treasury, USTR Send Mixed Messages Over Tariffs on Chinese Imports?”, May 20, 2018, https://www.wsj.com/articles/mnuchin-says-tariffs-on-hold-while-u-s-negotiatestrade-deal-with-china－1526833109.

平贸易，这种狭义的公平忽视了不同国家在经济发展程度上的差异性，以“301 条款”等单边贸易保护政策为工具也违背了 WTO 贸易自由化的原则。特朗普将美国巨额贸易赤字及国内制造业就业岗位减少归咎于贸易伙伴国的不公平贸易，却忽视了技术进步条件下国内制造业劳动生产率提高等更为根本性的因素，将贸易当作“替罪羊”,① 不仅难以为振兴国内制造业开出正确药方，也将对外贸易关系推向恶化的轨道。

作为全球化和自由贸易的受益者，在逆全球化和贸易保护浪潮兴起的背景下，中国成为国际自由贸易秩序的捍卫者，习近平主席在达沃斯论坛作出了中国会坚守自由贸易原则的承诺，长期以来中国坚定支持以 WTO 为核心的多边贸易体制，提出“一带一路”倡议，积极同沿线国家开展互联互通，通过设立自由贸易区/港、制定出台新的外商投资负面清单等举措加快对外开放步伐，2018 年还将举办首届中国国际进口博览会，为促进国际贸易合作开辟新渠道。中国对自由贸易的推崇同特朗普政府绝对化的公平贸易观形成错位，这种观念上的碰撞成为中美经贸摩擦升级的重要原因。

第二，中美对彼此诉求存在错位。自中美建交以来，虽然合作是中美经贸往来的主流，但贸易摩擦也从未缺席。中美建立经贸关系之初，两国便围绕纺织品贸易展开博弈，90 年代中美知识产权争端引人注目，数次贸易摩擦双方尚可以就事论事，经过多次艰难磋商最终达成协议。随着中美实力对比发生变化及双边经贸摩擦增加，美国对中国的不满更加集中在中国不充分的自由市场经济体制问题上，具体包括中国的产业政策、国企政策以及不完善的知识产权保护体系等方面，特朗普政府寻求中国在体制上发生根本性改变。

特朗普政府对中国的关切涉及贸易赤字、知识产权、产能过剩等领域，但核心都是政府和市场的关系问题。在美国看来，中国的贸

① Deborah Elms and Bhargav Sriganesh, “Trump's Trade Policy: Discerning Between Rhetoric and Reality”, *Asian Journal of WTO & International Health Law and Policy*, Vol. 12, No. 2, 2017, pp. 247 - 263.

易优势均来自政府对经济的过度干预和补贴，美国贸易代表办公室公布的对华“301 调查”报告集中反映了这一点，例如，报告指出中国正在实施由国家指导和提供大量补贴的产业政策，不公平地获取相对于美国等基于市场的自由开放体系的竞争优势。而中国对美国的回应则延续过去的解决方法，循序渐进地按照本国经济发展规律不断扩大对外开放规模，特朗普政府对此无法接受。中国对美国的关切包括要求美国履行《中国加入世贸组织议定书》第 15 条义务、降低中国企业赴美投资阻碍、减少对华高科技产品出口限制等，但从当前来看，美国无意在这些问题上做出退让，反而通过限制中国企业对美投资及加强出口管制等保护措施激化双边摩擦。中美对彼此的诉求和要价错位问题正在成为当前双边贸易摩擦难以解决的最大障碍。

第三，中美对双边关系的认知存在错位。特朗普政府公布的首份美国国家安全战略报告将中国看作是“修正主义大国”和“战略竞争对手”。从特朗普政府的政策行动来看，美国对华政策呈现全面遏制态势，贸易争端不仅包括赤字问题，更涉及面向未来的科技竞争，除经贸摩擦不断升级之外，美国在地缘政治及意识形态领域也动作频繁。过去，美国对中国持谨慎的乐观主义态度，期待中国通过实施市场经济改革、开放贸易和投资，逐渐融入西方主导的国际体系之中。① 从奥巴马政府开始，美国对中美关系的认知不断发生变化，将中国作为潜在的地缘政治竞争对手，实施“亚太再平衡”战略，并通过 TPP 谈判重掌国际贸易规则制定权，从规则上制衡中国崛起。② 在国内民粹主义情绪高涨及“建制派”精英对华疑虑加重之

---

① Susan Shirk, “Trump and China: Getting to Yes with Beijing”, Foreign Afairs, Vol. 96, No. 2, 2017, pp. 20 - 27.

② Randall Schweller, “Opposite but Compatible Nationalisms: A Neoclassical Realist Approach to the Future of US-China Relations”, *The Chinese Journal of International Politics*, Vol. 11, Issue 1, 2018, pp. 2348; Naná De Graaff and Bastiaan Van Apeldoorn, “US-China Relations and the Liberal World Order: Contending Elites, Colliding Visions?” *International Afairs*, Vol. 94, Issue 1, 2018, pp. 113 - 131.

际，特朗普政府愈发将中美关系看作是零和博弈，全方位“围堵”中国，为中美关系增加了诸多不确定因素。

进入新时代，中国继续秉持合作共赢的大国相处之道，致力于发展健康稳定的中美关系。特朗普总统访华时，习近平主席指出：“中美两国的发展相辅相成、并行不悖，中美各自的成功符合双方共同利益。面对复杂多变的国际形势，中美两个大国在维护世界和平稳定、促进全球发展繁荣方面拥有共同利益更多了，肩负责任更大了，合作空间更广了。一个健康稳定发展的中美关系不仅符合两国人民根本利益，也是国际社会的共同期待。对中美两国来说，合作是唯一的正确选择，共赢才能通向更好的未来。”① 中国外交的总体目标是推动建设新型国际关系，推动构建人类命运共同体，中国正在成为全球治理体系的参与者、贡献者和改革者，不断推动全球治理机制创新和思想理念创新。② 此外，中国始终奉行独立自主的和平外交政策，中共十九大报告指出，“中国发展不对任何国家构成威胁，中国无论发展到什么程度，永远不称霸，永远不搞扩张。”③ 然而，美国依然对中国的崛起充满焦虑，认为中国不断发展经济和军事实力的目的是同美国争夺地区霸权，④ 而中国经济实力的增长以及在全球治理中的积极作为都加深了这种疑虑。

（二）中美经贸摩擦有常态化趋势

进入2018年，特朗普政府在“美国优先”及“公平贸易”理念

---

① 《习近平同美国总统特朗普共同会见记者》，中国外交部网站，2017年11月9日，http：//www. fmprc. gov. cn/web/zyxw/t1509170. shtml。

② 陶坚、林宏宇主编：《中国崛起与全球治理》，世界知识出版社，2014年版，第85—108页。

③ 习近平：《决胜全面建成小康社会，夺取新时代中国特色社会主义伟大胜利——在中国共产党第十九次全国代表大会上的报告》，人民出版社，2017年版，第59页。

④ Christopher Layne，“The US-Chinese Power Shift and the End of the Pax Americana”，International A fairs，Vol. 94，Issue 1，2018，pp. 89 - 111.

的指导下，采取了征收关税、限制投资等多种对华经贸保护政策，中国也给予相应的回应，中美“贸易战”似乎一触即发。特朗普政府要求公平和对等贸易、追求国际贸易中的相对收益，大大增加了中美发生经贸争端的可能性，从当前来看，中美经贸摩擦有常态化倾向。

第一，中美贸易失衡将持续存在。中美国际分工及在全球价值链上地位的差异是中美贸易失衡的关键原因，而这一现象在短期内难以根本改变。世界银行数据显示，2010 年中国制造业产值占全球比重达到 19.8%，超过美国成为世界第一制造业大国。2015 年中国制造业产值为 3.25 万亿美元，占全球比重为 26.7%，美国则占 17.6%。[①] 就中美经贸而言，2017 年，中国对美出口主要仍然是电子电气产品、玩具、服装等低附加值、劳动密集型或资源密集型商品。这说明中国的中低端制造产品依然具有较强的国际竞争力，对美贸易顺差也将持续存在。由于特朗普政府将解决贸易赤字作为任内重要任务，中美贸易不平衡意味着两国存在实质性的利益冲突，双方如何就削减贸易赤字达成一致将是谈判的焦点之一。

第二，中美科技竞争渐趋激烈。随着中国加大科研开发和中高端制造业支持力度，中国在全球价值链上的地位逐渐攀升，将在科技领域成为美国的有力竞争者。根据国家统计局数据，2017 年中国的高技术制造业增长较快，新兴工业产品产量高速增长，工业机器人、民用无人机、新能源汽车、城市轨道车辆、锂离子电池、太阳能电池等新兴工业产品产量分别增长 68.1%、67%、51.1%、40.1%、31.3%、30.6%，呈现高速增长态势。[②] 中国不断参与全球价值链高附加值生产，中国科技企业在全球市场迅猛崛起，有可能挑战美国在全球科技领域的主导地位，中美在高技术领域的竞争将日趋激烈。

第三，美国选举政治持续加剧中美贸易摩擦。特朗普当选的一大

---

① The World Bank，https：//data. worldbank. org/indicator/NV. IND. MANF. CD.

② 文兼武：《工业经济稳中向好，为高质量发展夯实基础》，中国经济网，2018 年 1 月 19 日，http：//www. ce. cn/xwzx/gnsz/gdxw/201801/19/t20180119_ 27807007_ 1. shtml。

原因是获得了“锈带”蓝领制造业工人的大力支持，为履行竞选承诺，特朗普政府实施“内向型”经济政策，对内采取减少政府管制、激发市场活力的新自由主义政策，对外则强调保护主义和本土主义，以维护美国本土经济利益为宗旨。特朗普政府先后对进口钢铁、铝、光伏产品等增加关税，对中国实施贸易保护措施，目的正是为了保护国内相关产业发展、减少贸易赤字，并增加就业，同时也为中期选举和连任做准备。

（三）中国的政策选择

随着中国经济实力不断增长，美国对中国的猜忌、疑虑和对抗情绪逐渐增加，特朗普政府在“公平贸易”旗帜下针对中国采取的贸易保护措施正在动摇中美关系的“压舱石”。面对中美经贸摩擦升级，中国既需要理性应对经贸谈判，还需思考中美关系可能出现的变局，进一步探索大国相处之道。

第一，增进战略互信，稳定中美关系的“压舱石”。中美恢复经贸关系四十年来，经济相互依赖日益加深，中美经贸合作对双边、全球经济增长及全球治理均有重要意义。特朗普政府对战略竞争时代的判断和对中美贸易的极端认知，不断推动中美经贸冲突升级，双方还需重建信任，采取措施稳定中美关系的“压舱石”。中美仍然要充分发挥对话机制的作用，加强高层交流和沟通，建立对对方政策和立场的理解，管控经贸分歧，化解经贸摩擦。中美建立经贸关系以来，先后设立了中美商贸联委会、战略经济对话以及战略与经济对话等机制，在解决中美经贸摩擦、加强宏观经济政策协调以及改善全球经济治理等方面发挥了重要作用。第一次“习特会”后确立的中美全面经济对话机制仍然是解决中美经贸争端的重要制度形式，在中美经贸关系紧张之际，双方仍需利用全面经济对话机制等磋商途径，妥善处理对方经贸诉求，达成双赢方案，避免陷入对抗态势。

第二，推动务实合作，促进中美经贸再平衡。在增进战略互信、寻求解决双边经贸摩擦的基础上，中美可进一步探讨做大“蛋糕”，解决中美经贸失衡问题。特朗普政府将减少贸易逆差作为其执政的重要任务之一，中国可同美国探索更多的合作领域。尤其是在能源方面，得益于页岩气革命及特朗普政府对传统能源的大力支持，美国原油产量激增，据国际能源署称，美国最快有望在今年成为全球最大的石油生产国。① 与此同时，中国已经成为全球最大的能源进口国，石油、天然气对外依存度不断提高，需要拓展能源进口渠道，中美在能源领域合作空间广阔，有望成为中美贸易的新亮点。

第三，深化改革开放，营造有利的国际环境。中国是全球化和自由贸易的受益者，如何引领新时代更高水平的改革开放是当下中国面临的重要任务。美国商界对中国国有企业、产能过剩、知识产权保护、市场准入等方面存在的诉求同中国改革开放的方向并行不悖，因此，解决中美经贸摩擦也是进一步深化改革、扩大对外开放的过程。中国可借此机会继续深化国内改革、扩大对外开放，促进国内产业结构升级换代，同时优化营商环境，提高投资便利化水平，创造公平竞争的市场环境。此外，需要注意的是，中国也需要保持战略定力，以我为主、坚持原则，吸取美日贸易战日本的教训，配合审慎的财政政策和货币政策，维护国内经济的稳定发展。

（原文载于《外交评论》2018 年第 3 期）

① “U. S. Set to Blast Past Russia to Become World's Biggest Oil Producer, Says IEA”, February 28, 2018, https://www. marketwatch. com/story/us-set-to-become-worlds-largest-oil-producer-as-early-as－2018－ieasays－2018－02－27.

美国能源与气候政策新动向

美国对全球气候资金的贡献及其影响因素
——基于对外气候援助的案例研究

赵行姝*

【内容提要】 近30年来，美国对外气候援助取得重要进展，经历了不断拓展和深化的过程。总体而言，美国对外气候援助的规模持续增长，但在美国气候事业资金投入中的占比很小；美国提供的气候资金位居全球前列，但占全球气候资金总量的比重持续下降；对外气候援助的渠道越来越畅通，援助效果越来越有保证。美国对外气候援助的进程受到国际制度和国内政策的共同影响。一方面，在“共同但有区别责任”原则和“各自能力”原则的指导下，《联合国气候变化框架公约》和《巴黎协定》对美国等发达国家缔约方规定了明确的法律义务；另一方面，美国的对外气候援助具有鲜明的时代特征，符合美国气候政策的发展轨迹。未来，尽管特朗普总统打算削减美国的气候预算，但其行为将受到国内外多种因素的制约。

【关键词】 美国军事与外交　气候援助　气候资金　气候变化

国际环境谈判的一项重要内容，就是富国对穷国提供“转移支付”（Transfer Payment）。① 具体到气候变化问题，《联合国气候变化

* 赵行姝，中国社会科学院美国研究所副研究员。

① ［美］罗尼·利普舒茨：《全球环境政治：权力、观点和实践》（郭志俊、蔺雪春译），济南·山东大学出版社，2012年版，第196页。

框架公约》（United Nations Framework Convention on Climate Change, UNFCCC，以下简称《公约》）设定了发达国家对发展中国家的资金义务。2015 年世界气候大会达成的《巴黎协定》（Paris Agreement），进一步将《公约》的资金要求具体化，规定在 2025 年前，发达国家每年应筹集 1000 亿美元用于帮助发展中国家应对气候变化。需要说明的是，1000 亿美元的筹资总目标并未在发达国家间进行分配，即没有强制性的出资分摊机制，捐助国可自行决定援助金额。

气候资金（Climate Finance 或 Climate Funding）是发达国家支持发展中国家减缓和适应气候变化的关键举措，也是实现《巴黎协定》承诺的“2℃”乃至“1.5℃”全球温控目标的支撑。[①] 因此，关于气候资金的研究已成为气候变化领域的重要研究课题。研究气候资金的国外学者集中关注的三个问题是：通过哪些方式可以为发展中国家应对气候变化筹资；[②] 筹资总目标如何在主要发达国家之间进行分摊；[③] 影响发达国家缔约方筹资的因素。[④] 其他相关的研究课题包

---

① 《巴黎协定》第二条明确给出全球应对气候变化的长期目标，即本世纪末要把全球平均气温升幅控制在工业化前水平以上低于 2℃之内，并努力将气温升幅限制在工业化前水平以上 1.5℃之内。上述控温目标分别被简称为“2℃目标”和“1.5℃目标”。详见：UN，《巴黎协定》（中文版），2015，available. at：http：//unfccc. int/files/essential_ background/convention/application/pdf/chinese_ paris_ agreement. pdf.，p. 2，2018. 1. 4.

② A. Markandya, A. Antimiani, V. Costantini, C. Martini, A. Palma, and M. C. Tommasino, “Analyzing Trade-offs in International Climate Policy Options: The Case of the Green Climate Fund,” *World Development*, Vol. 74, 2015, pp. 93 – 107.

③ Alessandro Antimiani, Valeria Costantini, Anil Markandya, Elena Paglialunga, and Giorgia Sforna, “The Green Climate Fund as an Effective Compensatory Mechanism in Global Climate Negotiations,” *Environmental Science and Policy*, Vol. 77, 2017, pp. 49 – 68; Lianbiao Cui and Yuran Huang, “Exploring the Schemes for Green Climate Fund Financing: International Lessons,” *World Development*, Vol. 101, 2018, pp. 173 – 187.

④ Jonathan Pickering, Frank Jotzo, and Peter J. Wood, “Sharing the Global Climate Finance Effort Fairly with Limited Coordination,” *Global Environmental Politics*, Vol. 15, No. 4, 2015, pp. 39 – 62.

括各国财长在国际气候政治中的作用①、国际组织如何参与国际气候制度等。②

中国学者对气候资金的思考最早见于中山大学法学院副教授谷德近于2008年发表的论文，他在文中分析了在气候谈判中发达国家与发展中国家两大阵营围绕资金机制展开的博弈。③ 之后，这个问题并未受到中国学者足够的重视，直到2011年，气候资金问题才重新回到学者们的视线中。总的来看，中国学者关于气候资金（包括气候援助）的研究成果比较有限，主要涉及四方面：第一，对联合国气候谈判所形成的资金机制本身的研究，包括分析《巴黎协定》资金条款的特点和不足；④ 研究特定的资金机制，如“绿色气候基金”（Green Climate Fund，GCF）；⑤ 第二，梳理《公约》谈判以来资金机制的产生过程和运行机制，如从历史的角度研究国际气候资金的演化与发展⑥，或阐述国际气候援助的基本特征、进展和问

① Jonathan Pickering，Jakob Skovgaard，Soyeun Kim，J. Timmons Roberts，DavidRossati，Martin Stadelmann，and Hendrikje Reich，“Acting on Climate Finance Pledges：Inter-Agency Dynamics and Relationships with Aid in Contributor States，” *World Development*，Vol. 68，2015，pp. 149 - 162；Robert Gampfer，Thomas Bernauer，and Aya Kachi，“Obtaining Public Support for North-South Climate Funding：Evidence from Conjoint Experiments in Donor Countries，” *Global Environmental Change*，Vol. 29，2014，pp. 118 - 126.

Jakob Skovgaard，“Learning about Climate Change：Finance Ministries in International Climate Change Politics，” *Global Environmental Politics*，Vol. 12，No. 4，2012，pp. 1 - 8.

② Nina Hall，“Money or Mandate?：Why International Organizations Engage with the Climate Change Regime，” *Global Environmental Politics*，Vol. 15，No. 2，May2015，pp. 79 - 97.

③ 谷德近：《资金机制：气候变化谈判的博弈焦点》，载于《上海金融》，2008年第9期，第14—18页。

④ 徐文涛：《巴黎协定资金条款进展研究》，载于《法制与社会》，2017年第4期，第5—6页。

⑤ 邹骥、陈济、钟洋：《落实〈巴黎协定〉引领气候资金推进全球绿色低碳发展》，载于《中国财政》，2016年第13期（总第714期），第61—62页；邓树刚、何斌：《绿色气候基金：〈联合国气候变化框架公约〉资金机制的新发展》，载于《云南大学学报》，2013年第6期，第156—161页。

⑥ 刘倩、王琼、王瑶：《〈巴黎协定〉时代的气候融资：全球进展、治理挑战与中国对策》，载于《中国人口资源与环境》，2016年第12期，第14—21页；刘倩、粘书婷、王瑶：《国际气候资金机制的最新进展及中国对策》，《中国人口资源与环境》，2015年第10期，第30—38页。

题；[①] 第三，从资金落实的角度研究气候资金的分摊机制，即研究发达国家如何分摊《巴黎协定》承诺的气候资金目标，[②] 或对构建未来的气候变化资金机制进行统筹规划和设计；[③] 第四，针对美国退出《巴黎协定》、拒绝履行资金义务的新情况，估算特朗普政府“断供”所造成的全球气候资金缺口。[④]

上述研究有助于了解全球气候资金的发展历程与运作机制，但也存在以下问题：第一，由于对气候资金的概念和界定存在争议，现有的气候资金研究覆盖范围很广，涉及政府和市场两种资金来源，涵盖公共与私人部门两种援助主体，但对发展中国家最为关心的来自发达国家政府的拨款缺乏专门的研究；第二，气候资金的产生虽源于《公约》条款，但现有研究缺乏对该条款的系统阐释，未能触及气候援助行为的本质，也未能对气候资金发展和变化的动因进行深入阐释；第三，对美国提供气候资金的发展过程及其产生的作用缺乏系统的梳理和准确把握。事实上，美国提供气候援助由来已久，奥巴马上台后，对外气候援助更是创下历史纪录。奥巴马政府把打造气候领域的领导力作为美国外交战略的重点，美国对外气候援助在促进发展中国家应对气候变化、推动全球建立气候合作方面的作用日益凸显。但是，《巴黎协定》达成、生效并进入履约阶段后，美国对外气候援助陷入两难境地：一方面，《巴黎协定》的执行与全球应对气候变化的形势要求美国增加对发展中国家的气候援助；另一方面，面对国内经济增长乏力和国际收支失衡的压力，共和党控制的国会反对联邦政府提供更多的对外气候援助。

---

① 高翔：《中国应对气候变化南南合作进展与展望》，载于《上海交通大学学报》，2016 年第 1 期，第 38—49 页。

② 潘寻：《气候公约资金机制下发达国家出资分摊机制研究》，载于《中国地质大学学报（社会科学版）》，2016 年第 3 期，第 86—94 页。

③ 潘寻、朱留财：《后巴黎时代气候变化公约资金机制的构建》，载于《中国人口资源与环境》，2016 年第 12 期，第 8—13 页。

④ 傅莎、柴麒敏、徐华清：《美国宣布退出〈巴黎协定〉后全球气候减缓、资金和治理差距分析》，载于《气候变化研究进展》，2017 年第 5 期，第 415—427 页。

特朗普入主白宫后，不断公开表态反对美国应对气候变化。[①] 在美国2018财年预算中，特朗普砍掉了联邦政府的国际气候资金预算。白宫管理和预算办公室（Office of Management and Budget，OMB）主任米克·马尔瓦尼（Mick Mulvaney）公开表示："关于气候变化，我认为总统的做法是相当直截了当的——我们不再为此花钱了，我们认为，那么做是浪费钱。"[②] 削减气候援助、退出《巴黎协定》的行动，与特朗普竞选时和就任后强调的"美国优先"原则相一致，他的信条是'美国至上'，而非全球主义。[③] 短期内，美国"断供"将带来国际气候资金短缺的直接后果。长远来看，这种做法将不仅给全球气候行动造成损失，而且给多边主义和全球治理带来负面影响，进而给美国自身造成损失。美国提供气候援助的起因和发展有其深层次的原因。美国的气候援助因何产生？经历了一个怎样的发展过程？为什么奥巴马时期美国气候援助大幅增加？又是什么让特朗普放弃这种努力？美国的对外气候援助将走向何方？针对这些问题，本文拟利用美国国务院、美国政府问责局（Government Accountability Office，GAO）、白宫管理和预算办公室（Office of Management and Budget，OMB）等机构发布的政府文件及国会研究局（Congressional Research Service，CRS）的报告，从历史的角度考察美国对外气候援助的变革及其趋势，探析美国对外气候援助的国际制度背景和国内政策根源，以期更好地理解特朗普政府退出《巴黎协定》的行为，以及美国政府此举对全球气候资金流向和规模的影响，深入思考《巴黎协定》在履约阶段面临的挑战，展望美国对外气候援助的前景，为中国建立"中国气候变化南南合作基金"提供借鉴。

---

① 赵行姝：《〈巴黎协定〉与特朗普政府的履约前景》，载于《气候变化研究进展》，2017年第5期，第448—455页。

② Timothy Cama, "Senate Panel Votes to Fund UN Climate Agency," September 7, 2017 available at: http: //thehill. com/policy/energy-environment/349693-senate-panel-votes-to-fund-un-climate-agency, 2017. 9. 19.

③ 王辑思：《特朗普的对外政策与中美关系》，载于《当代美国评论》，2017年第1期，第2页。

一、美国对外气候援助概况

（一）联邦政府对气候援助的界定

根据美国联邦政府的统计口径，美国将本国资助国际气候变化的资金统称为“气候资金”（Climate Finance 或 Climate Funding）；① 将美国以赠款的形式支持发展中国家应对气候变化称为国际气候援助（International Climate Change Assistance）；② 或称为国际援助资金（International Assistance Funding for Climate Change）③ 或称为国际财务援助（International Financial Assistance）。④

美国支持发展中国家应对气候变化的活动由直接活动和间接活动两部分组成。直接活动是由联邦政府各机构执行的、直接定位于帮助脆弱国家应对气候变化的行动。⑤ 其中，由美国国际开发署（United States Agency for International Development，USAID）、国务院和财政部从事的国际气候活动，被称为应对全球气候变化的“核心

---

① US DOS，“Overview of the Global Climate Change Initiative U. S. Climate Finance 2010 - 2015，” 2016，available at：https：//2009 - 2017. state. gov/documents/organization/250737. pdf.，p. 2，2017. 10. 11.

② OMB，“Federal Climate Change Expenditures Report to Congress，” April 2006，available at：https：//obamawhitehouse. archives. gov/sites/default/files/omb/assets/omb/legislative/ fy07 _ climate_ change. pdf.，p. 18，2017. 11. 8.

③ GAO，“Climate Change：Federal Reports on Climate Change Funding Should Be Clearer and More Complete，” August 2005，available at：http：//www. gao. gov/new. items/d05461. pdf.，p. 4，2017. 9. 15.

④ Jane A. Leggett，Richard K. Lattanzio，and Emily Bruner，“Federal Climate Change Funding from FY2008 to FY2014，” R43227，2013，available at：https：//fas. org/sgp/crs/misc/R43227. pdf.，p. 9，2017. 10. 12.

⑤ OMB，“Federal Climate Change Expenditures Report to Congress（Fiscal Year 2014），” August 2013，available at：https：//obamawhitehouse. archives. gov/sites/default/files/omb/assets/legislative_ reports/fcce-report-to-congress. pdf.，p. 23，2017. 9. 15.

国际努力”（core international efforts）或“核心活动”（core activities）；[①] 间接活动是联邦政府各个机构实施的其他相关计划，如“粮食安全计划”“生物多样性计划”等，这些计划或项目的主要目标虽然不是应对气候变化，但在实施过程中可为应对气候变化做出重要贡献。换句话说，间接活动是指侧重于“非气候变化”目标，同时也可促进气候韧性发展或显著减少温室气体排放量的活动。与此相对应，美国用于气候变化的相关国际开支由直接投入和间接投入两部分组成。在各财年统计中，美国对外气候援助仅限于直接投入。

（二）美国对外气候援助的演进

美国为发展中国家提供国际气候援助的行动从起步到完善，经历了一个较长的发展过程，大体可分为以下四个阶段。

1. 萌芽阶段（1985 年至 1992 年）

20 世纪 80 年代中后期，美国国会鼓励美国国际开发署在向发展中国家提供“能源援助”（energy assistance）时综合考虑其他目标，包括解决电力短缺问题，促进非核电发展，为农村发展提供能源支持，鼓励私营部门参与能源活动，强调节能和发展可再生能源，促进美国能源技术出口，等等。《1990 财年国际开发署拨款法》（The Fiscal Year 1990 AID Appropriations Act）正式将减少温室气体排放添加到能源援助所要实现的目标清单中。该法案要求国际开发署通过在能源、热带林业和生物多样性方面提供援助，来支持全球变暖倡议（global warming initiative）。有资格获得此类援助的“关键”国家，是那些国际开发署对其援助活动能够对温室气体排放产生重大

① OMB，“Federal Climate Change Expenditures Report to Congress（Fiscal Year 2014），” August 2013，available at：https：//obamawhitehouse. archives. gov/sites/default/files/omb/assets/legislative_ reports/fcce-report-to-congress. pdf. ，p. 23，2017. 9. 15.

影响的国家。[①] 为了响应国会对全球变暖倡议的支持，美国国际开发署对能源援助计划进行了改革。1991 年 6 月，美国国际开发署要求在进行项目决策时，把全球变暖因素考虑进去。

从 20 世纪 80 年代末开始，美国国际开发署的援助方案将能源援助的目标扩展至在能源生产和使用中涉及二氧化碳排放的目标。这些目标包括：提高能源效率和节约能源，以减少建设新电厂的必要性；鼓励采用对环境无害的能源技术；推动私营部门参与能源生产和分配活动。1990 财年，美国提供了价值约 1.06 亿美元的能源援助，帮助发展中国家提高能源效率和节能。[②]

2. 缓慢发展阶段（1993 年至 2008 年）

与气候变化相关的国际资金机制是实现全球气候治理、推进国际气候合作的重要工具。最早运营的国际气候资金机构是 1991 年成立的"全球环境基金"（Global Environment Facility，GEF）。2001 年，《公约》第七次缔约方会议决定成立"最不发达国家基金"（Least Developed Country Fund）和"气候变化特别基金"（Special Climate Change Fund）。1992 年美国国会批准《公约》之后，除了出资支持多边资金机制以外，美国还在双边框架下启动了一些新的旨在鼓励发展中国家企业和政府减少温室气体排放的计划，如安装更高效的照明装置，支持发展中国家制定应对气候变化的政策和方案，吸引私人投资于低碳和韧性的（low carbon and resilient）基础设施建设，等等。

从绝对数量来看，美国对外气候援助的金额总量在持续而缓慢地增长。联邦政府应对气候变化的支出从 1993 年的 23.5 亿美元增长到 2004 年的 50.9 亿美元，增长率为 116%。[③] 同期，美国对外气候

① GAO，"Foreign Assistance：AID Energy Assistance and Global Warming，" July 1991，available at：http：//pdf. usaid. gov/pdf_ docs/PCAAA196. pdf.，p. 2，2017. 11. 2.

② GAO，"Foreign Assistance：Aid Energy Assistance and Global Warming，" July 1991，available at：http：//pdf. usaid. gov/pdf_ docs/PCAAA196. pdf.，p. 32，2017. 11. 2.

③ GAO，"Climate Change：Federal Reports on Climate Change Funding Should Be Clearer and More Complete，" August 2005，available at：http：//www. gao. gov/new. items/d05461. pdf.，p. 4，2017. 9. 15.

援助的支出从2.01亿美元增加到2.52亿美元，增长率为25%。从相对数量来看，同期对外气候援助支出在美国应对气候变化总支出中的份额从9%下降至5%。[①] 与克林顿主政时期相比，在小布什执政时期，美国提供的对外气候援助规模略有增长，大约在每年2亿美元至4亿美元之间，占同期美国联邦政府气候变化活动预算总额的5%。[②]

3. 迅速增长阶段（2009年至2016年）

2009年奥巴马入主白宫后，美国对发展中国家的气候援助大幅增长。2010财年至2015财年，美国共计提供对外气候援助87亿美元，年均14亿美元。

在奥巴马政府时期，美国的对外气候援助主要通过“全球气候变化倡议”（Global Climate Change Initiative，GCCI）来统筹实施。该倡议是奥巴马于2010年发布的“全球发展政策指令”（Policy Directive on Global Development）三大支柱之一，旨在通过一系列双边、多边和私营部门机制将气候变化考量纳入美国的对外援助，以促进可持续的、气候韧性的社会发展和低碳增长，同时减少毁林和土地退化造成的温室气体排放。“全球气候变化倡议”主要通过国务院、财政部和美国国际开发署这三个核心机构的计划和项目来落实。国际开发署负责的计划和项目多通过该机构的双边发展援助计划实施；国务院和财政部负责的计划和项目则通过国际组织实施，包括《公约》下设的“最不发达国家基金”“气候变化特别基金”，以及多边环境融资机制，如“全球环境基金”“清洁技术基金”（Clean Technology Fund）和

① GAO，“Climate Change：Federal Reports on Climate Change Funding Should Be Clearer and More Complete，” August 2005，available at：http：//www. gao. gov/new. items/d05461. pdf.，p. 4，2017. 9. 15.

② CBO，“Federal Climate Change Programs：Funding History and Policy Issues，” March2010，available at：http：//www. cbo. gov/sites/default/files/cbofiles/ftpdocs/112xx/doc 11224/03 - 26 - climatechange. pdf，p. 7，2017. 11. 2.

“战略气候基金”（Strategic Climate Fund）。[①]

4. “断崖式”下跌阶段（2017 年至今）

2016 年大选期间，特朗普声称气候变化是“谎言”和“骗局”，美国要退出《巴黎协定》，不再对联合国应对气候变化的行动提供资金支持。入主白宫后，特朗普立即将他的气候立场转化为实际行动。[②] 他不仅正式宣布退出《巴黎协定》，而且在其 2018 财年预算申请中全面取消奥巴马提出的“全球气候变化倡议”，宣布“停止给联合国的气候变化计划买单”，[③] 甚至要停止对《公约》的资助，并不再为国务院和美国国际开发署举办的直接应对气候变化的双边活动提供资金。[④] 美国国务院在 2018 财年预算中表示，美国在 2016 财年已经完成对“气候投资基金”（Climate Investment Funds，CIF）的 20 亿美元承诺，未来不打算对该基金进一步做出贡献。[⑤] 特朗普针对气候变化的“预算逆流”得到国会的大力支持，进而导致 2018 财年的美国对外气候援助呈现断崖式下跌，全球气候资金市场亦深受牵连。

（三）美国对外气候援助的总体趋势和主要特征

第一，美国对外气候援助的总规模持续增长，但在应对气候变化的整体事业中微不足道。

---

① Jane A. Leggett, Richard K. Lattanzio, and Emily Bruner, “Federal Climate Change Funding from FY2008 to FY2014,” CRS Report: R43227, September 13, 2013, available at: https://fas.org/sgp/crs/misc/R43227.pdf., p. 9, 2017. 9. 15.

② 赵行姝：《〈巴黎协定〉与特朗普政府的履约前景》，第 448—455 页。

③ The White House Office of Management and Budget (OMB), “America First: A Budget Blueprint to Make America Great Again,” 2017, available at: https://www.whitehouse.gov/sites/whitehouse.gov/files/omb/budget/fy2018/2018_ blueprint.pdf., p. 33, 2017. 10. 11.

④ Office of Management and Budget, “Major Savings and Reforms Budget of the U. S. Government Fiscal Year 2018,” 2018, available at: https://www.gpo.gov/fdsys/pkg/BUDGET-2018-MSV/pdf/BUDGET-2018-MSV.pdf., p. 75, 2017. 9. 29.

⑤ GPO, “Budget FY 2018: Department of State and Other International Programs,” May 23, 2017, available at: https://www.gpo.gov/fdsys/pkg/BUDGET-2018-APP/pdf/BUDGET-2018-APP-1-17.pdf., p. 800, 2017. 11. 1.

美国联邦政府的气候变化资金主要用于三个方面：与温室气体减排有关的技术、气候变化科学，以及对发展中国家提供国际援助。其中，对外气候援助支出在美国应对气候变化总支出中的占比很小（见图1）。美国联邦政府的气候变化开支从1993年的24亿美元增加到2014年的116亿美元。2009年，《美国复苏和再投资法案》（American Recovery and Reinvestment Act，ARRA）又额外为美国的气候变化计划和活动提供了261亿美元，但该法案并未向对外气候援助提供资金支持。① 与联邦政府气候变化总支出的迅猛增长态势相比，美国对外气候援助总额仅从1993财年的2.01亿美元增长到2014财年的8.93亿美元。可见，对外气候援助在联邦气候变化总支出中仅占很小的比例，且增速较慢。这意味着对外气候援助在美国应对气候变化的整个事业中并非关键要素。

图1　1993—2014财年联邦气候变化资金情况

资料来源：GAO，“Climate Change Funding and Management，” available at：http：//www. gao. gov/key _ issues/climate _ change _ funding _ management/issue _ summary，2017. 10. 12.

第二，美国提供的气候资金总量位居世界前列，但其占全球气候援助资金的比重持续下降。

从全球数据来看，美国是向发展中国家提供气候援助资金最多的

① GAO，“Climate Change Funding and Management，” available at：http：//www. gao. gov/key_ issues/climate_ change_ funding_ management/issue_ summary，2017. 10. 12.

国家之一。[①] 如表1所示，2011年到2014年向发展中国家提供气候援助资金排名前九位的发达国家分别是日本、美国、法国、英国、德国、荷兰、瑞典、挪威、瑞士。美国提供的气候资金总量变化不大，但是其在全球气候资金总量中的比重不断下降，已从2011年的17%下降至2014年的12%。

与美国在全球经济、政治治理体系中的地位相比，美国提供的气候资金所占比重并不高。美国对世界银行、联合国开发计划署（United Nations Development Programme，UNDP）等重要国际机构的捐资数额非常大。以世界银行为例，美国对该机构贡献了20%的资金。此外，美国为重大自然灾害和艾滋病防治等卫生问题的捐款大约占全球捐助总额的20—30%。[②] 但是，2011年至2014年四年间，美国向发展中国家提供的气候资金占同期全球气候资金总额的比重仅为14%。可见，美国对全球气候资金的贡献仍有较大的提升空间。

表1　2011～2014年主要发达国家对发展中国家提供的气候资金

（单位：百万美元）

	2011年	2012年	2013年	2014年
美国	5006.62	4624.81	4835.77	5138.54
日本	4799.00	4798.47	10409.76	10771.48
法国	3980.38	4427.69	3028.19	3716.57
英国	3424.26	3598.74	3390.84	4466.47

① 由于各国统计口径存在差异，难以采用美国的指标体系衡量各国的气候资金贡献，进而难以得到全球气候援助的整体信息。因此，此处使用联合国气候资金（包括公共资金和私人资金）的统计数据。

② GPO, Hearing Before the Subcommittee on International Development and Foreign Assistance, Economic Affairs, and International Environmental Protection of the Committee on Foreign Relations, United States Senate One Hundred Eleventh Congress First Session, "Drought, Flooding and Refugees: Addressing the Impacts of Climate Change in the World's Most Vulnerable Nations," October 15, 2009, available at: https://www.gpo.gov/fdsys/pkg/CHRG-111shrg56665/pdf/CHRG-111shrg56665.pdf., p. 14, 2017.11.1.

续表

	2011 年	2012 年	2013 年	2014 年
德国	2213.88	2192.07	2652.98	3960.92
荷兰	1762.88	1765.96	2017.36	1508.60
瑞典	1504.87	1488.53	941.24	835.54
挪威	1044.40	1309.55	1738.36	1394.96
瑞士	624.13	624.89	3492.10	3302.20
全球总额	28755.51	28863.17	40524.30	43235.12

资料来源：2011—2012 年的数据参见：UNFCCC，“UNFCCC Standing Committee on Finance 2014 Biennial Assessment and Overview of Climate Finance Flows Report,” 2014，available at：https：//unfccc. int/files/cooperation_ and_ support/financial_ mechanism/standing_ committee/application/pdf/2014_ biennial_ assessment_ and_ overview_ of_ climate_ finance_ flows_ report_ web. pdf. ，pp. 42 - 43，2016. 8. 12；2013 - 2014 年的数据参见：UNFCCC，“UNFCCC Standing Committee on Finance（SCF）：2016 Biennial Assessment and Overview of Climate Finance Flows Report,” 2016，available at：http：//unfccc. int/files/cooperation_ and_ support/financial_ mechanism/standing_ committee/application/pdf/2016_ ba_ technical_ report. pdf. ，pp. 111 - 113，2017. 10. 11.

第三，美国对外气候援助的援助渠道和援助领域不断扩展和延伸。

自 20 世纪 80 年代中期以来，随着联合国气候谈判的推进和美国对外关系的发展，美国提供对外气候援助的机构和账户逐步建立和发展起来。1993 年以前，美国的对外气候援助以提供双边援助的形式来实现，美国国际开发署是当时美国提供气候援助的唯一机构，主要通过其“发展援助”（Development Assistance）账户进行对外气候援助的规划和实施。1993 年至 2005 年，除了美国国际开发署外，财政部和国务院也开始在力所能及的前提下支持和参与联合国等多边国际机构的气候变化资金机制。财政部在“国际发展援助”（International Development Assistance）账户下设立子账户“全球环境基金”（Global Environment Facility），国务院则通过“国际组织和计划”（International Organizations and Programs）账户拨款，支持对外气候援助。在这一时期，美国国际开发署在美国对外气候援助中仍然处于绝对的优势地位。从2006年至今，财政部和国务院逐渐拓展渠道参与到对外气候援助的工作当中，提供的气候援助力度逐渐加大，涉及的领域逐渐扩展，援助方式更为灵活，美国国际发展署和财政部共同成为美国对外气候援助的两大主导机构，在美国对外气候援助资金总额中各占40%左右（见表2）。

表2　三大核心机构提供气候援助占美国对外气候援助总额的比重

单位：百分比（%）

	1993年	2004年	2009年	2013年
国际开发署	100	68	60	42
国务院	0	无数据	15	16
财政部	0	13	12	37
其他	0	19	13	5

资料来源：US GAO，"Climate Change Federal Reports on Climate Change Funding Should Be Clearer and More Complete，" August 2005，available at：http：//www. gao. gov/assets/250/247509. pdf.，p. 20 2017. 11. 2.；Jane A. Leggett，Richard K. Lattanzio，and Emily Bruner，"Federal Climate Change Funding from FY2008 to FY2014，" *CRS Report*：R43227，2013，available at：https：//fas. org/sgp/crs/misc/R43227. pdf.，p. 9，2017. 10. 12.

总之，美国对外气候援助不仅通过双边援助项目来实施，而且通过对主要国际组织或机制认捐来进行。通常，从事对外气候援助的主要联邦机构设立并管理相关账户，通过这些账户定期获得国会拨款，根据具体外交政策目标的需要来开展对外气候援助业务。自2009年以来，应对气候变化已成为美国外交和发展援助工作的重点，以及美国主要对外援助机构的核心业务。美国提供对外气候援助的核心机构及其主要账户见表3。对美国而言，通过双边方式提供援助是对外气候援助最重要的方式。随着美国对外气候援助的渠道越来越畅通，美国对外气候援助的质量也变得越来越有保证。

表3　2006年提供对外气候援助的主要联邦机构及其账户

核心联邦机构	账户	子账户
财政部	债务重组 (Debt Restructuring)	热带林业保护 (Tropical Forestry Conservation)
	全球环境基金 (Global Environment Facility)	
	亚洲开发银行 (Asian Development Bank)	
国务院	外交和领事事务 (Diplomatic and Consular Affairs)	
	经济支持基金 (Economic Support Fund)	
	国际组织和计划 (International Organizations and Programs)	
国际开发署	安第斯反毒品倡议 (Andean Counterdrug Initiative)	
	援助东欧和波罗的海国家 (Assistance for Eastern Europe and the Baltic States)	
	援助前苏联独立国家 (Assistance for the Independent States of the Former Soviet Union)	
	发展援助 (Development Assistance)	
	经济支持基金 (Economic Support Fund)	
	国际灾难援助 (International Disaster Assistance)	
	食品援助 (P. L. -480 Title II Food Aid)	

资料来源：US DOS，"Federal Climate Change Expenditures Report to Congress，" April 2006，available at：https：//obamawhitehouse. archives. gov/sites/default/files/omb/assets/omb/legislative/fy07_ climate_ change. pdf.，p. 18，2017. 11. 2.

（注：此表由作者根据相关内容编制而成。）

二、美国提供对外气候援助的国际制度背景

对外气候援助在全球气候治理中起到了积极而重要的作用。美国是世界上最早开始大规模、制度化地提供对外气候援助的国家之一，向发展中国家提供了大量资金、物资和人力资源方面的援助。支撑美国等发达国家对外气候援助行为的是一整套完善的国际法律制度和管理体系。对外气候援助的国际制度建设始于20世纪70年代，经过近半个世纪的努力，已经形成了较为完整的制度体系和执行机制。

（一）国际环境制度与"共区原则"

发达国家通过提供资金来补偿发展中国家履行环境条约的成本，相关制度安排通常在多边环境协定中依据"共同但有区别责任"原则（common but differentiated responsibilities，简称"共区原则"）来设立。"共区原则"最早可追溯到1972年在瑞典斯德哥尔摩举行的联合国人类环境大会，大会通过的《斯德哥尔摩宣言》（Stockholm Declaration）是一项不具有约束性的声明，体现了发达国家和发展中国家之间维护国家主权与平衡相互竞争的国家利益之间的妥协，以及保护资源和限制污染与经济发展之间的妥协。[①]《斯德哥尔摩宣言》为国际环境治理确立了26项基本原则，指出发达国家与发展中国家的环境问题存在不同的根源。《斯德哥尔摩宣言》的第四条原则指出："在发展中国家，环境问题大半是由于发展不足造成的，……而

① Lorraine Elliott, *The Global Politics of The Environment* (New York: New York University Press, 1998), p. 12.

在工业化国家，环境（问题）一般与工业化和技术发展有关。”①《斯德哥尔摩宣言》不仅明确指出发展中国家环境问题的根源是发展不足，而且认识到经济援助、技术转移和其他援助对克服这种发展不足非常重要。《斯德哥尔摩宣言》的第12条原则指出：“应筹集资金来维护和改善环境，要照顾到发展中国家的情况和特殊性，照顾到它们由于在发展计划中列入环境保护项目而需要的费用，以及根据它们的请求提供额外的国际技术和财政援助的需要。”②

1992年，在斯德哥尔摩大会召开20年之后，联合国环境与发展大会（United Nations Conference on Environment and Development, UNCED，又称“地球峰会”）在巴西里约热内卢举行。会议进一步研讨了环境与发展的关系问题。“地球峰会”成为环保史上的分水岭，③ 会上发布的《里约环境与发展宣言》（Rio Declaration on Environment and Development，简称“里约宣言”）达成了一个重要共识：造成环境恶化的国家应首先停止进一步危害环境的行为，并采取措施补偿或帮助承受环境破坏后果的国家；后者不应该为前者以往对环境造成的损害买单。这一共识被称为“共同但有区别的责任”原则，成为《里约宣言》的第七条原则。④

“共区原则”的一个要点是在多边环境协定中建立补偿机制，即将资金和技术从发达国家转移到发展中国家。这不仅因为北方的发达国家更有能力来支持环境保护事业，更重要的是，工业化国家对全球环境问题应承担更大的责任。工业化国家通过对自然资源的无

---

① UN, “Declaration of the United Nations Conference on the Human Environment,” 16 June, 1972, available at: http://legal.un.org/avl/ha/dunche/dunche.html, 2017.12.21.

② Ibid.

③ William K. Reilly, “The Road from Rio: The Success of the Earth Summit Depends on How Well We Follow Through on Its Principles and Programs,” September/October 1992, available at: https://www.epa.gov/aboutepa/road-rio-success-earth-summit-depends-how-well-we-follow-through-its-principles-and, 2016.7.27.

④ UN, “Rio Declaration on Environment and Development,” 1992, available at: http://www.unep.org/documents.multilingual/default.asp?documentid=78&articleid=1163, 2016.8.10.

限制开采和对环境的污染破坏发展了其经济，结果却导致发展中国家的发展为保护生态环境而被迫受到限制和约束，这意味着发展中国家无法获得与发达国家同样的发展机会。补偿机制作为发展中国家遵守环境协定的前提条件，能够防止出现所谓的“生态帝国主义”（eco-imperialism）。[①] 在里约大会期间签署的国际环境条约，如《生物多样性公约》（Convention on Biological Diversity）、《联合国气候变化框架公约》（United Nations Framework Convention on Climate Change）和《联合国防治荒漠化公约》（United Nations Convention to Combat Desertification），都包含“共区原则”和资金补偿机制。此次会议后举行的国际环境谈判，都考虑到了发达国家和发展中国家的不同义务，并建立和制定了相应的筹资机制和技术转让规定。

总之，在处理国际环境问题时，发达国家基于对受援国能力和需求的基本认识来对其提供资金援助，但这种援助的深层原因在于不同国家对全球环境问题负有不同程度的责任。从全球范围来看，“地球峰会”标志着环境问题迎来了一个新时代，在国际舞台上成为外交政策领域的一个重要的新关切。参加“地球峰会”的各国总统、总理、外长和发展部长都表示，将在进行贸易、能源、农业和经济发展决策时把环境问题考虑在内。

（二）《公约》与《巴黎协定》缔约国义务

美国是《公约》的缔约方，应履行该条约所规定的法律义务，即提供气候资金。《公约》第四条第三款明确指出，“附件二所列的发达国家缔约方和其他发达缔约方应提供新的和额外的资金，以支付经议定的发展中国家缔约方为履行第十二条第一款规定的义务而招致的全部费用。它们还应提供发展中国家缔约方所需要的资金，

① Nele Matz, “Environmental Financing: Function and Coherence of Financial Mechanisms in International Environmental Agreements,” in J. A. Frowein and R. Wolfrum, eds., Max Planck Yearbook of United Nations Law, Vol. 6, 2002, p. 484.

包括用于技术转让的资金，以支付经议定的为执行本条第一款所述并经发展中国家缔约方同第十一条所述那个或那些国际实体依该条议定的措施的全部增加费用。”[①] 可见，《公约》为发达国家缔约方向发展中国家缔约方提供气候资金奠定了国际法基础。

《巴黎协定》重申了《公约》的气候资金条款，协定第九条明确指出，“发达国家缔约方应为协助发展中国家缔约方减缓和适应气候变化提供资金，以便继续履行《公约》所规定的义务。亦鼓励其他缔约方自愿提供或继续提供这种资助。”[②] 同时，《巴黎协定》在《公约》的基础上确立了一个短期的量化资金目标，要求发达国家每年筹资1000亿美元支持发展中国家减缓和适应气候变化。但是，《公约》和《巴黎协定》并没有说明资金承诺如何在发达国家缔约方之间进行分摊。

虽然特朗普已经宣布美国退出《巴黎协定》，但美国并没有宣布退出《公约》，后者是全球应对气候变化问题的基本条约。作为《公约》缔约国，美国仍然有法律义务通过资金和技术援助的形式资助发展中国家应对气候的行动。也就是说，虽然提供多少资金是自愿的，但《公约》的资金义务却是强制性的。即便特朗普采取更极端的做法，直接宣布美国退出《公约》，作为世界上最大的温室气体累积排放者、环境污染者和最大的经济体，美国也负有为发展中国家提供气候资金的道义上的义务。正如教皇方济各（Pope Francis）数次提醒世人的那样，应对气候变化是一种道义责任，无论是个人还是政治家，都必须认真对待气候变化问题。[③]

---

① UN, “United Nations Framework Convention on Climate Change (UNFCCC),” (中文版), May 9, 1992, available at: http://unfccc.int/files/essential_background/convention/background/application/pdf/unfccc_chinese.pdf., p. 146, 2017. 11. 6.

② UNFCCC, “Paris Agreement,” 2015, available at: http://unfccc.int/files/meetings/paris_nov_2015/application/pdf/cop_auv_template_4b_new__1.pdf., p. 25, 2017. 10. 13.

③ Aljazeera News (半岛电视台新闻网), “Pope Francis Slams ‘Stupid’ Climate Change Deniers,” September12, 2017, available at: http://www.aljazeera.com/news/2017/09/pope-francis-slams-climate-change-doubters-stupid-170911172634528.html, 2017. 11. 6.

三、美国提供对外气候援助的国内因素分析

除了外部因素的影响，国内因素也对美国联邦政府的对外气候援助产生了重要影响。美国历届政府不断调整其气候政策，不断影响和塑造美国的对外气候援助。作为美国联邦政府的“钱袋子”，国会也对美国的对外气候援助行动发挥了重要作用。

（一）联邦政府气候政策的变迁

尽管从短期来看，美国的对外气候援助经历了波动和起伏，但长期来看，美国对外气候援助的发展趋势是与美国气候政策的发展趋势相一致的。近30年来，美国历届政府对气候变化问题的态度摇摆不定，相关政策变化很大。美国气候政策在不同阶段的激进或保守，导致联邦政府机构的气候项目和活动相应地扩张和收缩，并进而影响着美国对外气候援助项目的增多或减少。

老布什曾承诺要支持环保事业。对内，他支持对《清洁空气法》（Clean Air Act）进行环境友好型修正；对外，老布什政府虽然签署了《里约宣言》和相关环境协定，但并不支持“发达国家（尤其是美国）应在近期和中期承担保护全球环境的责任”的观点。在“地球峰会”的第四次筹备会议上，发达国家中仅有美国代表团坚持在联合国环境与发展大会（United Nations Conference on Environment and Development）的文件中删除“北方国家因其高消费模式而对全球环境造成不成比例的影响”的表述。① 虽然美国并非里约峰会的领导者，只谋求利用其影响力来抵制国际谈判对美国经济可能产生的影

① Paul G. Harris, *International Equity and Global Environmental Politics: Power and Principles in US Foreign Policy* (Burlington, VT: Ashgate Publishing Company, 2001), p. 93.

响，但美国仍然是最早核准《公约》的国家之一。

相比之下，克林顿政府对北方国家承担的全球污染和环境变化方面的责任表现得更为积极——至少在言论上。1993 年 6 月，美国副总统艾伯特·戈尔（Albert Arnold Gore）在联合国可持续发展委员会（United Nations Commission on Sustainable Development，UNCSD）首次公开表示，美国等发达国家“对全球环境造成不成比例的影响”。[①] 克林顿政府对内为空气和水质设定了更严格的标准，对外承诺应对全球环境问题（特别是气候变化），但总体而言，在克林顿政府时期，环境保护议程仍然让位于经济繁荣的目标。[②] 由于国会两党一致反对联合国达成只约束发达国家而不限制发展中大国特别是中国和印度的气候条约，克林顿政府并未将《京都议定书》提交国会批准。

小布什上台后，直言不讳地反对《京都议定书》，指责它只包括全球 20% 的国家，因而存在“根本性缺陷”（fatally flawed）。[③] 小布什政府时期，美国在环保领域的行动全面收缩，应对气候变化问题的联邦行动陷入停滞。在国际上，美国采取单边主义的做法，在联合国气候谈判中主动选择靠边站，长期扮演“拖后腿”的角色，使欧盟成为无可争议的“气候领袖”。

奥巴马执政后，公开表示“我的总统任期将标志着美国在气候变化方面担当领导的新篇章。”[④] 这标志着美国在应对气候变化的问题上进入了新的阶段。奥巴马入主白宫后，一直强调要在应对气候变

① Paul G. Harris, *International Equity and Global Environmental Politics: Power and Principles in US Foreign Policy*, p. 94.

② Paul Wapner, "Clinton's Environmental Legacy," *Tikkun Magazine*, March/April 2001, available at: http: //www. tikkun. org/nextgen/clintons-environmental-legacy, 2016. 8. 26.

③ The White House Office of the Press Secretary, President Bush Discusses Global Climate Change, June 11, 2001, https: //georgewbush-whitehouse. archives. gov/news/releases/2001/06/20010611 - 2. html, 2018. 1. 8.

④ Liz Sidoti, "Obama Promises Leadership on Climate Change," November 18, 2008, available at: http: //www. realclearpolitics. com/news/ap/politics/2008/Nov/18/obama_ promises _ leadership_ on_ climate_ change. html, 2017. 12. 21.

化、寻求全球性解决方案时展示美国的领导作用，[①] 其背后有多重动机。[②] 气候变化成为奥巴马政府外交工作的重要内容之一。美国国务院公开强调，“各国政府越来越频繁地将气候变化相关问题列入一系列高级别的双边和多边谈判议程，包括国家元首和外长们的议程。这使美国在抗击气候变化方面的信誉成为决定美国的外交政策成功与否的主要因素。”[③] 美国不断就气候变化问题与其他国家、地区和国际组织寻求共识，先后建立起多个有影响的新机制，并在重要国际机制或国际机构中推动气候议题，启动了数百个相关项目。

（二）国会在对外气候援助中扮演的角色

白宫与国会的互动关系是观察美国气候政策变化的重要视角。财权是美国宪法赋予国会的权力，作为美国的“钱袋子”，国会通过行使其财权来影响联邦政府的气候变化开支，进而影响美国的气候政策和对外气候援助。在美国提供对外气候援助以帮助发展中国家应对气候变化的过程中，国会主要从两方面进行参与和施加影响：一是定期为相关的联邦机构拨款；二是监督相关的联邦机构的对外气候援助活动。

20 世纪 80 年代中后期，美国开始通过“能源援助”（Energy Assistance）向发展中国家提供物资援助，从此开启了美国对外气候

---

① The White House Office of the Press Secretary, “Fact Sheet: President Obama to Continue Global Leadership in Combating Climate Change and Protecting Our Ocean by Creating the First Marine National Monument in the Atlantic Ocean,” September 15, 2016, available at: https://obamawhitehouse.archives.gov/the-press-office/2016/09/15/fact-sheet-president-obama-continue-global-leadership-combatting-climate, 2017.12.21.

② 赵行姝：《〈巴黎协定〉与奥巴马政府的领导作用》，载《美国蓝皮书 2017》，北京·社会科学文献出版社，2017 年版，第 325—338 页。

③ USDOS, “Record of Decision and National Interest Determination,” November 3, 2015, available at: https://2012 - Keystonepipeline-xl.state.gov/documents/organization/249450.pdf., p. 26, 2017.12.21.

援助的序幕。奥巴马主政时期，美国政府开始追求全球气候治理领域的领导力，在国内外大举推进应对气候变化的行动。国会共和党人对奥巴马绕开国会应对气候变化的做法很不满，一直在奥巴马应对气候变化的道路上设置障碍，但并没有取得显著效果。作为气候谈判的重要组成部分，气候资金遂成为共和党人的有效筹码，帮助他们向外界发出反对气候行动的信号。国会中绝大多数共和党人一直谋求削减联邦政府应对气候变化的支出，藉此削弱奥巴马在全球气候谈判中的力量。早在巴黎气候大会召开之前，国会曾威胁奥巴马，巴黎气候谈判达成的成果必须经过参议院批准，否则国会将不提供资金支持。2015 年 11 月，在巴黎气候谈判开始前夕，37 位共和党参议员联名致信奥巴马，表明其立场："我们保证，国会不会允许美国纳税人的钱流入'绿色气候基金'，除非即将达成的国际气候协议被提交参议院寻求批准或建议。"①

奥巴马政府拟在 2016 财年的预算中申请向"绿色气候基金"拨款 5 亿美元，其中通过国务院拨款 3. 5 亿美元，通过财政部拨款 1. 5 亿美元。虽然该项预算申请遭到国会否决，但奥巴马政府仍通过 2016 财年的"经济支持基金"账户，向"绿色气候基金"划拨了五亿美元。这笔资金的用处随即遭到来自怀俄明州的共和党议员约翰·巴拉索森（John Barrasso）的质疑。巴拉索森威胁要对奥巴马政府公然滥用纳税人资金的行为提起诉讼，因为奥巴马政府违反了《1982 年反超支法》（1982 Anti-Deficiency Act），——该法案禁止向国会未授权的计划提供资金。②

在 2017 财年预算中，奥巴马为"绿色气候基金"寻求 7. 5 亿美

① Devin Henry, "Republicans Vow to Deny Obama Climate Funds to Derail Paris Talks," November 20 2015, available at: http://thehill.com/policy/energy-environment/260902-gop-vows-to-deny-obama-climate-funds-in-bid-to-derail-paris-talks, 2017. 11. 2.

② Alyssa Carducci, "Obama Administration Disregards Congress, Gives $500 Million to U. N. Climate Fund," April 22, 2016, available at: https://www.heartland.org/news-opinion/news/obama-administration-disregards-congress-gives - 500 - million-to-un-climate-fund, 2017. 11. 1.

元的资助，其中通过国务院和国际开发署拨款5亿美元，通过财政部拨款2.5亿美元。与2016财年预算申请的命运相同，此次拨款请求也遭到国会拒绝。然而，2017年1月，奥巴马在离任之前三天再次向“绿色气候基金”缴纳5亿美元，以确保美国履行《巴黎协定》义务。同2016年第一次向绿色气候基金提供资金时一样，国务院仍然从“经济支持基金”账户转拨这笔资金。共和党人随后指责奥巴马政府肆意使用“经济支持基金”。

2017年7月21日，众议院共和党议员肯·卡尔弗特（Ken Calvert）向国会提交——《2018财年确保美国安全与繁荣的拨款法》（Make America Secure and Prosperous Appropriations Act）提案，要求禁止向“绿色气候基金”提供资金，该议案以211票支持、198票反对的结果获得众议院通过。该提案建议：国会2018财年的拨款或以前给“国务院、对外行动和相关计划”（Department of State, Foreign operations, and Related programs）的拨款，均不得作为捐款、补助金或以任何其他付款方式提供给“绿色气候基金。”① 事实上，近年来共和党议员曾数次提交提案，试图取消“全球气候变化倡议”要求美国承担的对外气候援助义务。2015年1月，国会众议员布莱因·路克迈尔（Blaine Luetkemeyer）提交“禁止向联合国气候日程拨款提案”（No Tax Dollars for the United Nations' Climate Agenda Act），提议禁止美国向政府间气候变化专门委员会（Intergovernmental Panel on Climate Change, IPCC）、《公约》和“绿色气候基金”提供资金。② 2017年，

---

① 115th Congress (2017-2018), "H. R. 3354: Interior and Environment, Agriculture and Rural Development, Commerce, Justice, Science, Financial Services and General Government, Homeland Security, Labor, Health and Human Services, Education, State and Foreign Operations, Transportation, Housing and Urban Development, Defense, Military Construction and Veterans Affairs, Legislative Branch, and Energy and Water Development Appropriations Act (2018)," 2017, available at: https://www.gpo.gov/fdsys/pkg/BILLS-115hr3354pcs/pdf/BILLS-115hr3354pcs.pdf., p. 999, 2017.11.1.

② 114th Congress (2015-2016), "H. R. 383: No Tax Dollars for the United Nations' Climate Agenda Act," January14, 2015, available at: https://www.gpo.gov/fdsys/pkg/BILLS-114hr383ih/pdf/BILLS-114hr383ih.pdf., 2017.10.20.

他再次向众议院外交委员会提交类似提案。①

然而，在特朗普公布2018财年预算后，很多民主党议员敦促国会拒绝特朗普的气候资金削减计划，要求美国履行对世界其他国家和地区的气候义务，警告美国退出《巴黎协定》不等于退出《公约》，美国仍要履行《公约》条款规定的法律义务。2017年9月7日，参议院委员会表决通过了向联合国气候变化机构捐款1000万美元的议案。参议院拨款委员会（Senate Appropriations Committee）进行了投票，以16票（包括全体民主党议员和2名共和党议员）赞成、14票反对的结果，② 批准了来自俄勒冈州的民主党议员杰夫·默克雷（Jeff Merkley）提出的关于恢复对《公约》提供资金支持的修正案。但是，国会并没有批准给"绿色气候基金"拨款。

2017年10月5日，众议院发布关于2018财年预算的"共同决议案"（Concurrent Resolution，Cong. Rec. H 7846），对气候变化问题作出明确表态："气候变化对美国的公共卫生、环境和金融造成重大风险，美国必须继续在气候变化政策方面发挥领导作用，不应退出全球性气候变化协定。国会必须为气候变化科学提供强有力的资金，因为气候变化科学可以为保护人类健康、保卫美国、保护世界的经济和环境系统提供重要信息。"③ 尽管该决议案不具有法律效力，但已得到国会两院的认可。这意味着第115届国会可能通过此类决议案向总统传达国会两院对气候变化问题的意见和政策建议。

总之，国会因其财权能够对美国对外气候援助产生直接影响。围绕对外气候援助问题展开的争论，体现了美国总统和国会在美国气

① 115th Congress（2017－2018），"H. R. 673：No Tax Dollars for the United Nations' Climate Agenda Act，" January 24，2017，available at：https：//www. gpo. gov/fdsys/pkg/HOB－2017/html/HOB－2017－hr673. htm，2017. 10. 20.

② Timothy Cama，"Senate Panel Votes to Fund UN Climate Agency，" September 7，2017，available at：http：//thehill. com/policy/energy-environment/349693－senate-panel-votes-to-fund-un-climate-agency，2017. 9. 19.

③ GPO，"Concurrent Resolution on the Budget for Fiscal Year 2018，" *Congressional Record - House*，October 5，2017，available at：https：//www. gpo. gov/fdsys/pkg/CREC－2017－10－05/pdf/CREC－2017－10－05－pt1－PgH7846－4. pdf.，p. 27，2017. 10. 11.

候外交政策上的权力之争。通过分析府会之间的互动关系，可以透视美国气候政策的制定过程，深刻理解国会对美国外交政策的影响。

结　语

截至 2017 年，美国仍然是世界上最主要的气候援助提供国之一。美国对外提供气候援助的规模、范围和地域不断扩大，但气候援助资金增长缓慢，在全球气候援助资金总量中的比重已开始下降。美国对外气候援助的政策与实践具有深刻的国际制度背景和国内政策根源。对外气候援助有利于美国参与全球气候谈判，实现其气候外交的战略目标，维持其在全球气候治理中的领导力。对发展中国家提供气候援助资金不仅能够显示美国推进全球气候合作的诚意，而且有利于增强发展中国家应对气候变化的能力，进而确保全球温控目标的实现。2015 年，美国三位前环境与能源部门的副助理部长马修·科钦（Matthew Kotchen）、吉尔伯特·梅特卡夫（Gilbert Metcalf）和威廉·佩泽（William Pizer）在国会听证会上作证时指出，对绿色气候基金的支持符合美国的国家利益，“让贫穷、脆弱的国家追求气候韧性的增长时，能够更好地应对极端天气事件，减少灾难。当新兴经济体建立更多清洁能源基础设施时，我们可以尽早避免气候变化导致的最严重的后果，而一个更加安全和稳定的世界会使我们的国家和所有国家都受益。”①

更为重要的是，对外气候援助具有外交功能，能够加强美国在国际气候条约谈判中的话语权。美国著名智库皮尤全球气候变化中心（Pew Center on Global Climate Change）国际战略部主任埃利奥特·迪林格（Elliot Diringer）在国会作证时指出：“（美国）协助脆弱国家

① Patrick Goodenough, “US Congress Bill Drops Funding for IPCC, Green Climate Fund,” The Global Warming Policy Forum (GWPF), July 6, 2015, available at: http://www.thegwpf.com/us-congress-bill-to-drop-funding-for-ipcc-green-climate-fund/, 2017. 9. 19.

(应对气候变化)的意愿是促使中国和其他主要发展中国家作出有意义的气候承诺的最有力的筹码。在哥本哈根会议上，当国务卿希拉里·克林顿提出长期气候援助目标之后，中国才对美国提出的透明度要求①表现出灵活性。这一举措吸引了许多最不发达国家和小岛屿国家的支持，从而破坏了发展中国家集团。随着气候援助的进一步发展和气候谈判的进一步推进，这种态势将持续下去。”② 前美国财政部负责国际事务的副部长莱尔·布雷纳德（Lael Brainard）在国会听证会上作证时，阐明了美国出资帮助发展中国家应对气候变化的目的。她指出，对外气候援助活动“支持我们努力落实在哥本哈根达成的协议，使我们拥有足够的经验和可信度来谈论未来的融资安排，为最脆弱的国家提供资源并建立绿色气候基金，以换取像中国这样的主要新兴国家的减排和透明度承诺。”③ 美国将对外气候援助与其外交目标密切结合，体现了其对外气候援助的战略意义。

世界各国可能没有共同的过去，但却有共同的未来。④ 在全球气候治理中，每个国家必须为应对气候变化所需要的资源承担公平的份额。特朗普宣布退出《巴黎协定》之举不仅损害了美国自身的安全和外交利益，而且违背了其一直宣扬的美国价值观，特别是人道主义精神。事实上，尽管特朗普已经宣布美国退出《巴黎协定》，但他并未宣布美国退出《公约》。因此，美国仍然有法律义务提供《公

---

① 透明度要求指的是与减缓气候变化行动有关的信息披露。

② Hearing before the Subcommittee on Asia, the Pacific and the Global Environment of the Committee on Foreign Affairs, House of Representatives, One Hundred Eleventh Congress Second Session, "Climate Change Finance: Providing Assistance for Vulnerable Countries," July 27, 2010, https://www.gpo.gov/fdsys/pkg/CHRG-111hhrg57687/pdf/CHRG-111hhrg57687.pdf., p. 72, 2017. 10. 20.

③ Hearing before the Subcommittee on Asia, the Pacific and the Global Environment of the Committee on Foreign Affairs, House of Representatives, One Hundred Eleventh Congress Second Session, "Climate Change Finance: Providing Assistance for Vulnerable Countries," July 27, 2010, https://www.gpo.gov/fdsys/pkg/CHRG-111hhrg57687/pdf/CHRG-111hhrg57687.pdf., p. 13, 2017. 10. 20.

④ Mostafa K. Tolba and Iwona Rummel-Bulska, *Global Environmental Diplomacy: Negotiating Environmental Agreements for the World* (1973-1992) (Cambridge, Massachusetts: The MIT Press, 1998), p. 175.

约》规定的资金支持。尽管特朗普打算削减气候预算，但是，一些明显的制约因素会限制特朗普的削减行动。首先，从气候援助的发展来看，多边气候资金机制的数量和规模均在增长，对美国提供气候援助形成了外在压力；其次，气候援助的理念、机制、政策和项目已然在美国发展成型，这是美国提供气候援助的内生动力。尽管如此，特朗普政府的动向仍然值得国际社会警惕。

中国作为一个崛起的发展中大国，愿意在全球治理中发挥更重要的作用，经济实力的增强也使中国有能力向国际社会提供更多的公共产品。近年来，中国开始参与并逐步增加应对气候变化的对外援助，其中“南南合作”（South - South Cooperation），即发展中国家间的经济技术合作，已成为中国加强国际气候合作的重要平台。2012 年，中国宣布投入 2 亿元人民币帮助小岛屿国家、最不发达国家和非洲国家应对气候变化。2015 年，中国又宣布设立总额为 200 亿人民币的“中国气候变化南南合作基金”。随着全球气候变化问题日益严峻，预计中国将会以更加积极的姿态引领全球气候行动，在南南气候合作中进一步拓展援助渠道、援助地域和援助领域。研究和借鉴美国对外气候援助的政策与实践，有助于认识对外气候援助在国际合作倡议中的战略重要性，有助于中国实施《中国落实 2030 年可持续发展议程国别方案》，为全球应对气候变化的事业做出新的贡献。

（原文载于《美国研究》2018 年第 2 期）

政策变化对美国新能源产业的影响

元　简*

【内容提要】特朗普政府在气候和能源问题上的主张，改变了美国可再生能源产业发展的政策环境。在此情况下，充分认识新能源在市场竞争中已经取得的成绩以及保持增长态势的有利条件，有着十分重要的意义。与此同时，为了深入了解可再生能源产业健康发展所需的政策支持，也需关注政策变化可能带来的消极影响。最根本的问题仍是如何看待政府在推动能源低碳化进程中应起的作用。美国的相关经历显示，在促进可再生能源技术创新和研发成果的商业应用转化，降低新能源产品进入市场的阻力方面，政府起到的推动作用，是市场力量难以替代的。

【关键词】美国气候和能源政策　可再生能源产业　新能源技术创新　特朗普的政策取向

在奥巴马政府执政的8年间，美国的可再生能源产业得到政府积极扶持，取得了前所未有的增长速度。有迹象表明，在特朗普政府任内，这种情况可能改变。不少评论认为，由于近年来实力增长，新能源产业对政府扶持的依赖度明显降低，政策变化不会带来很大冲击。这种乐观有一定事实依据。但要全面评估政策变化的影响，需综合考虑三个方面的问题：一是政策变化的性质是一般性的调整，还是方向性的改变；二是新能源产业已经取得的市场地位和有利其

---

* 元简，中国国际问题研究院研究员。

继续增长的因素和条件；三是面临削减的政府扶持项目有什么重要作用，以及为何市场无法替代。

一、政策变化的性质

迄今为止，特朗普政府未公开提出反对发展可再生能源，但基本否定了奥巴马政府支持发展可再生能源的主要政策依据，并将一些重点扶持项目列为取消或削减对象。这意味着可再生能源产业政策环境的变化可能超越一般性调整，或至少可以肯定，相比过去 8 年而言，在特朗普政府执政期间，可再生能源产业得到的联邦政策扶持，无论是在规模还是在力度上都将有明显落差。

（一）不同的政策出发点

奥巴马政府的可再生能源政策，主要有两个支点：第一是关注气候问题，认为全球气候变暖后果严重，需通过减少碳排放加以遏制；第二是重视能源结构的低碳化，不仅视其为减少碳排放的主要途径，而且还是提高本国能源安全的长久之计以及科技创新引领经济增长的重要实践。

而在特朗普政府的政策议程上，目前尚无“应对气候变化”一项。当选之前，特朗普曾不止一次地称气候变化为“骗局”。当时有评论认为，这种语出惊人可能只是竞选策略，未必反映特朗普本人对该问题的真实看法。[①] 然而，新总统执政后的种种举措，证明这种判断有些主观。在宣布美国退出《巴黎协定》之前，特朗普已经通过人事任免表达了他对气候议题的反感。新政府与气候问题有关的

---

① “Up in Smoke?,” *The Economist*, November 16, 2016, p. 56.

政策班子中，基本没人承认气候变暖与人类的二氧化碳排放活动有关。包括白宫负责能源和环境问题中职位最高的官员迈克·卡坦扎罗、联邦环境保护署（EPA）的新任署长斯科特·普鲁伊特及其副手瑞安·杰克逊和拜伦·布朗在内的骨干成员，都曾公开质疑气候变化的科学依据。他们大多来自参议员詹姆斯·英霍夫（R-OK）的工作班子。后者被认为是参议院最强硬的“气候变化否定论”者。据报道，英霍夫曾将一枚雪球摔在参议院会议厅的地板上，以证明气候没有变暖。[①] EPA 新领导班子的政策倾向，体现在其提出的 EPA 官方网站的更新计划中：删除有关气候变化情况和相关科学理论的网页，不再提供有关各州和地方温室气体排放情况和不同人群受碳排放影响等数据和信息。[②]

特朗普政府的能源政策目标很明确：扩大国内化石能源的开采和生产规模。推进这一目标的方式也已确定：清除那些以限制二氧化碳排放和其他环保规则为主的“障碍”，其中清除的重点是奥巴马政府为限制电力产业的二氧化碳排放而制定的《清洁电力计划》（CPP）。

迄今为止，特朗普已经签署了一系列总统行政令以及总统备忘录等文件，放宽或废除了多项联邦环保法规，为被认为可能污染空气、水、土壤或野生动物生存环境的化石能源开采和运输项目开绿灯。[③]

---

① Myriam Alexander-Kearns and Alison Cassady, “The Top 7 Ways the Trump Administration Is Attacking Science at the EPA,” Center of American Progress website, April 21, 2017, https://www.americanprogress.org/issues/green/news/2017/04/21/430866/top-7-ways-trump-administration-attacking-science-epa/; Christy Goldfuss, “Why Trump Officials Won't Deny Climate Change,” Center of American Progress website, March 30, 2017, https://www.americanprogress.org/issues/green/news/2017/03/30/429647/trump-officials-wont-deny-climate-change/.（上网时间：2017 年 8 月 17 日）

② Chris Mooney and Juliet Eliperin, “EPA Website Removes Climate Science Site from Public View After Two Decades,” *The Washington Post*, April 29, 2017.

③ Liz Kennedy and Danielle Root, “Trump at 100 Days: Case Studies of Trump's Self-Serving Special Interest Government,” Center of American Progress website, April 27, 2017, https://www.americanprogress.org/issues/democracy/reports/2017/04/27/431387/trump-100-days-case-studies-trumps-self-serving-special-interest-government.（上网时间：2017 年 8 月 17 日）

2017年3月，特朗普总统签发《能源独立》行政令，明确提出要通过提高国内油气和煤炭产量实现美国能源独立，并指示EPA对CPP的内容进行改写。①

（二）政策调整的内容

通常而言，政府扶持新能源产业的举措可分两大类：需求侧支持和供应侧支持。奥巴马政府在这个两方面采取的一些重点举措，目前大多成为特朗普政府政策调整的目标。

需求侧扶持。这类扶持着眼于推动能源消费模式的改变，以提高市场对新能源产品的需求。具体举措可包括：为刺激新能源消费提供税收优惠和支付返还，对二氧化碳的排放实行限制，规定可再生能源在供应或消费结构中的占比以及征收某种形式的碳排放税等。

奥巴马政府提供的需求侧扶持中，最直接的是为新能源电力、发电设施和电动车的购买者提供税收优惠和支付返还。作为更长远的扶持政策，奥巴马政府曾尝试建立全美碳交易体制，但未获成功。之后，奥巴马政府出台了CPP，首次将全美电力产业的碳排放列为重点限制目标。CPP最直接的目标是减排，为美国在《巴黎协定》框架下做出的国家自主贡献（INDC）承诺提供实质性支撑。从更长远来看，它将为美国可再生能源的发展提供有分量的需求侧支持。CPP虽未直接规定可再生能源在全美电力供应结构中的占比，但能为可再生能源大规模进入电力市场奠定需求基础：各州的电力部门要达到CPP提出的碳排放标准，普遍需要认真推动电力供应结构的低碳化，即用更多的天然气和可再生能源取代煤炭发电。由于价格低廉、供应充足，目前天然气是煤炭的主要替代。但从长远看，发展风能和太阳能电力可能成为更好的选择，其减排效果更显著，边际发电

① Brandy Dennis, "Environmental Groups Sue Trump Administration over Offshore Drilling," *The Washington Post*, May 3, 2017.

成本更低而且不受国际能源市场价格波动的影响。对于风力和太阳能资源丰富的各州，这种替代能源尤具吸引力。

特朗普在竞选期间就称 CPP 是“对煤炭的宣战”并承诺上任后立即着手将其“废除”。[①] 由于 CPP 有国会通过的《清洁空气法》（CAA）为依据，直接废除有法律障碍，因此特朗普政府选择将其“改写”。担当此任的普鲁伊特从一开始就是 CPP 最激烈的反对者之一。在任俄克拉荷马州首席检察官期间，他牵头 20 多个州的同行并联合一些企业，就 EPA 制定 CPP 的合法性向哥伦比亚特区巡回上诉法院提出诉讼，导致 CPP 的实施进程被美国最高法院叫停。不难想象，由普鲁伊特主持的“改写”对 CPP 意味着什么。[②]

此外特朗普政府的“简政”议程，将负责制定限制碳排放和其他环保规则的 EPA 列在首位。新政府提出的 2018 财政年度预算（FY－2018）计划中，EPA 是预算削减幅度最大的政府机构：裁员四分之一并且年度经费总额减少 31.4%（约合 25 亿美元）。在 EPA 下设机构中，同气候和限制排放有关的项目是经费削减的重点，如 EPA 研发办公室的预算被削减一半，为减排和其他环保政策提供科学依据的科学咨询局（SAB）的预算被削减 84%。[③]

供应侧扶持。政府为新能源产品的研发和制造提供资助、税收优惠或贷款便利，目的是帮助新能源的供应方更快降低生产成本，凭借价格竞争力扩大市场份额。奥巴马政府的供应侧扶持高度重视两个方面的投入：一是推进新能源技术的研发和创新；二是加快新技术成果的商业化应用进程和扩大相关制造规模。2008 年金融危机爆发后，奥巴马政府在 2009 年出台的《美国复苏和再投资法》（ARRA）框架下，将这两种供给侧扶持的规模提升到了前所未有的

---

① “Revenge of the Polluters,” *The Economist*, February 25, 2017.

② Juliet Eliperin and Brady Dennis, “Court Freezes Clean Power Plan lawsuit,” *The Washington Post*, April 28, 2017; “A Fox for the Henhouse,” *The Economist*, December 10, 2016.

③ Myriam Alexander-Kearns and Alison Cassady, “The Top 7 Ways the Trump Administration Is Attacking Science at the EPA.”

高度。能源部用于资助清洁能源技术研发和能源基础设施更新的支出达到130亿美元。为了增加新能源技术研发的规模和速度，能源部于2009年专门拨出3.77亿美元，资助一些大学、国家实验室、非盈利组织以及私人企业新建了46个能源前沿研究中心（EFRC），其后5年，对有关项目的资助总额达7.77亿美元。①

奥巴马政府的刺激方案还为先进能源研究计划署（ARPA-E）②提供了启动资金。该机构重点资助最前沿、最具革命性的新能源技术研发项目，年度资助支出最高时达4亿美元。③ 据统计，在奥巴马政府执政的8年间，能源部对太阳能和风能技术研发和示范项目的年度资助额增长了57%。④

此外，奥巴马政府在ARRA框架下设立了总额370亿美元的贷款项目，使能源部能通过提供配套资金和贷款担保等方式，资助私人投资者创办新能源技术示范项目，和进行大规模商业化制造。光伏板和电动汽车制造企业是这类贷款资助的主要受益者。⑤

相比之下，特朗普在美大选期间就承诺，他当选后将取消联邦政府的“气候变化支出”。⑥ 现在，针对奥巴马政府上述供应侧扶持项目的一系列举措，成为他兑现这一承诺的主要方式。在2018财政年度预算（FY2018）计划中，美国能源部的预算被削减6%（约17亿美元），几乎全部落在同资助新能源有关的项目和机构头上。其中，

---

① Mariana Mazzucato, *The Entrepreneurial State: Debunking Public vs. Private Sector Myths*, New York: Public Affairs, 2015, p. 143.

② ARPA-E, Advanced Research Projects Agency-Energy, 最初由《美国竞争法2007》设立。

③ M. Hourihan and M. Stepp, “A Model for Innovation: ARPA-E Merits Full Funding,” 2011, http://www.itif.org/ieles/2011-arpa-e-brief.pdf.（上网时间：2017年8月17日）

④ U. S. Department of Energy, “Budget in Brief,” U. S. Department of Energy website, 2016, p. 34, https://energy.gov/sites/prod/files/2016/02/f29/FY2017Budget_in_Brief_0.pdf.（上网时间：2017年8月17日）

⑤ M. Mazzucato, *The Entrepreneurial State*, pp. 138, 147.

⑥ Alison Cassady, “President Trump's Coming War on Science,” Center of American Progress website, February 2, 2017, https://www.americanprogress.org/issues/green/news/2017/02/21/426648/president-trumps-coming-war-on-science-environment-edition/.（上网时间：2017年8月17日）

能效和可再生能源技术研发资助项目（EERE）的预算被削减三分之二，从20亿美元降至6.36亿美元。[①] 负责资助最前沿新能源技术研发的ARPA-E被列入机构撤消名单。同样拟取消的还有支持新能源技术商业化应用的项目，包括"贷款项目""先进技术汽车制造项目"和"Title 17贷款担保项目"（Title 17 loan guarantees）等。[②]

二、继续增长的有利条件

对于美国可再生能源产业的发展，政府的政策扶持固然重要，但有些因素的影响可能更为直接或者更加长远，主要包括：新能源的价格竞争力、新能源产业对经济增长和就业的贡献、国民对气候变化问题的认知等。

（一）市场竞争力明显增长

近年来，风能和光伏电力的增长速度在美国能源增速中跃居首位，2015年对美国新增发电能力的贡献达2/3，在能源市场中不再是微不足道的边缘角色。[③] 近期有研究根据美国能源部能源信息局（EIA）的年度数据推算，在奥巴马政府执政的8年期间，美国风电设施的发电量实际增长了约4倍，有望很快超过水电，成为排名第一的可再生能源电力。就增长速度而言，太阳能电力的表现更为突出：

---

① EERE, Energy Efficiency and Renewable Energy Research and Development Funding, The CAP Energy and Environment Team, "Hands Off Our Air, Water, and Public Lands," Center of American Progress website, May 24, 2017, https://www.americanprogress.org/issues/green/news/2017/05/24/432929/hands-off-air-water-public-lands/.（上网时间：2017年8月17日）

② 同上；Kim Soffen and Denise Lu, "What Trump Cut in His Budget," *The Washington Post*, March 16, 2017; Myriam Alexander-Kearns and Alison Cassady, "The Top 7 Ways the Trump Administration Is Attacking Science at the EPA."

③ "Up in Smoke?," p. 56.

大型光伏电站的发电量 8 年间增长了约 40 倍，以屋顶光伏电力设施为主的分散发电体系的发电量在 2014 至 2016 年间创下了 70% 的年均增长纪录。①

在全球范围，新能源产业的快速发展，主要是因为成本的大幅下降。例如，离岸风力发电成本，最近 3 年下降了近一半。阳光资源极富地区光伏电站的发电成本已经降到比经济效益最好的燃气电厂更低的水平：每千瓦时不到 3 美分。在美国一些风力和太阳能资源丰富的州，即使没有政府补贴，可再生能源电力也已能同页岩气和煤炭电力进行商业竞争。②

在推动成本下降的因素中，技术创新被认为最关键，影响力也最持久。在这方面，美国的新能源产业有自己的优势：在制造高效光伏电池、超大功率风机涡轮、电动汽车和电储设备方面，一些企业拥有全球最先进的技术，是国际新能源技术市场供应方的重要成员。从长远来看，美国有能力保持在技术研发方面的领先地位。作为最早涉足可再生能源开发的国家之一，美国有众多大学、国家实验室和私人机构参与相关基础科学研究。更重要的是，在调动大学、企业和私人投资者的研发投入，推动它们之间的有效合作方面，美国有较成熟的经验和机制。

（二）成为地方经济新支柱

据统计，目前清洁能源产业对美国 GDP 的贡献已超过 2000 亿美元。根据美国能源部的能源产业年度就业统计，可再生能源产业提供的就业岗位已经超过石油和天然气产业的总和。太阳能产业雇用

---

① Robert M. Simon and David J. Hayes, "America's Clean Energy Success by the Numbers," U. S Eergy Information Administration, Monthly Review: May 2017, June 29, 2017, https://cdn. americanprogress. org/content/uploads/2017/06/29120111/1CleanEnergyByTheNumbers-brief. pdf.（上网时间：2017 年 8 月 17 日）

② "Polluting the Outlook," *The Economist*, November 19, 2016; "A World Turned Upside Down," *The Economist*, February 25, 2017.

的人员已经远超煤炭产业。[①]

这种成绩意味着在可再生能源产业起步较早或增长速度较快的一些州，同新能源有关的经济活动已经成为地方经济的重要支柱，对政府政策选择有重要影响。对于特朗普政府在气候和能源问题上的主张，美国不少州和地方政府公开提出批评，它们同时重申发展低碳经济的承诺。例如，纽约州州长安德鲁·科莫表示，该州将按计划实现奥巴马政府提出的减排目标：到2020年将碳排放量在2005年基础上削减26%—28%。他呼吁参加《地区温室气体排放限制计划》（RGGI）[②]的各州，在实现2020年减排目标之后继续努力，争取到2030年将总体排放水平再降低30%。加利福尼亚州政府宣布，在特朗普执政期间，该州将继续推进全美最高的减排目标：到2030年将碳排放水平在1990年基础上降低40%，并通过吸收新参加者扩大其率先建立的碳交易体制的地域范围。[③]

支持减排和发展绿色经济的地方政府并非都来自民主党阵营。总统大选结束后，全美71位市长联名致信特朗普，呼吁新政府继续奉行积极的气候政策。这些市长中，有29位来自支持共和党的州。美国有130多个城市加入《全球气候和能源问题市长协议》，其中也有相当一部分来自共和党阵营。[④]

美国中西部的十多个州历来支持共和党，但在发展新能源问题上

---

① U. S. Department of Energy, "2017 U. S. Energy and Employment Report," U. S. Department of Energy website, 2017, https: //energy. gov/downloads/2017 - us-energy-and-employment-report; "Polluting the Outlook," *The Economist*, November 19, 2016.

② The Regional Greenhouse Gas Initiative，一种为削减电力产业碳排放建立的地区性碳交易体系，自2009建立以来有9个东北部的州参加。

③ Office of Gov. Andrew Cuomo, "Governor Cuomo and Governor Brown Reaffirms commitment to Exceeding Targets of the Clean Power Plan," New York State Government website, March 28, 2017, https: //www. governor. ny. gov/news/governor-cuomo-and-governor-brown-reaffirm-commitment-exceeding-tartgets-of-the-clean-power-plan.（上网时间：2017年8月17日）

④ Climate Mayors, "Open Letter to President Elect Donald Trump," *Medium*, November 22, 2016, https//medium. com/@ ClimateMayors/open-letter-to-president-elect-donald-trump-on-climate-policy-and-action - 33e10dcdcf85#. 7wt2f4 ×68.（上网时间：2017年8月17日）

有自己的主张。由于地理位置处于美国主要的风带，这些州拥有丰富的风力资源。近年来，风能电力产业迅速崛起，成为地方经济的新支柱。在特朗普签发《能源独立》行政令的一周之前，穆迪投资咨询公司发布的一份报告显示，这些州的风电价格已降到每兆瓦时20美元，而该地区许多燃煤电厂的电价是每兆瓦时30多美元。预计，即使没有CPP，在这些州，成本竞争也将导致燃煤电厂产能的三分之二被风能电力所取代。①

在2009年经济复苏方案（ARRA）框架下，奥巴马政府为风能电力企业提供生产税优惠（PTC），为太阳能电力企业提供投资税优惠（ITC）。中西部各州是这种供给侧扶持政策的主要受惠者，也是重要的支持者。例如，2012年PTC首次到期，继续实施需得到国会批准。当时的国会已由共和党控制，保守派主流反对政府资助新能源产业。但在中西部各州的推动下，国会最终通过了PTC的延期批准。2015年，国会同意将PTC和ITC的有效期分别延长到2020年和2021年。这背后，堪萨斯州、俄克拉荷马州和德克萨斯州等在共和党内有影响的几个州被认为起了重要推动作用。迄今为止，特朗普政府未对上述税收优惠项目提出反对，很大程度上反映了共和党内分歧的存在。②

（三）社会认知的影响

近年来的民意调查普遍显示，多数美国人认为气候变化是个严重的问题，并支持采取减少碳排放的举措。例如，64%的美国人表示“非常”或“相当”担心气候变化，71%的美国人认为美国不应撤出《巴黎协定》。在全美所有国会选区中，认为应将二氧化碳界定为污染物，对其排放加以限制的人占75%，明确支持限制电力产业二氧

① Michael R. Bloomberg, “Climate Progress without Trump,” *The New York Times*, April 1–2, 2017, p. 11.

② “Polluting the Outlook.”

化碳排放的人占一半以上。①

而且，美国的年轻一代普遍更加关注气候问题。哈佛经济研究所2015年的一项调查显示，美国千禧一代对气候变化的关注明显高于其他年龄段的选民。② 德州大学奥斯丁分校2016年的调查提供更具体的数据：在35岁以下的选民中，认为应正视气候变化现实的占91%；在65岁以上的选民中的比例为74%。③ 这意味着，气候政策受到的民意压力未来可能增长。讨论框架的变化也反映了这种趋势：在调查中，人们谈的更多的是“应该如何减少排放”，而非“气候是否已经在发生变化”。④

美国知名大企业多数承认气候变化同碳排放有关，并表示支持积极的气候政策，不少还制定了本企业的低碳化路线图。2015年，包括苹果和沃尔玛在内的81家著名大企业签署了一项降低碳排放的保证，其中多家企业在特朗普当选后重申有关承诺。⑤ 这些企业看到减少二氧化碳排放压力的长期增长趋势，选择在投资规划中为此早做准备，以减少被动应对规则变化的风险。

煤炭和煤电产业是特朗普政府能源政策的直接受益者：新政策为其扩大开采规模和发电能力提供了便利。然而，这些产业的企业是否都会对此做出反应，直接参与“重振”煤炭产业，仍有未知数。

---

① Lydia Saad and Jeffrey M. Jones, “U. S. Concern about Global Warming is at an Eight Year High,” *Gallup*, March 16, 2016, https://www.gallup.com/poll/190010/concern-global-warming-eight-year-high.aspx; “Up in smoke?,” p. 56; Christy Goldfuss, “Why Trump Officials Won't Deny Climate Change,” Center of American Progress website, March 30, 2017, https://www.americanprogress.org/issues/green/news/2017/03/30/429647/trump-officials-wont-deny-climate-change/.（上网时间：2017年8月17日）

② Harvard University Institute of Politics, 2015, “Millennials on Global Warming,” https://iop.harvard.edu/iop-now/millennials-global-warming.（上网时间：2017年8月17日）

③ “Millennials' Strong Views on Climate Change and Other Energy Issues Could Drive Presidential Election Results,” UT News, October 27, 2016, https://news.utexas.edu/2016/10/17/millennials-views-on-climate-change-could-impact-election.（上网时间：2017年8月17日）

④ Christy Goldfuss, “Why Trump Officials Won't Deny Climate Change.”

⑤ Michael R. Bloomberg, “Climate progress, without Trump,” p. 11.

据统计，在 CPP 未生效的情况下，煤电在美国电力供应总量中的占比已经大幅下降，从 10 年前的 50% 降到现在的 1/3。有超过 250 家煤电厂（占全美煤电厂总数近一半）表示它们考虑在最近几年关闭现有设施，或转向使用较清洁的燃料。它们的选择主要反映出煤炭电力面临来自页岩气和可再生能源电力的成本竞争，以及 CPP 生效后企业生产成本增长的可能性。① 现在，对 CPP 的担心可能已经减少，但促使这些企业萌生退意的其他因素仍在。在技术研发取得新的突破或市场扩大提升规模效益的情况下，新能源电力的生产成本可能继续下降，继续挤压传统电力的利润空间。此外，鉴于能源项目多是长线投资，不少要数十年后才有回报，投资决策不能不考虑同气候政策有关的变数，如不能确定未来当选的总统是否都奉行同现任总统一样的气候和能源政策；也不能排除，在气候变化日益严重，同认知有关的政策压力越来越大的情况下，限制排放不仅可能重返联邦政策议程，有关标准还可能更严。②

三、难以替代的政府扶持

对于联邦政府政策变化的影响，目前的评论主要关注需求侧的问题，如废止 CPP 的后果。对供应侧的问题，即对大规模削减对新能源技术研发的资助和停止对商业化制造项目的贷款支持方面关注相对较少。这种倾向反映的是传统的市场决定论：在推动技术创新和新兴产业发展方面，私人部门，特别是风险投资机构起关键作用；相比之下，政府的支持是辅助性的，过度介入可能会挤压私人部门发挥作用的空间。然而，美国可再生能源产业的发展经历显示，这种认识同事实是存在距离的。

---

① Michael R. Bloomberg, "Climate progress, without Trump," p. 11.

② "Up in Smoke?," p. 56.

（一）风险投资作用有限

美国风险资金的规模全球居首，投资对象多是有增长潜力的高科技项目和初创企业。因为规模小，前景不确定性大，它们通常难以从银行等传统金融机构得到贷款。这意味着，在帮助高科技新兴产业崛起方面，风险投资确实起着举足轻重的作用。然而，对于新能源的技术研发和商业应用，风险投资总体表现比较谨慎，投入的资金数量远比不上信息技术和生物技术领域的同类项目。①

原因之一是即使以风险投资的标准来衡量，新能源项目的风险也往往过大。起步阶段的新能源技术研发，比其他领域的高科技项目更多涉及基础科学，对投资的密集程度和时间跨度要求更高，能否取得突破性进展的不确定性更大。此外，利用最新的能源技术来进行商业化制造也涉及较高风险。首先，新能源技术的成熟度往往未经证实，完善需要较长的过程。其次，为取得规模效益，此类项目的投资门槛需要有相当的高度。更引发担心的是，即使商业化生产取得成功，新能源产品也未必能顺利进入市场。能源市场的传统供方有沉没成本（sunk-cost）方面的巨大优势，主要力量是全球最大最强的一些企业。新进入者能否克服与此相关的阻力，较难预测。②

风险投资不太青睐新能源项目，同其强调回报率和回报速度的特性也有直接关系。风险投资看中一个企业，通常因为它有较大可能在较短的时间内上市、进入合并或被其他企业收购。这类机会一旦出现，风险投资通常会通过兑现股票、股份等方式，在收获高额回报后撤离。对于这种缺乏耐心的投资者，新能源领域的企业往往缺乏吸引力：它们从起步到成功上市或被其他投资者以优厚条件收购，

---

① L. Rafael Feif, "How to Maintain America's Edge: Increase Funding for Basic Science," *Foreign Affairs*, May/June 2017, p. 102.

② Mariana Mazzucato, *The Entrepreneurial State*, pp. 139, 145.

这一过程很可能比其他领域的初创企业更长，结果也更难确定。①

（二）政府支持举足轻重

在美国，新能源项目发展的两个关键阶段，技术研发阶段和研发成果转向商业化制造阶段，政府提供的资助和支持往往起到关键作用。事实是，在过去几十年间，美国主要的新能源技术研发项目，在其起步阶段，几乎都得到过美国能源部的资助。

1992—2012 年间，能源部为太阳能和风能技术研发提供的研发资金，以 2011 年的美元计算，分别达 34 亿美元和 12 亿美元。受到政府资助的不仅是众多大学的新能源研发项目，还有政府与私人研究机构的合作项目。它们从事的研究涉及广泛的基础科学领域。能源部下属的 ARPA-E 重点资助最前沿、在推动能源革命方面潜力最大的技术研发项目。例如，它资助了一批大学和公司的新材料项目。它们的目标是发现和研制可替代昂贵稀土金属的新光伏电池用材。这类研发如果取得突破，有可能进一步大幅降低光伏发电成本。因为受 ARPA-E 资助的研发项目着眼于未来的能源技术，追求有颠覆性的创新突破，资本密度程度和失败可能性均超过一般性能源技术研发，因此几乎没有可能得到私人投资。②

为了缩短技术研发成果与具有商业价值的新能源产品之间的距离，奥巴马政府还重点资助先进能源技术的示范和商业化应用项目。例如，能源部资助建立了美国首批离岸风力发电场和首批利用新光伏电池技术进行商业化制造的企业。美国主要的光伏板、电动车用电池以及屋顶光伏发电设施的制造商，在扩大产能方面，几乎都得

---

① *Ibid.*, p. 139; Jennifer Kho, "Clean Tech's Repeat Lessons: Venture Capital Isn't for Factories," *Forbes*, 2011, https://www.forbes.com/sites/jenniferkho/2011/09/30/repeat-lesson-for-vcs-venture-isnt-for-factories.（上网时间：2017 年 8 月 17 日）

② S. Ghosh & R. Nanda, "Venture Capital Investment in the Cleantech Sector," *Harvard Business School Working Paper*, 2010, p. 20.

到过能源部贷款项目的支持。①

相比之下，风险投资更多流入风险相对可控的清洁能源项目，如制造风力和太阳能发电装置部件的企业。这些项目使用的技术相对比较成熟，不少已有数十年的发展历史。② 而且，在很多情况下，风险资金是在企业发展较晚的阶段，即在政府资助吸收了大部分的不确定性和投资风险之后才进入。这种跟进模式，不仅反映在个体企业的融资经历中，也反映在整个产业的投资趋势里。例如，能源部的贷款项目办公室为美国首批5个大型光伏电站的建立提供了贷款支持。此后，又有45个大型光伏电站建成，投资完全来自金融市场。有评论指出，私人资本的大规模进入，很大程度上是因为政府资助项目显示出了相关技术的成熟度以及投资风险的可控性。③

美国具有规模生产能力的新能源企业，几乎都有政府资助背景，特别是它们拥有的核心技术，同政府多年来资助的研发项目往往有密切的关系。例如，全球最大风机涡轮制造商美国通用电气公司（GE）所拥有的核心技术，主要源自美国能源部几十年前开始资助的一些研发项目。制造可调速风机涡轮的先进技术，最初是制造商Kenetech（原名US Windpower）的发明专利。Kenetech的技术支持来自马萨诸塞州阿默斯特大学一个得到美国能源部资助的风电研究项目。1996年，Zond Corporation买下Kenetech的核心技术，在能源部的资助下对其进行了重要改进。最终，通用电气买下有关技术专利。除了涡轮速度调控，通用电气掌握的风机涡轮设计和制造技术还涉

---

① Mariana Mazzucato, *The Entrepreneurial State*, p. 143.

② K. Bullis, "Venture Capitalists Back away from Clean Energy," Technology Review website, 2011, https://www.technologyreview.com/news/424982/venture-capitalists-back-away-from-clean-energy.（上网时间：2017年8月17日）

③ Ernest Moniz, *Department of Energy: Cabinet Exit Memo: January* 5, 2017, U.S. Department of Energy website, 2017, p. 10, https://www.energy.gov/sites/prod/files/2017/01/f34/Department%20of%20Energy%20Cabinet%20Exit%20Memo.pdf.（上网时间：2017年8月17日）

及空气动力学、计算机模拟和风力资源制图等方面的多项发明和创新，有关技术专利也可追溯到能源部下属的国家实验室和资助的大学研发项目取得的成果。①

在太阳能发电领域，光伏板制造商 FirstSolar 名气最大，企业年收入从 2009 年开始超过 20 亿美元。FirstSolar 的核心竞争力主要来自一种碲化镉（CdTe，cadmium telluride）薄膜电池技术，以及制造 CdTe 光伏板的成本控制技术。同 CdTe 有关的发明，是企业创始人哈罗德·麦克马斯特与托莱多大学太阳能研究中心和国家可再生能源实验室（NREL）合作研发的结果。后两个研究机构都有政府资助背景。First Solar 自 2003 年开始生产 CdTe 光伏板，制造成本优势来自一种新的汽相沉积技术，这是 First Solar 的前身 Solar Cell 从 1991 年开始同 NREL 联合研发的成果。First Solar 取得现有的市场地位，经历了数十年时间。在其发展的各个阶段，从技术研发，到研发成果的商业化，再到企业制造规模的扩大，都得到过政府的扶持。风险投资在 First Solar 发展较后期进入，在企业上市后撤离。②

其他企业掌握的先进光伏电池技术也同政府资助有关。Sun Power 在 1985 年建立之初，对高性能 C-Si 太阳能电池技术的研发得到了联邦能源部和电力研究中心 EPRI 的资助。该企业在制造太阳能光伏瓦和模块框架等方面的发明和创新也有能源部的技术专利背景。Evergreen Solar 起步阶段的技术研发得到了马萨诸塞州政府提供的 6000 万美元的资助。该企业后来出售的先进串丝带太阳能电池技术被认为同受此项资助的研发活动关系密切。③

特斯拉汽车公司（Tesla Motors）被广泛视为全球最富创新力的电

① Mariana Mazzucato, *The Entrepreneurial State*, pp. 157 – 162; R. Ruegg & P. Thomas, "Linkages from DOE's Wind Energy Programs R&D to Commercial Renewable Power Generation," U. S. Department of Energy website, 2009, http://www.eere.energy.gov/analysis/pdfs/wind_energy_r_and_d_linkages.pdf.（上网时间：2017 年 8 月 17 日）

② Mariana Mazzucato, *The Entrepreneurial State*, pp. 162 – 165; P. Ruegg & P. Thomas, "Linkages for DOE's Solar Photovoltaic R&D to commercial renewable Power from Solar Energy."

③ Ibid.

动车制造商，其创立者伊隆·马斯科的成功之路被誉为富有企业家精神的个人引领新技术革命的典范。较少被提及的是，Tesla 也是政府扶持政策的主要受益者之一。Tesla 的核心电池技术在很大程度上反映的是能源部资助的多项先进电池技术研发项目取得的成果，其电动车批量制造项目曾得到能源部提供的 4.65 亿美元的担保贷款。此外，Tesla 等美国电动汽车企业在扩大市场销路方面取得的进展也同美国联邦政府提供的消费税收优惠和购买返回有相当大的直接关系。①

政府扶持的新能源企业大多成为行业的领军者，但也有少数失败案例，如光伏板制造商 Solyndra。2009 年，奥巴马政府为该企业提供了 5.27 亿美元的贷款担保，帮助其扩展生产能力。此举的背景是：当时作为传统光伏板用材的晶硅价格不断上涨，Solyndra 掌握的 CIGS 薄膜光伏板制造技术，因为使用替代材料而被认为有明显的成本竞争潜力。但出人意料，晶硅价格之后大幅下降，Solyndra 产品的市场前景转暗，企业于 2011 年秋天宣布破产。反对派就此提出，Solyndra 的失败证明：政府无能力选择“赢家”，政府为重点新能源企业提供贷款支持的做法是个错误。然而有分析指出，即使 Solyndra 的失败也不能证明在推动新能源发展方面市场肯定会比政府做得更好。事实是，导致 Solyndra 破产其实还有更直接的原因：作为企业主要股东的私人资本看到市场格局变化之后，选择了立即“跳船”——迅速撤出高达 11 亿美元的巨额投资。②

（三）研发资助仍然重要

可再生能源的发电成本虽已明显下降，但新能源要成为供电主力，在降低生产和输送成本方面还有很长的路要走。这方面的进展

① Jerry Hirsch, “Elon Musk's Growing Empire Is Fueled by $4.9 Billion in Government Subsidies,” *LA Times*, May 20, 2015.

② Jennifer Kho, “Clean Tech's Repeat Lessons: Venture Capital Isn’t for Factories.”

很大程度上仍取决于技术研发能否取得新的突破。目前，有这种潜力的研发项目不少仍在初期阶段，不仅需要政府资助而且未来可能仍然需要政府继续资助下去。2010 年是政府资助规模增长最快的一年，但当时美国能源创新协会（AEIC）仍指出，要使美国清洁能源产业稳步走上快速发展轨道，政府的有关研发资助还需再增加 3 倍，达到 160 亿美元，其中至少 10 亿美元应由专门资助革命性技术发明的 ARPA-E 支配。①

现在，包括 ARPA-E 在内的资助机构和项目可能被撤销或削减，这种变化将带来什么样的具体后果，目前仍需观察。美国过去的政策经历显示，政府资助的减少能直接影响新能源产业的发展速度。20 世纪 70 年代石油危机爆发后，美国、丹麦和德国率先投入风能电力的大规模开发。美国当时走在前面，技术研发由航空航天局（NASA）牵头，政府资助规模居三国之首。美国的优势主要来自可用于设计和制造大型风机涡轮的航空航天技术。进入 80 年代，里根政府大幅削减能源部资助新能源项目的预算，投入风电项目的私人资本也随之锐减。其后相当一段时间内，美国风能电力的发展速度明显放缓，荷兰和德国成为这个领域的全球领军者。②

特朗普政府削减对新能源技术研发的资助，在短期内可能不会对产业增长态势产生十分明显的影响。但正如有评论指出的那样，因为受到损害的是美国新能源技术创新的能力，负面影响将逐步显现，可能减慢美国在今后几十年“迈向清洁能源未来”的步伐。③

---

① M. Mazzucato, *The Entrepreneurial State*, p. 151, note 17.

② Matthias Heymann, "Signs of Hubris: The Shaping of Wind Technology Styles in Germany, Denmark, and the United States, 1940 - 1990," *Technology and Culture* Vol. 39, no. 4 (October 1998), pp. 641 - 670.

③ The CAP Energy and Environment Team, "Hands Off Our Air, Water, and Public Lands," Center of American Progress website, May 24, 2017, https://www.americanprogress.org/issues/green/news/2017/05/24/432929/hands-off-air-water-public-lands/. （上网时间：2017 年 8 月 17 日）

（四）政策需求超越资助

从长远看，实力增长会减少可再生能源发展对政府资助的依赖，但是增长本身也带来一些新的问题，对政府的政策干预提出了新的要求和挑战。目前最受关注的是新能源的进入对现有电价体系的冲击，以及给电网带来的现代化，特别是智能化压力。

风力和太阳能发电的边际成本接近于零，意味着新能源供应者有接受超低批发电价的潜力。可再生能源发电量增长，可能给电力批发市场带来难以预测的价格下行压力，挤压边际成本相对固定的传统发电厂的利润空间。在欧洲，可再生能源电力供应的快速增长，导致每兆瓦时批发电价从 2008 年的约 80 欧元降到目前的 30 欧元—50 欧元。根据 EY 咨询公司的估算，由于电价下降，2010—2015 年间，欧洲公共供电公司的资产总值共缩水近 1200 亿欧元，对传统电力项目的投资额降到“近几十年来的最低点”。① 在美国，燃煤电厂如今主要被燃气电厂所替代，但随着可再生能源电力的比重增加，以及屋顶光伏发电装置的快速普及，电价下降的压力也将更明显。这引发一种担心：鉴于在可再生能源发电的间歇期，电网体系的调峰能力主要来自传统发电企业，因此若利润萎缩导致后者大量退出电网，供电体系将因备用发电能力不足而难以保障稳定的电力供应。

此外，新能源的进入明显增加了电网等基础设施的更新压力。现有输电体系想要应对新能源电力的大量入网，需进行大规模更新改造，增加电网体系的智能化调配能力，包括要在先进信息技术支持下，通过远程电力输送等手段解决间歇期的供需平衡问题。这类改造工程需要巨额投入，根据国际能源组织（IEA）2014 年的预测，在全球范围，要使电网建设跟上清洁电力的发展，仅在 2015—2035

---

① “A World Turned Upside Down.”

年这20年间里，所需的投资就可能高达20万亿美元。[①] 对于美国这样的发达国家，主要问题在于如何在现有电网的投资者和新的电网使用者之间分配成本负担。

在能源供应结构向低碳化转型的过程中，这类问题和矛盾的出现难以避免。解决问题需要顾及不同的需求：一方面，新能源进入传统能源有成本优势的电力市场，需要得到包括价格补贴在内的政府扶持；另一方面，市场需要为提供备用发电能力的投资者提供足够的报酬，以保证电力的稳定供应；现有电网的投资也需要一定回报率，以保证维护和更新的稳步推进。从长远看，改造电网能否吸引到足够的投资，在很大程度取决于电价体制的改革方向。如有建议就提出，美国政府应改革批发电价的定价和调节机制，使其能更充分反映长期稳定供电的成本，同时重新设计市场电价体系，使零售电价能更灵活地反映供需关系的变化，包括引导用户调整消费模式，缩小其与供应曲线变化之间的距离等。

这些问题的解决触及到电力市场复杂的利益关系，有相当高的政治敏感性。政策干预既需要审慎，更需要有创意。目前，有关矛盾的出现已被反对派当作理由，要求政府放缓对可再生能源的扶持。在欧洲一些国家，政府削减对新能源电力的价格补贴，或对新能源电力入网进行限制，同这种压力有一定的关系。

在特朗普政府任内，平衡不同需求，维护新旧能源之间的有序竞争，不大可能成为干预政策的出发点。2017年4月，新任能源部长里克·丹尼宣布，能源部将主持进行一项全国范围的“电网研究”：调查和评估美国供电体系在安全性和可靠性方面存在的缺陷，并提出补救方案。他所谈的安全隐患，主要是指以煤电为基础的“基本负荷电力”供应不足。有评论指出，现政府在“稳定电力供应”框架下设计的政策干预，其目的是改变电力供应的能源结构，旨在重新提升煤电在整个电网供电体系中所占的比重，增加对太阳能和风

---

① “A World Turned Upside Down.”

能等可再生能源电力进入电网的限制。①

四、结语

对于积极发展可再生能源的其他国家，美国的政策倒退是个遗憾，但不会影响它们的选择。气候变化是需要认真对待的现实，已基本成为一种共识。更重要的是，与不久前成为全球最大油气生产国的美国不同，对这些国家来说，通过“回归化石能源”保障本国的能源供应也不太现实，发展可再生能源是难以替代的能源安全战略。

但美国政策变化仍值得关注。可再生能源产业是全球化程度最高的产业之一。美国在全球需求和供给链中占据重要位置，国内产业的发展态势，不可能没有国际影响。更重要的是，研究美国的政策经历，有助更清楚地认识政府在推动新能源发展方面应起的作用，及其同市场力量之间的关系。就目前而言，美国政策变化最直接的启示是：能源结构转型涉及复杂的利益冲突和政治分歧，如何维持新能源政策的稳定和持续，是需要认真思考和深入研究的问题。

（原文载于《国际问题研究》2017 年第 5 期）

① Luke H. Bassett, “Questions Every Governor Should Ask about the Department of Energy's Grid Study,” Center of American Progress website, July 11, 2017, https://www.americanprogress.org/issues/green/news/2017/07/11/434807/questions-every-governor-ask-department-energys-grid-study/.（上网时间：2017 年 8 月 17 日）

特朗普政府的能源与气候政策及其影响*

李　巍** 宋亦明***

【内容提要】特朗普就任美国总统后，基于“美国优先”的原则对美国的能源与气候政策进行了“全面且大幅度”的调整，其内容包括：振兴传统化石能源与核能行业、加速实现“能源独立”并扩大能源出口、降低对新能源的支持力度、打破美国能源和经济发展的气候规制约束。特朗普政府调整能源与气候政策的主要动因包括三个方面：特朗普及其执政团队在思想理念上怀疑气候变化的真实性，并且在利益上与化石能源企业关系紧密；力求促进能源产业工人就业并降低能源使用成本；致力于打造美国的国际“能源优势”。特朗普政府的能源与气候政策将对国际能源格局和气候治理产生深远的影响：美国加快成为全球能源体系中的重要战略棋手；世界能源市场在中短期内供过于求，能源投资赤字扩大，全球气候治理全面倒退，国际能源与气候政治更为复杂；中美能源贸易合作将取得进展，构成中美经济合作的新支柱，但气候治理合作却会陷入困境。

【关键词】特朗普政府　能源与气候政策　能源与气候治理　中美能源合作

---

* 本项研究得到中国人民大学 2016—2019 年明德研究品牌计划“中国经济外交的理论与实践”（项目号：14XNJ006）的资助，特此致谢。

** 李巍，中国人民大学国际关系学院副教授。

*** 宋亦明，中国人民大学国际关系学院博士研究生。

特朗普于2017年初就任美国总统之后，实施了一系列重大政策行动，旨在全面调整政策方向并逐一兑现其竞选承诺。特朗普政府高呼“美国优先”的口号，奉行以“加强经济建设和促进就业”为内核的内外政策，先后采取了诸如退出“跨太平洋伙伴关系协定”(TPP)、颁布针对部分国家的移民和旅行禁令、尝试废除《奥巴马医改法案》(Obamacare) 以及出台大规模减税计划等重要行动。[①] 而在能源与气候领域，特朗普政府也动作不断，迅速编织了一张“以‘美国优先能源计划’为核心，以总统行政命令和备忘录为重要支撑，具体包括能源部、内政部和环境保护署相关法规、政策、规章和指导”的政策网。[②] 特朗普对美国能源和气候变化政策的一系列调整将给国际能源格局和全球气候治理带来深远影响。

一、特朗普政府的能源与气候政策

特朗普强调“美国优先”，其经济政策的制定与实施具有明显的“国内导向”，缺少以往美国所具有的“全球视野”和“国际关怀”。这种“内向性”在能源和气候领域更为凸显。在特朗普执政不到一年的时间里，美国的能源产业政策、能源贸易政策、气候应对政策均出现了明显区别于奥巴马时期的变化：重振传统化石能源与核能行业；强化“能源独立”、扩大能源出口；降低对新能源的支持力度；革除全球气候协定对美国能源和经济的束缚。未来，特朗普政

---

① 李巍、张玉环：“‘特朗普经济学’与中美经贸关系”，《现代国际关系》，2017年第2期，第8页。

② 特朗普就任总统后迅速颁布了纲领性的《美国优先能源计划》(An American First Energy Plan)，先后发布了8份涉及能源与气候议题的行政命令或行政备忘录，特朗普与副总统彭斯 (Pence) 在不同时间和不同场合的10场演讲和评论也不同程度地梳理阐释了美国现行的能源与气候政策。除此之外，美国能源部、内政部和环境保护署各自颁布并执行了至少295项更具技术性的政策、法规、规章和指导。分别详见白宫以及上述三个部门的网站。

府还将沿袭这一政策方向，出台更多更具操作性和技术性的能源与气候政策。

第一，以复兴化石能源与核能为核心的国内能源产业政策。特朗普就任总统后立即放宽了对煤炭开采与使用的限制，果断结束了奥巴马“对煤炭的战争”。[①] 特朗普入主白宫当天就公布了“美国优先能源计划”，提出要大力发展清洁煤技术，振兴美国煤炭产业的宏伟规划。[②] 特朗普还要求环境保护署重新审查奥巴马时期的《清洁电力计划》并尽快停止实施该计划，同时内政部也被要求撤回先前颁布的旨在限制联邦政府土地上煤矿租赁的部长令。在特朗普的授权下，环境保护署署长斯科特·普鲁伊特（Scott Pruitt）停止实施“清洁电力计划”，美国能源部、司法部等机构也纷纷采取相应的措施“解开了煤炭行业发展的枷锁”。特朗普的行动很快取得了成效，美国在2017年前六个月的煤炭产量止跌回升，产量比去年同期增长了近15%。[③] 特朗普政府所实施的以“审查”和“撤回”为核心的煤炭产业政策彻底打破了奥巴马政府所施加的限制，美国的煤炭行业“死而复生，欣欣向荣”。

在石油和天然气领域，特朗普政府不断放松监管、推动油气管网建设，并出台了旨在扩大近海油气产能的新政策。特朗普要求审查和废除对石油和天然气开采的“不合理限制规制”，重新审查奥巴马时期颁布的涉及石油和天然气行业的所有法律法规。特朗普于就职第四天一连签署了三份行政备忘录，不仅为“拱心石”和达科他输

---

① 奥巴马执政期间对煤炭开采、煤电使用以及联邦政府的煤矿土地租赁施加了空前严格甚至极为苛刻的限制，其颁布“清洁电力计划”（Clean PowerPlan）并批准《巴黎协定》（Paris Accord）对煤炭产业的冲击尤为显著，直到2016年末奥巴马仍在任期末期尝试颁布新的煤炭限制措施。参见：Andrew Follett，“Obama Adds Last Minute Anti-Coal Regs Before Trump Takes Office”，http：//dailycaller. com/2016/12/19/obama-adds-last-minute-anti-coal-regs-before-trump takes-office/（上网时间：2017年10月28日）

② “An America First Energy Plan”，https：//www. whitehouse. gov/america-first-energy.（上网时间：2017年10月22日）

③ 参见美国能源信息署发布的“美国煤炭产量季度数据”，https：//www. eia. gov/coal/production/quarterly/pdf/t1p01p1. pdf.（上网时间：2017年10月22日）

油管线建设开了绿灯，还要求尽快大规模地修缮和扩建美国的油气管道网络。特朗普还大力鼓励近海油气开发，重新放开了一度被奥巴马禁止开发的占美国近海总面积94%的近海油气产区，并要求有计划地开发楚科奇海等海域的油气资源。[①] 特朗普政府一方面放松了对油气开发的监管，另一方面大力推动管网建设和油气开采，石油和天然气开发迎来了多重利好。

除了煤炭和油气外，特朗普还掀起了一轮新的核能开发与使用浪潮。奥巴马执政期间致力于提高清洁能源对化石能源的替代率，特别是提升核能在美国一次能源结构中的比重。但在日本福岛核电站事故的影响下，奥巴马的核能产业政策又趋于保守。相比之下，特朗普政府的核能产业政策则更加积极而大胆，除了审查并解禁奥巴马时期对核能开发的部分限制措施外，还高调公布了促进美国核能发展的新计划。该计划要求重新评估美国现行的核能政策，同时强调要大规模开发核能并使用核电。[②] 此外，美国能源部还提出了向核电厂提供大规模补贴的计划，该计划向核能产业提供的补贴之高"令美国电力行业极为震惊"，一旦最终实施将极大刺激美国核电的开发与使用。显然，特朗普卸下了政策界担忧核能安全性的观念包袱、破除了限制核电站建设的审批障碍、提出了大规模核电补贴计划，进而刺激了美国核能的发展。

总之，特朗普就任总统后对美国能源产业政策进行了一系列大幅调整，不仅极力支持煤炭、石油和天然气的开发，强力推动化石能源复兴，而且扭转了奥巴马政府对核能开发的保守态度。由此，美国正在大幅从正在隐约出现的"新能源时代"重新退回到"传统能源时代"。

---

① "Presidential Executive Order Implementing an America-First Offshore Energy Strategy", https：//www. whitehouse. gov/the-press-office/2017/04/28/presidential-executive-order-implementing-americafirst-offshore-energy（上网时间：2017年10月28日）

② "Remarks by President Trump at the Unleashing American Energy Event", https：//www. whitehouse. gov/the-press-office/2017/06/29/remarks-president-trump-unleashing-american-energy-event.（上网时间：2017年11月4日）

第二，以加强能源独立、鼓励能源出口为核心的国际能源贸易政策。除了调整国内产业政策外，特朗普政府还对国际能源贸易政策进行了强化或改变，并且清晰地呈现两种导向。一是遵循美国原有国际能源政策的惯性，进一步强化“能源独立”政策，分散其石油进口市场，以保障美国的能源使用安全。能源的自给自足不仅被视为美国国家安全的重要保障，还被认为是其国际霸权的重要根基。① 能源自给率被视作能源安全的重要指标：美国在2016年的煤炭产量足以满足本国消费需求；天然气的自给率超过了96%，其余部分通过管道或液化天然气船从加拿大、墨西哥以及挪威等国进口；石油的自给率相对较低，为62%。②（见表1。）显然石油仍旧是美国能源安全的薄弱环节，美国虽然可能在2026年成为“能源净出口国”，但仍会在2040年之后保持“石油净进口国”的地位。③ 对此，特朗普与之前的历任总统一样，尤为强调加强美国的能源安全，将保障能源安全作为美国能源政策的三大目标之一。除了扩大自身石油产量外，特朗普政府还继续鼓励扩大从加拿大、墨西哥等美洲国家的石油进口量，进一步降低对中东地区石油的依赖。④

① 罗伯特·基欧汉：《霸权之后：世界政治经济中的合作与纷争》，上海人民出版社，2012年版，第31页。

② BP Global，“BP Statistical Review of World Energy”，https：//www. bp. com/content/dam/bp/en/corporate/pdf/energy-economics/statistical-review – 2017/bp-statistical-review-of-world-energy 2017 – full-report. pdf.（上网时间：2017年11月4日）

③ “Annual Energy Outlook 2017 with Projections to 2050”，https：//www. eia. gov/outlooks/aeo/pdf/0383（2017）. pdf.（上网时间：2017年11月4日）

④ 戴维·布莱克蒙（David Blackmon）认为特朗普在“能源周”的讲话和行动体现了其四种政策方向：一是充分利用美国丰富的资源；二是加强能源出口；三是更加依赖西半球的能源进口，降低对中东的依赖；四是基于上述三个方面加强美国在对外经济政策中的谈判地位。详见 David Blackmon，“Is the U. S. Close To Achieving ‘Energy Dominance’？”http：//oilprice. com/Energy/Energy-General/Is-The-US-Close-To-Achieving-Energy-Dominance. html.（上网时间：2017年11月6日）

表1　2016年美国三大化石能源自给率

煤炭（亿吨）			天然气（亿立方米）			石油（亿吨）		
产量	消费量	自给率	产量	消费量	自给率	产量	消费量	自给率
3.65	3.58	100%	7492	7786	96%	5.4	8.6	62%

资料来源："BP Statistical Review of World Energy".

二是着力推动美国能源出口。美国在历史上长期作为第一大能源进口国，对能源出口施加严苛的限制与管控，然而特朗普政府正历史性地改变这一局面。一方面，特朗普签署了多项行政命令，要求大力推动美国的能源基础设施建设，特别是尽快兴建、扩建和升级现有的油气管网和液化天然气出口平台，并且为相关基础设施的建设划设"能源走廊"。截至目前，特朗普已批准了修筑向墨西哥出口汽油的管道，能源部也批准了两个液化天然气出口平台建设，并宣称还将批准更多的液化天然气出口平台和汽油出口管道建设申请。[①] 可见，特朗普政府重视能源基础设施建设，积极为扩大美国能源出口做好硬件上的准备。另一方面，特朗普还在与多国领导人会晤过程中着重商讨了扩大美国能源出口的相关事宜，并且达成了一系列能源合作协议。2017年4月，特朗普与中国国家主席习近平重点探讨了扩大美国液化天然气对华出口等能源议题，会晤结束后中方提出了包括扩大美国天然气进口在内的"百日行动计划"。此后中美天然气合作大幅升温，美国商务部给予中国与其他非自贸协定签署国一致的天然气出口待遇；中石油与美国天然气出口企业切尼尔（Cheniere Energy）也签署了协议；而在11月特朗普访华期间，中美两国更是签署了总计1637亿美元的能源合作大单。特朗普于2017年6月先后会见了印度总理莫迪和韩国总统文在寅，重点探讨了美国天然气出口的议题并与两

① "Remarks by President Trump at the Unleashing American Energy Event".

国达成了重要的天然气出口合作协议。此外，特朗普还在着力推动美国天然气向波兰与立陶宛等欧洲国家出口，同时扩大对日本等现有天然气贸易伙伴的出口规模。显然，能源已经成为特朗普会晤其他国家领导人所重点探讨的议题之一，“能源外交”已成为“特朗普外交”中极为重要的一环。

特朗普政府在支持能源出口基础设施建设和国际能源贸易外交这两个方面“双管齐下”，加速了美国从能源进口国转变为出口国的进程。

第三，以削减降低支持力度为核心的新能源开发政策。奥巴马政府积极支持美国的新能源开发，并且致力于在这方面成为全球领导者。特朗普虽然并未直接颁布限制新能源发展的政策，但是却打破了对新能源产业的制度保护，并缩减负责新能源发展事务的政府部门预算，这必将有碍于新能源的发展。在特朗普及其执政团队看来，奥巴马的新能源政策使得美国经济付出了高昂的成本并且导致大量工作岗位流失。对此，特朗普打破了针对新能源发展的制度保护并减少了补贴支持。一方面，特朗普撤销了奥巴马时期所颁布的限制煤炭等化石能源、刺激新能源发展的诸多政策和规制，其中最具代表性就是特朗普直接撤销了“总统气候行动计划”和旨在减少甲烷排放的“气候行动计划战略”。同时环境保护署撤销了“清洁电力计划”并尝试推迟执行奥巴马时代的甲烷污染监控规则。特朗普废除了上述两项计划以及其他刺激新能源发展的政策和规制，新能源在与常规能源的市场化竞争中劣势渐显。

另一方面，受制于复杂的立法程序和国会的制约，特朗普政府暂时无法通过行政命令的方式废除对新能源的巨额补贴，但是特朗普正在削减负责支持新能源技术研发和项目管理的政府部门的响应预算。最具代表性的是特朗普要求削减能源部下属的能源效率与可再生能源办公室的预算，在2018财年降低该机构53%的预算。① 缺乏行政部门的领导和研发支持，美国的新能源发展将面临更大的挑战。预计未来特朗普政府还将尝试削减对新能源的补贴，届时美国新能源行业将进入一个相对低潮期。

第四，以革除减排约束为核心的气候政策。特朗普政府的气候政策与奥巴马总统的政策更是完全相左，与主要国家和国际社会的政策方向相背离。特朗普反复强调要革除"气候行动计划"等不必要的政策约束对美国造成的经济负担，对奥巴马气候政策进行了一次集中的清算和回调，审查或废除了一大批旨在积极应对气候变化的政策、行动和规章。此外，特朗普在2018财年预算中大幅削减了负责应对气候变化的环境保护署的预算，美国国务院也因此停止资助"全球气候变化倡议"和联合国绿色气候基金等项目。② 虽然美国的州政府和企业仍在积极支持和声援全球气候治理，但是两者的行动能力相对有限，难以弥补联邦政府回调气候政策后的治理能力缺失。

需要特别指出的是，美国环境保护署的工作方向出现了根本性变化，从奥巴马时期严苛减排和环保约束政策的坚定"捍卫者"与有力"执行者"瞬间转变为打破规制约束、放松监管的"急先锋"。在气候变化怀疑论的信奉者、现任环境保护署署长普鲁伊特的带领下，环境保护署在不到半年的时间内大规模地撤销或推迟了30项涉及能源与环境约束的规制和政策，在奥巴马执政时期所

---

① Ian Johnston, "Fossil Fuel Champion Chosen by Donald Trump to Run Renewable Energy Office", http://www.independent.co.uk/news/world/americas/us-politics/daniel-simmons-fossil-fuels-donaldtrump-office-energy-efficiency-renewable-energy-climate-change a7715036.html.（上网时间：2017年11月6日）

② 《巴黎协定》要求发达国家承诺的每年向发展中国家提供1000亿美元的资金中，美国分担其中的20.86%，受此影响美国已不再提供该笔经费并不再支持联合国绿色基金。参见"特朗普公布任上首份预算蓝图，美国科学界哀叹'灰暗预算日'"，http://www.thepaper.cn/newsDetail_forward_1641968.（上网时间：2017年11月6日）

颁布的多项政策宣告终结，这在该机构47年的历史上前所未有。① 不仅如此，环境保护署删除了其网站上积极支持应对气候变化的报告及宣传内容，开展了旨在批评应对气候变化并重新影响美国民众气候观的研究项目，同时还将取消对司法部环保执法的预算资助。当前，环境保护署在环保执法和约束排放等方面的态度趋于消极，工作力度有所减弱。这恰恰迎合了特朗普的要求，他在不同场合多次强调“要让环境保护署回归其原有的职能”。② 在特朗普与普鲁伊特的带领下，环境保护署打破了旨在应对气候变化的诸多约束规制，并且大幅度放松监管，制约化石能源产业发展的“气候枷锁”基本得以解除。

在全球气候治理方面，特朗普政府更是“频开历史倒车”并最终宣布退出《巴黎协定》，震惊世界。迫于美国的压力，二十国集团财政部长与央行行长会议声明删除了“为应对气候变化提供资金”等重要表述，在美国的影响下全球气候合作第一次出现了明显的倒退。在七国集团首脑峰会召开期间，美欧就应对气候变化问题分歧明显，虽然德、意等国的领导人极力劝说特朗普留在《巴黎协定》，但后者反应冷淡且无意让步。特朗普指出《巴黎协定》将会给美国造成3万亿美元的经济损失，使650万人失业，这一巨大的成本不应由美国负担，最终他选择了退出《巴黎协定》。③ 总之，在全球气候治理领域，特朗普无意履行减排承诺、无意提供资金援助、无意领导全球气候治理。在其带领下，美国参与全球气候治理的能动性大幅降低，在联邦政府层面几乎完全丧失了应对气候变化的积极意愿。

---

① David. A Graham, “Trump Has Quietly Accomplished More Than It Appears”, https: //www. theatlantic. com/politics/archive/2017/08/what-trump-is-actually-accomplishing/535458/. （上网时间：2017年10月25日）

② “Remarks by President Trump at Signing of Executive Order to Create Energy Independence”, https: //www. whitehouse. gov/the-pressoffice/2017/03/28/remarks-president- trump-signing-executive-ordercreate-energy. （上网时间：2017年11月6日）

③ 迪米·巴尼·乔普森：“特朗普宣布美国退出巴黎协定”，http: //www. ftchinese. com/story/001072826. （上网时间：2017年10月23日）

至此，美国已从全球气候治理的关键领导者转变为令人忧虑的“麻烦制造者”，给全球气候合作与治理进程蒙上了浓重的阴影。

第五，未来还将着力实施的能源政策。特朗普执政尚不足一年，未来其还将进一步推行一系列新的能源政策。虽然特朗普经常被贴上“不确定”的标签，但是其能源政策却呈现出了高度的“确定性”。“特朗普政府的能源与气候政策都是其再三强调的主张的最终实现”，既有的政策要么是其兑现竞选承诺的结果，要么也完全符合其政策预期。① 由此，基于特朗普的个人偏好及其制定能源与气候政策的固定逻辑，可以初步推知特朗普未来还将着力实施的能源政策。

第一，大力支持兴建一批新一代核电站。美国目前运营的大多数核电站建成较早，因而所采用的核电技术相对落后且运营成本较高，在与煤电和气电的市场竞争中处于劣势。然而使用小型融化铀盐反应堆的新一代核电技术具有极佳的经济性、安全性和环境友好性，能够源源不断地提供清洁低廉的电力，为美国核能开发提供了新的转机。特朗普重视核能开发，因而很有可能颁布行政命令以支持新建运用新一代技术的核电站项目。预计在特朗普的推动下，美国将很快掀起一轮核电站建设热潮，不仅未来美国核电并网发电比例将会进一步提高，而且将会继续保持在核能运用中的领先地位。

第二，审查现行的乙醇汽油政策并适当降低乙醇在汽油中的掺杂比率。为了降低乘用车的汽油使用量和碳排放量，小布什政府和奥巴马政府都强制要求在汽油中强制掺杂由植物纤维制成的乙醇。② 然

---

① 戴维·布莱克蒙认为“特朗普的能源和气候政策都是其大声承诺并重复了无数次的政策主张的实现”，详见 David Blackmon，“The News Media Finally Notices Trump's Energy Policy Sea Change”，https：//www. forbes. com/sites/davidblackmon/2017/08/07/the-news media-finally-notices-trumps-energy-policy-sea-change/# 256fae1f4fe2.（上网时间：2017 年 11 月 6 日）

② Michael Bastasch，“EPA Increases The Federal Ethanol Mandate”，http：//dailycaller. com/2016/11/23/epa-increases-the-federal-ethanol-mandate/.（上网时间：2017 年 11 月 6 日）

而在汽油中掺杂乙醇不仅提高了消费者的使用成本，乙醇还在诸多领域被证明具有比汽油更高的污染性。[①] 环境保护署署长普鲁伊特多次坚决反对向汽油掺杂乙醇的可再生燃料标准（RFS）计划，预计他将力主审查并调整现行政策。[②] 在普鲁伊特的影响下，特朗普政府极有可能会审查美国现行的乙醇汽油政策并适当降低其掺杂比例。

第三，进一步破除新能源的特权地位，降低其补贴额度，同时加大对化石能源与核能的补贴力度。奥巴马总统执政时期对新能源的发展提供了制度保护，赋予新能源以高于常规能源的“特权地位”。预计特朗普政府会逐一打破新能源所享有的多项特权，[③] 同时还会在国会共和党人的配合下将尝试降低对新能源的补偿额度，以营造各种能源充分竞争的市场环境。

第四，特朗普政府可能将终止对奥巴马“清洁能源教育计划”的支持，重塑美国民众对能源和气候问题的认识。奥巴马政府先后推出了两项清洁能源教育计划，旨在通过提供每年超过1亿美元的教育资助为清洁能源领域培养科学家、工程师和技术工人。[④] 预计未来特朗普政府将会减少甚至终止向这两个计划提供经费支持，美国的“清洁能源教育计划”可能因经费不足而被终结。同时，环境保护署正在调整其网站上关于气候变化的表述和措辞，以弱化气候变化对美国民众的影响，其目的是使美国民众相信气候变化和奥巴马总统

---

① Bill Hudson, “U Of M Study Finds Ethanol Worse for Air Quality than Gasoline”, http://minnesota.cbslocal.com/2014/12/17/u-ofm-study-finds-ethanol-worse-for-air-quality-than-gasoline/.（上网时间：2017年11月9日）

② Robert Rapier, “Why the Ethanol Industry should Fear President Trump”, https://www.forbes.com/sites/rrapier/2017/01/22/whythe-ethanol-industry-should-fear-president-trump/#378a1a305ae1.（上网时间：2017年11月6日）

③ “New Administration Rule would Permit Thousands of Eagle Deaths at Wind Farms”, http://www.foxnews.com/politics/2016/05/04/new-administration-rule-would-permit-thousands-eagle-deaths-at-wind-farms.html.（上网时间：2017年10月16日）

④ 实际上，该计划长期受到经费不足的制约。详见“Regaining our Energy Science and Engineering Edge”, https://thebreakthrough.org/blog/RE-ENERGYSE_fact_sheet.pdf; “Regaining our Energy Science and Engineering Edge Funding Profile by Subprogram”, https://www.thebreakthrough.org/blog/RE-ENERGYSE_Initiative_DOE_Description.pdf.（上网时间：2017年11月6日）

的气候政策不过是“危言耸听和小题大做”。[①] 显然，上述举措会对美国民众的观念和认知产生“潜移默化但持久深远”的影响，民众对气候变化的疑虑可能会有所提升，进而相应政策的制定也会受到影响。

二、特朗普政府能源与气候政策的动因

特朗普政府的能源与气候政策的制定与实施主要有如下三方面动因。在施政主体层面，特朗普及其执政团队的主要成员在观念导向上怀疑气候变化的真实性，在利益上与化石能源企业关系紧密；在国内经济层面，特朗普政府力求创造大量的工作岗位，同时降低新能源所带来的消费成本、社会成本和财政成本；在国际战略上，特朗普政府希望打造美国的国际“能源优势”（Energy Dominance），以此获取新的财富和权力。

第一，政策主体的观念导向和利益关联。就特朗普本人的观念导向而言，他素来怀疑气候变化的真实性，强烈主张革除限制美国能源产业发展的“不必要的减排规制约束”，这直接导致美国政府的能源与气候政策出现了“高碳化、去管制化”转向。特朗普不仅认为全球变暖的概念是“中国人为了遏制美国的制造业发展而编造出来的”，而且他还是当今世界为数极少的否认气候变化的国家元首。对特朗普就气候变化问题发表的推特和公开发言的统计显示：“骗局”“谎言”和“不存在”等词汇多次被用于评论气候变化的事实和科学家的研究结果。[②] 特朗普本人对气候变化的质疑直接改变了美国在能

---

① Tom Harris, “The Flaw in Trump's Energy Plans”, http://www.washingtontimes.com/news/2017/jul/5/energy-policy-of-trump has-flaws/.（上网时间：2017 年 11 月 6 日）

② Kate Sheppard, “Trump Says He Didn't Call Climate Change a Hoax”, http://www.huffingtonpost.com/entry/donald-trump-climate change-debate_us_57e9cef6e4b082aad9b67433.（上网时间：2017 年 11 月 6 日）

源与气候领域的宏观政策走向。特朗普在设计和制定能源政策的过程中并未将应对气候变化纳入考量，而且其执政后又任命了多位与其观念高度契合的阁僚来具体落实其政策构想。

特朗普政府中的多位阁僚具有石油行业的从业背景，或长期被冠以“能源利益集团代理人”的头衔，他们的利益关联网络决定了他们对化石能源产业及相关企业的利益诉求极为敏感，致力于为其扫除各种发展障碍。国务卿蒂勒森曾是埃克森美孚的董事会主席、总裁、首席执行官。能源部长佩里曾三度出任被誉为“美国化石能源重镇”的德克萨斯州的州长，与多个石油巨头往来密切，被视为德州能源企业的“利益总代理人”，曾在不同场合多次批评奥巴马的能源政策。① 环境保护署署长普鲁伊特在任俄克拉荷马州总检察长期间因起诉环境保护署而声名大噪，至今仍颇有争议地否认碳排放会造成全球变暖。环境保护署公布的普鲁伊特任期前三个月的出访和会晤记录显示他频繁地会见了化石能源企业负责人，与能源利益集团的关系非同一般。② 同样，内政部长莱恩·辛克（Ryan Zinke）曾在一家以石油管道为主营业务的公司出任董事，虽然他一度主张应对气候变化，但现在却支持相反的立场。③ 特朗普执政团队的主要成员不仅在观念上普遍怀疑并漠视气候变化，还在利益上与石油能源产业和企业关系密切，注重响应化石能源公司的诉求，因而倾向于出台和执行有助于化石能源发展的公共政策。

第二，促进就业、降低成本的国内经济需要。创造就业就是在

① “Rick Perry just Denied that Humans Are the Main Cause of Climate Change”，https：//www. washingtonpost. com/news/energy-environment/wp/2017/06/19/trumps-energy-secretary -just -denied -that man-made-carbon-dioxide-is-the-main-driver-for-climate-change/? utm _ term = . 87650d9dfb4a.（上网时间：2017 年 10 月 25 日）

② “Who Is the EPA Administrator Scott Pruitt Meeting with?”，https：//www. nytimes. com/interactive/2017/10/03/us/politics/document-Pruitt-Sked-and-McCarthy-Sked. html.（上网时间：2017 年 10 月 25 日）

③ “Trump’s Interior Nominee Was for Climate Action Before He Was Against It”，http：//www. motherjones. com/politics/2016/12/ryanzinke-donald -trump -climate -change/.（上网时间：2017 年 10 月 25 日）

创造选票，特朗普的能源与气候政策也体现了创造就业岗位这一最根本的政治诉求。奥巴马总统任期内共有 8.3 万名煤炭工人失业，目前全美的煤炭工人总数还不及 7 万人。特朗普多次表达了对煤炭工人大面积失业的同情，誓言采取多项举措结束奥巴马“对煤炭的战争”。白宫至今一共发布了 10 篇特朗普与彭斯关于能源和气候议题发表的演讲或评论全文，无一例外地都提及了创造工作岗位的问题，平均每篇提及“工作岗位”一词高达到 12.1 次。①特朗普将促进就业置于优先考量，其能源与气候政策背后创造就业的逻辑清晰可见。从某种意义上讲，美国的能源与气候政策就是就业促进政策。

同时，特朗普政府还致力于削减新能源的使用，以此降低新能源所带来的巨额消费成本、社会成本和财政成本。数据显示，美国新能源的使用成本远远高于化石能源与核能，其中光伏与天然气的毛发电成本更是相差了近 5 倍（详见表 2）。奥巴马所谓的“创造绿色工作岗位”是以更多“传统能源岗位”的丧失为代价的，国际经验表明在新能源领域每创造 1 个工作岗位就会在常规能源领域减少 2.2—3.7 个工作岗位。② 新能源行业得到了远多于常规能源的补贴，新能源的单位发电补贴甚至是常规能源的数百倍，其中太阳能的单位发电补贴甚至达到了煤炭的 375 倍。③ 总之，新能源所带来的消费成本、社会成本以及对新能源补贴的财政支出成本提高了美国经济的运行成本、降低了民众福利、积聚了社会矛盾，特朗普政府有意采取大力开发廉价的化石能源、打破对化石能源开发的制度限制以

---

① 这一数据由作者检索、统计而得。

② James Taylor, “Economic and Environmental Costs of Carbon Dioxide Restrictions” https://www.texaspolicy.com/library/doclib/Panel-IV-J-Taylor.pdf.（上网时间：2017 年 10 月 25 日）

③ “Direct Federal Financial Interventions in Energy in Fiscal Year 2013” https://www.eia.gov/analysis/requests/subsidy/pdf/subsidy.pdf.（上网时间：2017 年 10 月 16 日）

及减少对新能源的补贴等对策。①

表 2　美国不同能源发电成本

能源类型	化石能源			新能源			
	煤炭	天然气	核能	陆地风能	近海风能	热力太阳能	光伏发电
发电成本（美元/兆瓦·时）	100.4	79.3	119.0	149.3	191.1	256.6	396.1

资料来源：James Taylor，“Economic and Environmental Costs of Carbon Dioxide Restrictions”，The Heartland Institute Energy&Climate Policy Summit，November19. 2015，https：//www. texaspolicy. com/library/doclib/Panel-IV-J-Taylor. pdf.（上网时间：2017 年 10 月 16 日）.

第三，打造国际能源优势的外在战略的需要。相比于之前历届政府对“能源独立”的强调，特朗普在此基础上进一步开创性地提出了打造美国“能源优势”的战略构想，迫切地希望能源能够成为美国经济霸权的又一根权力支柱，力求通过能源出口获取新的财富和权力。他指出美国蕴藏着无穷无尽的能源，政府要推行全新的政策以支持大力开采这些能源，由此不仅能带来数以万计的就业和数万亿美元的财富，还将使美国的能源出口到其他国家并基于此来影响它们。他曾表示：“我们拥有这么丰富的资源，本届政府将不仅仅力求实现我们所长期追求的能源独立，而是美国（在全世界范围内）的能源优势！”② 显然，特朗普高度强调扩大能源产出（特别是化石

① 特朗普本人在不同场合多次对从“打破制度约束”和“使用化石能源”这两个方面降低能源使用成本进行过阐述，分别详见“Remarks by President Trump at Signing of Executive Order on an America-First Offshore Energy Strategy”，https：//www. whitehouse. gov/thepress-office/2017/04/28/remarks-president-trump-signing-executiveorder-america-first-offshore；“Remarks by the President in TransCanada Keystone XL Pipeline Announcement”；https：//www. whitehouse. gov/the-press-office/2017/03/24/remarks-they-president-transcanada-keystone-xl-pipeline-announcement；“Statement by President Trump on the Paris Climate Accord”，https：//www. whitehouse. gov/the-press-office/2017/06/01/statement-president-trump-paris-climate-accord.（上网时间：2017 年 10 月 16 日）

② “Remarks by President Trump at the Unleashing American Energy Event”.

能源产出）和对外出口，为此签署了多份行政命令并积极与中国、印度、韩国、日本、波兰等国探讨扩大能源出口的事宜。在特朗普的积极推动下，美国"能源优势"的构想正在快速实现，美国正在转变成为一个能源出口大国，能源正在成为美国在全球政治体系中获取权力和在全球市场体系中获得财富的重要杠杆。

三、特朗普政府能源与气候政策的影响

在能源与气候领域，特朗普政府基于其一以贯之的"美国优先"的观念重塑了美国能源与气候政策网，不仅对美国国内，还对全世界能源的开发和使用、全球气候治理都产生了重大的影响。就中国而言，中美能源贸易合作与气候合作也受此影响而呈现出了"一热一冷"的新态势。

第一是对美国的影响。特朗普政府的能源政策对美国国内各能源产业将产生"大洗牌"效应。

一方面，对化石能源开发所施加的严苛制度约束被基本打破，化石能源产业将复兴。特朗普政府结束了"对煤炭的战争"后，2017年上半年煤炭行业就业人数与产煤数量双双触底反弹，而且预计煤炭产能有可能在特朗普第一任期结束后恢复至2010年左右的水平。[①]同时，特朗普政府结束了奥巴马政府鼓励石油和天然气开发但又施加排放限制的"矛盾政策"，从基础设施建设、对外出口谈判、开采地区许可、项目审批等多个方面给予了全方位支持。由此，2020年美国石油和天然气的实际产量很有可能明显超出能源信息署之前作出的预测。[②]

---

① 美国能源信息署曾模拟了放弃执行"清洁电力计划"对美国煤炭产量的影响，模拟显示放弃执行"清洁电力计划"后美国的煤炭产量将明显回升。"Annual Energy Outlook 2017 with projections to 2050", U. S. Energy Information Administration.

② 同上。

另一方面，美国的新能源产业迎来一股“寒流”，失去制度保护的新能源不得不在市场化的条件下与化石能源竞争，同时政府研发投入的大幅减少延缓了新能源产业推动代际更新与降低成本的努力。伴随着化石能源“挤出效应”的进一步凸显，美国太阳能和风能项目建设可能会趋缓，年新增发电量中新能源所占的比重将明显回落。总之，特朗普政府的能源政策使得美国能源产业出现了“化石能源进，新能源退”的“高碳转变”。

不过，特朗普政府大力推动能源出口，美国将再次成为能源净出口国并且初步掌握“能源优势”。特朗普政府不仅对化石能源开采设施、运输管网及出口终端建设提供了积极的支持和引导，还直接与其他国家元首就出口或扩大出口美国能源进行谈判。之前加拿大和墨西哥是美国天然气仅有的大规模出口国，而特朗普就任总统后已同中国、印度、韩国、日本、波兰、立陶宛等多国达成了天然气出口或扩大出口协议，未来还会有更多国家成为美国的能源出口伙伴。[①] 特朗普曾承诺要大规模向海外出口煤炭，今后特朗普在会晤其他国家领导人的过程中可能会将煤炭进出口合作纳入议程。同时，美国在2016年的石油出口量约为每天400万桶，今后这一数字还将大幅提升。[②] 美国能源信息署曾预测，美国很有可能在2026年左右成为能源净出口国，这将彻底改变美国长期依赖其他国家能源的现状，而特朗普扩大能源生产和出口的努力很可能促使这一节点提前到来。[③] 一旦美国重新转变为能源净出口国，不仅美国的经济霸权地位将重新获得“能源优势”的护持，同时美国还获得影响能源进口

① 美国之前主要通过管道运输的方式向加拿大和墨西哥出口天然气，虽然美国之前也通过液化天然气船运输的方式向阿根廷、智利等多国出口天然气，但向其他国家出口天然气的总额不及对加拿大和墨西哥出口额的十分之一。参见：“U. S. Natural Gas Exports and Re-Exports by Point of Exit”，EIA，https://www.eia.gov/dnav/ng/ng_move_poe2_a_EPG0_ENP_Mmcf_a.htm.（上网时间：2017年11月4日）

② “BP Statistical Review of World Energy”.

③ “Annual Energy Outlook 2017 with projections to 2050”.

国的“能源权力”并且能够在于这些国家的经济谈判中处于优势地位。[①] 由此，未来美国的国际能源战略将更侧重如何运用好“能源优势”，而非如何保障美国的“能源安全”。

第二是对世界的影响。特朗普政府的能源与气候政策还从供求关系、投资关系、气候治理三个方面对全世界产生了影响。其一，特朗普大力推动煤炭、石油和天然气出口，国际能源市场呈现出供过于求的态势。2017 年第二季度美国石油、天然气和煤炭的出口量同比分别增长 12.1%、37.4% 和 53.2%，化石能源出口增势迅猛。[②] 在全球能源市场供过于求、化石能源价格处于历史低位的背景下，特朗普鼓励能源出口的政策更是进一步加剧了全球能源供求关系的失衡。[③] 同时，美国扩大能源出口还加剧了主要能源出口国对市场份额的争夺，美国与石油输出国组织在石油市场的竞争现已十分突出，同时与俄罗斯在东欧地区开展的天然气出口竞争也不断显现。而伴随着美国能源出口规模的进一步扩大，预计未来供求失衡将更为显著，各能源输出国之间的竞争也将更为激烈。而那些高度依赖能源出口的国家在经济上也将受到更大的打击，从而可能带来地缘政治格局的连锁反应。

其二，特朗普大力鼓励美国能源企业对国内投资，抑制了这些企业对世界其他地区能源项目进行投资的动力，国际能源投资缺口增多。特朗普以承诺减少 75% 的规章约束和大幅降低企业税为激励，鼓励美国能源企业对国内能源的开采与开发，这一内向性的投资引导政策虽然极大促进了国内化石能源项目的开发，但同时造成了美国能源企业对国外项目投资的下滑，其中美国能源企业首选的目的

---

① David Blackmon, “Is The U. S. Close To Achieving ‘Energy Dominance’?”.

② 上述所有数据均引自美国能源信息署。

③ 2016 年美国出口的石油占世界总出口量的 7.2%，天然气占世界出口量的 6%。美国的石油出口量已经超过了包括委内瑞拉在内的中美洲国家的总和，天然气出口规模已接近加拿大。可以说，美国能源出口的增量能够有效影响到全球能源市场。参见“BP Statistical Review of World Energy”.

地——拉丁美洲国家所受波及最为明显。[①] 虽然美国国务院发布了针对拉丁美洲国家的能源投资指导，然而这并未改变美国能源公司投资回流的趋势。当前，美国能源企业对巴西、墨西哥、秘鲁、委内瑞拉的投资明显回落，已经投资的项目也不再追加投资，拉丁美洲地区的能源投资缺口显现并有不断扩大的趋势。[②] 同样，美国企业投资回流后，非洲以及中亚部分国家也将出现“能源投资缺口”，亟待其他国家填补。

其三，特朗普废除约束性减排规章并退出《巴黎协定》的气候政策对全球气候融资和气候治理产生了负面影响，同时国际社会还将分摊本应由美国承担的减排成本。一方面，特朗普执政后拒绝承诺向绿色气候基金提供资金支持，并已宣布不再兑付尚未到位的款项，这使得本就规模有限的绿色气候基金更为捉襟见肘。同时，政府对绿色气候基金等的资助是撬动私人资本参与应对气候变化的重要杠杆，美国停止提供政府经费将使得撬动私人资本参与应对气候变化变得更为困难。另一方面，美国联邦政府以消极的姿态应对气候变化，其削减温室气体排放量的成效将明显下降，这将极大地压缩其他国家的排放空间并造成千亿美元级的经济损失。[③] 更为重要的是，包括中国在内的《巴黎协定》其他缔约国将不得不共同分担这一本该由美国承担的减排成本。虽然当前美国气候政策的转向并不会引发气候治理领域的“地震”，但这也为治理进程的推进蒙上了阴影。

第三是对中国的影响。特朗普政府的能源与气候政策对中国也构成了重大影响，主要体现在两个方面。一方面，中美能源贸易合作出现了历史性机遇，能源合作有可能成为缓解中美贸易不平衡、推

---

① Lisa Viscidi and Rebecca O’Connor, “Trump and Latin American Energy”, https://www.foreignaffairs.com/articles/central-americacaribbean/2017-02-24/trump-and-latin-american-energy.（上网时间：2017 年 10 月 23 日）

② 同上。

③ 张海滨等：“特朗普气候政策与《巴黎协定》履约前景及中国的对策”，北京大学国际组织研究中心简报，2017 年 5 月 29 日，第 5 页。

动中美经济合作的全新增长点。自从1993年中国成为石油净进口国以来，中美在能源领域中的竞争日益激烈。但最近几年随着页岩革命使得美国成为世界能源生产大国，中美能源关系已经开始悄然发生变化。目前中国国内的石油和天然气产能远不能满足自身消费需求，2016年石油和天然气的自给率分别仅为34.6%和65.8%，更为重要的是中国面临着产能提升空间有限而需求量增速明显的供需压力，这一压力只能通过扩大能源进口规模而得到暂时缓解。[①] 特朗普政府积极出台政策以鼓励美国能源出口，同时与中国就扩大能源出口多次进行了不同级别的磋商，这些努力迎合了中国的进口需要，中美能源合作急剧升温。2017年前7个月，中国从美国进口的石油、天然气和煤炭同比分别增长了77%、681%和1300%，自美国进口化石能源的规模陡增。[②] 而2017年11月特朗普访华期间，中美双方企业在能源合作上更是实现了创历史的大突破。预计伴随着中国能源进口需求的进一步增大以及美国能源出口量的提升，在中美政府的共同推动下，两国的能源贸易规模还将大幅提升。

但另一方面，中美气候合作明显受阻，两国共同领导全球气候治理的进程宣告终结。虽然美国能源部长佩里访华期间表达了进一步推动两国清洁能源合作的愿望并与中国签署了清洁能源合作备忘录，但微观层面和技术层面的清洁能源合作无法抵消由两国在宏观层面和机制层面的气候合作的倒退所带来的负面影响，两国之前密切的双边气候合作现已全面转冷。[③] 特别是，中美两国共同推动了《巴黎协定》的达成并积极引领全球气候治理进程，“中美合作领导”的全球气候治理结构一度显现，然而特朗普退出《巴黎协定》并置身全球气候合作之外使得中美合作领导全球气候治理的努力宣告中止。当前美国参与全球气候治理的合作意愿明显不足，合作能力有所降

① “BP Statistical Review of World Energy”.

② 上述数据均由笔者根据美国能源信息署公布的数据计算而得。

③ “US Official Backs Clean Energy Cooperation with China”, https://phys.org/news/2017-06-energy-cooperation-china.html.（上网时间：2017年10月28日）

低，与中国等其他各方存有明显分歧。受此影响，中美国家层面的气候合作很可能再无重大突破，中国只能转向谋求与美国地方政府、欧盟及其他国家共同采取行动以应对气候变化。

四、结论与建议

特朗普政府的能源与气候政策贯彻了“美国优先”的政策理念，遵循了“以经济建设为中心”的内外政策基本走向，对奥巴马时期的政策遗产进行了全面深入的调整，并以“特朗普经济学”为内核重构了能源与气候政策网。特朗普政府颁布了一系列旨在复兴化石能源产业、推动美国“能源独立”、促进能源出口、打破新能源制度保护、革除气候规制约束等的行政命令与行政备忘录，这些政策不仅在美国国内产生了深远影响，其对全世界的影响也正在不断显现。特别是就国际经贸关系而言，在特朗普的持续影响和塑造下，美国的能源产能和出口规模将会明显提升，美国的经济霸权地位将重新获得“能源优势”的护持。可以预见，未来美国国际能源政策将不再以保障美国“能源安全”为核心目标，其政策出发点将全面转向在对外经济交往中运用“能源优势”以谋取更多利益。

面对美国能源政策正在呈现的一系列大变局，中国政府的能源与气候政策可以在下述三个方面进行调整或加强。首先，进一步加强与美国的能源贸易合作。支持中国能源企业与美国能源供应商积极洽谈能源贸易合作协议，鼓励扩大美国煤炭、石油和液化天然气的进口规模。同时，由相关部门与美国商务部、能源部及能源企业进行谈判，推动大规模进口美国能源的技术性政策尽快落地。此外，在东南沿海地区提前规划和建设液化天然气接收站、储备库和运输管道，保证有充分的储运能力以接收自美国进口的液化天然气。

其次，聚焦美国投资回流后的国际能源投资真空，大力支持企业进行海外能源投资。通过发布对外能源投资指南等方式，鼓励有能力的企业赴拉丁美洲等地区对能源领域进行投资，支持这些企业积极参与能源的勘探与开采、精炼设施和管网建设，收购当地能源企业，竞拍主要能源产区开采权，尽可能“锁定”更多的“权益油”和“权益气”。

最后，继续大力推进清洁能源革命，同时积极参与全球气候治理。一方面，由于国情不同，中国不应该随特朗普的政策调整而舞，而是要继续在国内坚持节能减排的政策，逐步降低对化石能源的依赖，坚决推动清洁能源的发展和技术革新，争取在新能源革命中占据并保持领先地位。另一方面，即便美国放弃了气候治理领导地位并以消极的姿态应对气候变化，中国仍需更积极地承担气候治理领导责任，推进不同机制下的气候合作，联合欧盟、日本等其他行为体共同落实温室气体减排目标，在国际上树立“引领性”的大国新形象。就中美气候合作而言，中国应尽力维护全球气候治理的既有合作成果，在更长时段中继续寻求与美国联邦政府开展气候合作。

（原文载于《现代国际关系》2017 年第 11 期）

美国移民与外交

移民、归化与宪法——论美国移民法中的“归化”问题

高全喜[*]

【内容提要】本文讨论的主题是美国移民法中的“归化”问题，这个问题不仅是一个狭义的移民法律与政策问题，而且还是一个广义的宪法学的宪制问题，乃至一个更为深远的政治哲学意义上的文明秩序问题。本文从如下三个层次具体分析了移民归化的内涵：第一，移民法的法律规制层次；第二，移民的公民资格授予和政治认同的宪法层次；第三，蕴含在宪法背后的政治文明层次。本文力图采取一种政治宪法学的方法，以此来审视美国法律中的移民“归化”问题，并把它纳入到美国宪制历史的演变过程之中，梳理和探讨“归化”的宪制基础以及其背后所蕴含的关于公民资格和国家机制的政治认同和重新塑造的内在法理，进而处理移民、归化与宪法的关系，辨析一个现代的文明国家在解决移民问题上所表现出来的正反两个方面的法意以及内在的悖论。

【关键词】归化　移民法　美国宪法　公民资格　政治认同

美国是一个移民国家，早在400年前，一批英国的清教徒不堪忍受国内的宗教迫害，乘着“五月花”号来到北美的东海岸，最先在

* 高全喜，上海交通大学凯原法学院教授。

这块土地上构建起一个“新大陆”，开辟了美国移民史的第一波。[①]当然，最早的这批移民群体还没有国家意识，他们主要是从英国本土跨海而至的，身上还多少留有英国社会文化的印记，尤其是在宗教信仰和政治意识形态方面，还没有摆脱英国的宗教与政治传统。不过所不同的是，这块新大陆为他们的基督教信仰和自由政制提供了一个没有旧制度和旧教会残酷打压的实验场所。这是一个漫长的冶炼过程，大致用了一百多年的时间，在历经了生存、开拓和十三个殖民地的创建，尤其是在经历了与英国宗主国的独立战争和费城制宪建国之后，一个新型的迥异于欧洲的现代国家——美利坚合众国——才真正作为一个政治主体在新大陆构建起来。[②]

在此，美国作为一个移民国家的说辞才有了一个真正恰切的基点，即美国是由移民构建的国家，其关键在于从移民到国家的转变。如果说在建国之前，这块新大陆的主体意识还留存着欧洲尤其是英国的印痕，处于尚未自觉的状态，那么到了美利坚制宪建国之后，国家主体才逐渐凸显，一个以美国为本位的现代国家的制度架构和意识形态才得以铸造出来。对于移民来说，这是一个“拔根而起”的过程。对于国家来说，这是一个新生奠基的过程。这个双向过程的交汇沟通，在美利坚合众国三百年的历史中，它并非一帆风顺，也非一成不变，而是充满着一幕幕跌宕起伏情节的悲喜剧，美国历史本身就是一个新大陆版的“奥德赛”。我们（美国）是谁、从哪里来、到何处去？在美国历史的任何一个时间点上，尤其是在一些关键性的危机时刻，它们都一再作为最根本性的问题拷问着不同时代的美国人。[③] 从华盛顿领导的独立战争和制宪建国，到林肯接续的美

---

① 参见［美］纳撒尼尔·菲尔布里克：《五月花号——关于勇气、社群和战争的故事》，李玉瑶等译，北京：新星出版社2006年版；许爱军：《〈五月花号公约〉和美国精神》，《国际关系学院学报》2012年第1期。

② 玛丽·莫斯特：《美国建国简史》，刘永艳等译，北京：中共党史出版社，2006年版。

③ 参见［美］塞缪尔·亨廷顿：《我们是谁？美国国家特性面临的挑战》，程克雄译，北京；新华出版社，2005年版，第90—115页。

国内战以及第十三、十四、十五三个宪法修正案，再到20世纪初叶威尔逊倡导的美国精神和国际秩序，直到当今美国主流精英的“政治正确”和普世价值以及特朗普总统的逆袭成功与美国精神和美国社会的重建塑造，我们看到，关于美国主体性的国家认同和原则确立以及制度塑造，都与这个新大陆移民国家的历史演变相互关联，都蕴含着一个移民与国家的法政关系问题，有一个“合众为一”以及一与多的辩证关系问题。①

也正是在上述大背景下，本文所处理的主题——美国法律中的“归化”问题，就不再仅仅是一个狭义的技术性的移民法问题，而是一个广义的宪法学的宪制问题，乃至一个更为深远的政治哲学上的文明秩序问题。本文试图从一个政治宪法学的视角，审视美国法律中的移民“归化”问题，并把它纳入到美国宪制历史的演变过程之中，梳理和探讨“归化”的宪制基础以及其背后所蕴含的关于公民资格和国家机制的政治认同和重新塑造的内在法理，进而处理移民、归化与宪法的关系，辨析一个现代的文明国家在解决移民问题上所表现出来的正反两个方面的法意以及内在的悖论。

一、“归化”及其宪制基础

法学界和历史学界一般是把“归化”与美国移民问题和移民法联系在一起的。一般说来，法律上的归化，是指某个人在出生国籍以外自愿、主动取得其他国家国籍的行为，居住在国外的人，依据居住国的法律规定取得新国籍。凡取得美国永久居留权（绿卡）资

① 参见［美］布鲁斯·阿克曼：《我们人民：奠基》，汪庆华译，北京：中国政法大学出版社，2013年版，第178—194页；［美］埃里克·方纳：《给我自由！一部美国的历史》（上卷），王希译，商务印书馆，2010年版，第314—345、666—676页；［美］里亚·格林菲尔德：《民族主义：走向现代化的五条道路》，王春华等译，上海三联书店，2010年版，第497—566页。

格五年以上，并已满十八岁的人士，均可经过移民局向联邦法院申请成为美国公民。申请成为公民的程序就叫做“归化入籍”。实际上在内战之前，由于北美大陆生活条件艰苦，外来移民增长十分缓慢，1776—1820 年，移民总人数不足 25 万，随着北美社会的演变，19 世纪 30 年代移民人数才开始增加，逐年递增，形成一个新高潮。内战期间，为了解决劳动力匮乏，国会于 1864 年通过一项鼓励外来移民的法律，内战之后，美国通过多项立法，对移民予以规范和限制，尤其是 1876 年最高法院宣布各州颁布的移民法规违反宪法，从此美国国会在处理移民事务中拥有了最高的立法权力。[①] 1875 年，国会通过了美国历史上首部以限制和排斥移民为目的的移民法——“佩奇法案”（The Page Act of 1875）（在此之前涉及移民的法律都称之为“归化法”），主要是为了排斥当时大量赴美的华工（以及亚裔妓女等）。此后随着 1880 年《中美续修条约》的签订，美国国会又通过了 1882 年《排华法案》作为该法案的延伸，进一步确立了美国移民政策的法律基础。这标志着美国自由移民时期的结束。此后的 1891 年、1893 年、1907 年和 1917 年，又通过一系列基本立法对 1882 年移民法予以修订和补充，遂形成了美国第一个历史时期移民法的基本体系。[②]

不过，如果深入探讨美国的移民政策和法律，就会涉及一个关键性的移民归化问题，对此，华盛顿总统在 1794 年 11 月 15 日写给约翰·亚当斯的一封信中有过很清楚的阐释：“关于移民，我认为除有用的技术工人和一些特定的及有专长的人以外，其他无需鼓励。整批的移民（我是指整批安置在一处）是否有利，作为一种政策是否合适，大可怀疑。因为迁移后，他们仍保留自己的语言、习惯、准则（或好或坏），但如与我们的人民杂居，他们及其后代将为我们的

---

① *Chy Lung v. Freeman*, 92 U. S. 275 (1876).

② 参见邓蜀生：《美国与移民：历史·现实·未来》，重庆出版社，1990 年版，第 1—39 页。

习惯、准则、法律所同化，简言之，很快即可成为一个民族。”① 当然，华盛顿并非仅仅如此，此外他还有这样的论述：“美国的怀抱不仅为接纳富有而受人尊敬的来客开放，还向受到压迫和迫害的各个民族和宗教信徒开放。”② 上述华盛顿关于移民问题的观点综合起来，构成了美国200年来移民政策与移民法的基本准则，其核心实质上关涉一个美利坚民族的国家构成问题。

然而，厘清这个问题首先又有一个美国移民法的史前史问题，即外来移民的国家构建问题，也就是说，只有在确立一个移民国家的主体构建，树立起美利坚合众国的国家特性之后，才会有后来的移民归属和加入的法律准则问题。这才是“归化”问题的所在，没有主体，何来“归化”。所以，从法理上探讨移民以及移民法，就美国史来说其实有两个故事或两个逻辑：一个是美利坚合众国的宪法构建问题；一个是不同地域、族群和国家的移民逐渐归化的移民法问题。这两个故事虽然是叠合纠缠在一起的，而且是历史性地展开的，但问题意识和本质属性毕竟有所不同，两者不能混淆在一起。时下的移民法研究大多偏重于第二个故事，重心在于移民的法律检测、分类规制等技术性考察，因此属于行政法或专业部门法领域，但这个故事是有前提的，那就是基于第一个故事，须有一个美国主体作为移民法的宪制基础支撑着外来移民所面对的法律检验和制度设置，也就是说只有在美国宪法上确立了美国的国家本性，移民法之移民才有所安顿，有所归属，才可以阐释移民“归化”的真正本质。这里的“归化”说到底乃是一个公民资格的赋权问题，归化就是重建美国人的公民资格，这个建构过程不是一个简单的自然物理过程，而是一个法律认信过程，涉及公民的国家认同。所以，美国宪法是

---

① ［美］乔治·华盛顿：《华盛顿选集》，聂崇信等译，商务印书馆，1983年版，第246页。

② 参见 Maldwyn A. Jones, American Immigration, Chicago: University Chicago Press, 1960, p. 21. 另外，参见邓蜀生，《美国移民政策的演变近期动因》，载于《历史研究》1989年第3期。

美国移民法以及移民归化的宪制基础。

简单查阅美国宪法的最初文本（包括正文和《权利法案》），归化问题并不凸显，只有一处地方直接出现了“归化”一词，另外一处只是间接涉及。在第一条第八款“国会拥有的权力”中有一项规定：“制定全国统一的归化条例和破产法。”对此，斯托里是这样批注的，这项规定在“制宪会议中没有引起任何质疑或争议。……根据邦联条例，各州拥有行使这种权力的唯一权威；普遍认为，制度在不同州的不一致是一个突出弊端，是许多微妙和复杂问题的根源。……（外国人）在某州居住很短的时间，就可以赋予公民权利。而其他州则要求更重要的资格。因此，一个外国人，没有资格获得后一州法律的特定权利，却可以通过先在前一州居住和归化，而随意规避了后一州为了自我保护的全部有益管理。……因而，赋予国家政府权力来制定在全合众国统一的归化规则，是极其明智的。”① 另外一处是在第二条第一款中关于美国总统任职资格的规定：“除了出生于合众国的公民，或在本宪法被批准之时已为合众国的公民者外，任何人不得当选为总统。任何人年龄未满35岁，以及在合众国境内居住未满14年者，亦不得当选为总统。”对此，斯托里解释道：“允许归化后的公民成为总统，是所有政府重大基本政策上的例外，那是为了排除外国对它们的行政机构和责任的影响。……理解宪法中的‘居住’这个词，不是要在整个期间完全居住在合众国境内；而是要在合众国境内有一个永久住所。”② 这项规定间接涉及到总统这一特别职务的归化事宜。如此看来，“归化”在美国宪法中并不占据显要的地位，我们是否可以说它是无足轻重的呢？在具体阐释这个问题之前，有必要先厘清“归化”的含义，尤其是宪法学上的含义。

“归化”（Naturalization），就其英文的乃至词源学的 natural 来说，

---

① ［美］约瑟夫·斯托里：《美国宪法批注》，毛国权译，上海三联书店，2006 年版，第 328—329 页。

② 同上，第 449—450 页。

指的是自然的、天生的，或生而具有的意思，即作为一个生命物的本然自生，不借助于外力的自然生长，生而具有是其最初始的含义。从这层含义来看，翻译为“归化”其实是不精准的，译为“自然化”或“本然化”才更为恰当。不过，如果把这个 natural 置入美国宪法的语境中，则表现为一种源于自然权利的公民观，即美国公民都自然地享有其天然的或天赋的权利，或反过来说更精准，享有天赋的自然权利的生命物（人）生而（born）就是美国的公民，不过由于基督教的历史背景，古希腊罗马自然法意义上的 natural 以及生物学意义上的 born，又都蕴含在造物主的超验神学的 created 的笼罩之下。所以，“自然权利”这一含义既源自《独立宣言》宣示的美国精神，又来自《美国宪法》的基本原则，它们也是洛克政治学和法国启蒙思想的基本原则。《独立宣言》这样写道：“我们认为下面这些真理是不言而喻的：人人生而平等，造物者赋予他们若干不可剥夺的权利，其中包括生命权、自由权和追求幸福的权利。为了保障这些权利，人类才在他们之间建立政府，而政府之正当权力，是经被治理者的同意而产生的。”①

由此可见，natural 与 born 是密切相关的，甚至具有同等的含义，即人生而具有天赋的权利，这个生而具有的权利是美国宪法的权利基础，是每一个美国公民应该享有的公民权利，这个权利的资格基础具有天赋或天然的属性（当然是笼罩在基督教神学的 created 以及普通法法治传统之下的）。从这个原初的意义上看，所谓“归化”的第一层含义或最基本的含义，就是这个生而具有的权利资格的意思。为此，《美国宪法》具体规定了一系列公民权利，这就涉及一个自然权利如何转化为宪法权利的制度性转化问题，即《独立宣言》所昭

① 从政治思想史的视角来看，关于美国独立宣言以及美国宪法的自然权利，大致有三个语境以及强大的传统资源，一个是古典的自然法，一个是基督教的超验神学，一个是英国的普通法，三者在近代法政制度构建中交汇的关系极其复杂，构成了现代政治思想史的一个核心点，对此本文只能予以简单地概述其相关性。有关论述，参见爱德华·S. 考文：《美国宪法的“高级法”背景》，强世功译，北京大学出版社，2015 年版，第 10—150 页；冯克利：“美国《独立宣言》再解读”，载于《学术月刊》2016 年第 2 期。

示的源自洛克学说中的自然权利，如何转化为一系列获得宪法确权的宪法权利。例如，美国公民的人身权、财产权、选举权以及被选举权、言论、结社、信仰自由等等明示或默示的公民权利，均来自美国人从生而具有的自然权利到宪法性权利的转化。①

在这个初始的创始于美国宪制的公民权利的“自然”资格之上，才衍生出归化的第二层含义，即其他后来的外籍移民，其美国公民权利资格的获取也必须具有一个像美国公民一样的“生而具有的”权利化过程，这个过程及其标志就是归化，或者说，外籍移民只有经过一个归化的过程以及程序，才能够获得美国公民的权利资格，这样一来，归化就具有了宪法学的意义。那些外籍移民由于不是自然意义上的出生（born）在美国本土的，因此，他们就需要一个特别的阶段或程序以及经由一系列标准的审核和检测，甚至是重新塑造，促使他们如同美国人那样获得“生而具有的”资格，这就是归化的第二层含义。也就是说，经由归化重新再造了一个人格，这个人格当然不是私法意义上的，而是公法意义上的，是一种政治宪法意义上的公民人格。这样，归化实际上就具有双层含义，首先是自然化或生而具有的自然权利的意义，其次是公民人格的政治宪法意义。简而言之，归化既具有自然性又具有政治性。

从上述视角我们再来审视美国宪法中的归化问题，应该说归化问题在美国宪法中既不重要又非常重要。说它不重要，是因为对于美国的立宪者们来说，参与构建美国的都是天然的美国人，即信奉天赋权利的生而自由平等的美国人。因此，他们所关心的就不是如何归化为美国人的问题，而是如何摆脱英国殖民地统治从而构建“美利坚合众国”的创制建国问题。所以，在费城的制宪辩论以及宪法

---

① 当然，美国公民的权利是否需要明文写进宪法，以及宪法列举的权利是否囊括了美国人所有的权利，围绕着这些问题，在联邦党人与反联邦党人等各派理论家们之间引发了剧烈的争论，并且最终形成了美国宪法的前10条修正案（又称《权利法案》）。参见约瑟夫·斯托里：《美国宪法批注》，毛国权译，第四十四章“宪法修正案”，上海三联书店，2006年版。

文本中，并没有关于归化的特别宣示以及完整定义，就美国宪法来说，序言中的“我们人民”意指生而就是的美国人，他们天然地具有美国公民的资格，享有美利坚合众国的公民权利。这是美国独立战争的政治诉求，并由宪法得以证成或获得确立。在此，没有美国人的归化问题，美国人以及美国本身就是主体。但是，问题似乎并没有彻底解决，因为还有一个深层的问题困扰乃至考验着美国人尤其是立国者们，那就是究竟如何在宪法上定义美国人：谁天然地或生而享有美国公民的资格呢？广大的黑人，还有印第安人，以及可能迁徙而至的其他族裔，他们是否也是美国人呢？他们如何成为美国人呢？尤其是如何对待黑人以及印第安人，是美国立国创制时期的宪法所必须面对的一个基本问题。

在一般美国人的心目中，乃至在美国宪法文献中，不言而喻地，那些主要来自英国的所谓盎格鲁—撒克逊的白人及其后裔才是真正的美国人，他们是最初从英国迁徙到北美新大陆的移民，在美国开国之时占据着人口中的绝大份额。[①] 从美国建国史来看，北美十三个州，曾作为英属殖民地而接受英王室的管辖，英国国王颁布《特许状》，把本不属于英国的北美土地，特许给前往移民的英国人和英国公司，逐渐建立起从属于英王室的殖民地。在英国殖民统治时期(1607—1776 年)，整个北美接纳了100 多万欧洲移民，其中英国人和清教徒占据大多数，他们及其后裔构成了美利坚民族的先驱和主体，即便是后来发生了独立战争，北美十三个州的人民奋起从英国统治中独立出来，但他们依然保持着英国的政治与文化传统。所以，这些以英国人为主导的欧洲后裔，他们自认为是美国人的主体，是

---

① 从“五月花号”移民在普利茅斯建立新英格兰第一个殖民地到1640 年的20 年间，马萨诸塞湾已有2 万英国移民，紧随其后的是荷兰人、瑞典人、德意志人和法国胡格诺教徒，到18 世纪初则是苏格兰、爱尔兰人成为新来移民的最大群体。根据1790 年美国第一次人口普查统计资料显示，全国人口390 万，其中白人占80% 以上，约320 万；黑人75.7 万（6 万是自由黑人，其余是奴隶），占总人口的19.3%；白人中英格兰人占60%，苏格兰、爱尔兰人占17.6%，德国人占8.6%. 荷兰人占3.1%，法国人占2.3%，西班牙人占0.8%，瑞典人占0.7%，其他地区的移民占6%—7%。同前注，邓蜀生书，第8 页。

美国创制立国的主人翁，他们认为只有信仰基督新教的盎格鲁—撒克逊白种人才是纯正的美国人。

问题在于，上述观点与表现在《独立宣言》和《美国宪法》中的原则和精神并不完全接榫，因为美利坚合众国是一个以生而自由平等的原则而构建起来的政治共同体，其中每一个人都是自由平等的。因此，黑人和印第安人，乃至一切外来人群，按照这个原则都理应作为美国人而享有公民权利，这也符合基督新教的普世原则。既然天赋人权、生而具有，那就不应该区分种族、性别、信仰、皮肤、阶级与文化等方面的差别，这才是真正的普世原则。然而美国的普世原则却与现实的美国政治法律存在着相当尖锐的冲突，与美国之为“白人的美国”有所抵牾。其实从一开始，美国之立国创制就存在着两种对立的原则和两种不同的价值观、公民观、国家观。美国宪法本质上是一种妥协的产物，一方面美国宪制蕴含着普世性的价值，彰显着人生而自由平等的普世原则，这构成了美国宪法的理想主义面向；另一方面美国宪制又充满着妥协与保守，这构成了美国宪法的现实主义面向，例如，在南北战争之前，对于黑人只承认其五分之三的人口份额，对于印第安人则在相当一段时间完全采取与之敌对的政策。①

总的来说，美利坚立国创制所创建的现代国家是一个以信奉基督新教的白人为主体的美国人的国家，美国宪法也是由这批美国人煅造出来的，故而，美国的底色具有着浓厚的盎格鲁—撒克逊的保守主义精神；但是，美国的立国根基又决定了其自由平等的精神，生而自由平等的普世原则是美国理想主义的基石，也是美国作为一个开放的新大陆的号召力之所在。所以，贯穿美国宪法乃至美国建国史的乃是一个复调的精神结构，其中两种元素犬牙交错地交汇在一起，在不同历史时期呈现出不同的面向。我们看到，实际上存在着两种

---

① 美国宪法第 1 条第 2 款规定：“年龄未满 25 周岁，为合众国公民未满 7 年以及当选时非其选出州居民者，不得为众议院议员。众议院人数和直接税税额均应按本联邦所辖各州的人口比例分配于各州，各州人口数目指自由人总数加上所有其他人口的 3/5。自由人总数包括必须在一定年限内服役的人，但不包括未被征税的印地安人。”

美国人：一种是生而就享有美国公民资格的美国人，即以信奉基督新教的白人为主体的美国人，另外一种就是尚未成为美国人的准美国人、非美国人，即黑人、印第安人、其他少数族裔的移民者等。美国宪法虽然以某种方式暂时妥协地缓解了共同体内在分裂的问题，但并没有从根本性上解决这个问题，只是把这个随时可能爆发的火山掩盖起来。

不过，也正是在这样一个复调结构的宪法运行中，“归化”作为一个议题出现了，它成为联系美国宪法乃至美国社会的分裂要素的中介，这个中介的逻辑内涵在归化的双重属性之中，一是归化的自然性，二是归化的政治性，即那些非生而秉有美国公民资格的其他人，即便是黑人或印第安人，尤其是外来的其他移民，要成为美国人，必须经历一个归化的政治化过程，一个宪法的认信或宣示过程，由此通过宪法的冶炼而将他们塑造为真正的美国人。这样，那些生而就是美国人的美国人与那些生而不是美国人的美国人，通过后者的归化过程，其差别就得到了敉平，即通过归化，后者克服了缺陷而成为美国人，并且享有美国公民的资格，肩负美国人的权利与义务，共同融入美国这个大熔炉。这样一来，美国公民身份的内在分裂就通过归化而得到解决。正像威尔逊总统所倡导的：“美国不是任何特殊族群的家园，也不是任何特定的一套政治传统的家园。这是一个从一开始其大门就向整个人类开放的家园——向所有爱好自由的人，向所有以平等和机会为理想的人，向所有让人类的根本天性和同情感动其心灵的人。这才是美国。”①

从这个意义上看，归化问题在美国宪法中又是非常重要的，因为

---

① 为此，需要构建美国人的同一性，威尔逊号召移民放弃对来源国的忠诚，抛弃旧大陆的痕迹，重建对于美国这个新国家的认同与热爱。他在1915年5月10日对一群刚刚归化为美国公民的移民发表演说道：“你们刚刚宣誓效忠美利坚合众国。向谁效忠？当然不是向临时代表这个伟大国家的那些人效忠。你们刚刚宣誓效忠的是一个伟大的理想、一整套原则、人类的一个伟大希望。”参见 Woodrow Wilson，The New Democracy：Presidential Addresses，Messages，and Other Papers（1913 - 1917），vol. 1 Harper & Brothers，1926，pp. 109，318，319. 另外，参考王立新：《我们是谁？威尔逊、一战与美国国家身份的重塑》，载于《历史研究》2009年第6期。

它涉及公民资格的宪法归属，美国人之所以成为美国人，并不在于他们出生、生活在北美新大陆这块土地，更为根本的是他们根基于美国的宪法，是美国宪法使得美国人成为一个政治的共同体。作为这个共同体的一员，美国人才享有了美国人的公民资格，获得了相应的权利和义务，才能够把所谓的生而自由与平等的权利转化为可以由宪法制度予以保障的各种权利和特权。没有宪法也就不可能有美国公民之创生，美国人还是英国殖民地的臣民。美国宪法把最早迁徙来新大陆的美国人，那些禀赋盎格鲁—撒克逊血统的白人作为不言而喻的美国公民，对于其他族裔的人群，包括黑人、印第安人等，则采取歧视性的差别对待，他们要经历一个归化的过程，才能成为真正的美国公民，这是美国宪法的一个隐含原则，虽然这个原则与宪法的普世性原则有着某种对峙性的张力关系，但却是一直客观存在的。

如果进一步来看，归化原则也并非没有道理。应该指出，即便是美国公民也有一个自我意识的准归化过程，这是公民教化的问题，也是公民人格塑造的问题。例如，为什么美国公民要年满 18 周岁——在第 26 修正案通过之前是 21 岁——才能行使选举权与被选举权，年满 25 周岁且成为美国公民 7 年者才能当选众议院议员；还有未满 18 周岁的少儿、精神疾病患者、丧失行为能力的老年人等，需要法定监护人，这些都表明，公民人格的培育与教化也是一个宪法原则。其要旨在于，要达成美国的公民人格，不管任何人均需要一个公民人格的塑造过程。即便生来就是美国公民，同样也需要经过一个所谓的“自我归化”的过程。从某种程度上来说，这个自我归化有点类似于自然状态下的“野蛮人”通过政治契约而成为“政治人”的过程，两者都涉及到政治意识和政治身份的构建。在完成了这个自我归化之前，即便身份是美国公民，也只是生物意义上的“自然”人，并不是具有政治自我意识的“共和国公民”。而在完成这个自我归化之后——形式上的年龄限定，无论是 18 岁还是 21 岁，在此并无区别——一个人的政治自我意识就觉醒了，归信了美国的体制和价值。[①] 有鉴于此，对于其他族裔的外来移民来说，实施归化也就更是顺理成章的了。归化具有一个宪制的基础，即促使外来迁徙者对于美国宪法的认同、信奉与忠诚。这是一个灵魂再造的过程，是一个心灵冶炼的过程，否则就不具备成为美国公民的资格，因此也就不承担公民的权利与义务。这便是归化的宪法意义。

二、公民资格与“归化”的法律证成

移民问题不是简单地迁徙到他国居住和生活，它涉及国籍法，即如何能够成为这个国家的公民，获得其国籍资格，这样才能获得真正的居住与生活、工作等公民性的权利，移民法的首要问题就是如何制定迁徙者申请国籍的资格标准，以此来规范和检测乃至批准迁徙者的准入事宜。也正是在此，“归化”就成为移民法的核心问题，如果只是短期的旅游以及商贸活动，则属于国际经贸法等方面的事务，不属于移民法管辖，不涉及公民资格问题，因此也就没有归化问题。[②] 在前文中我们谈到美国宪法涉及移民归化事务的主要有两处：一处是第一条第八款规定把移民归化的审核权力从各州收归国会，由国会制定移民法，也就是说，处理移民归化事务的相关权力不在各州政府，而在国会和联邦政府；另外一处是第十四修正案，涉及美国公民资格问题，首先与黑人是否享有公民权有关。此外还与印第安人以及其他族裔的外来迁徙者是否享有公民权有关。所以，

① 在现实中当然也存在一些反对美国体制和价值的成年公民，他们显然并没有“自我归化”，反倒是“自我异化”了，但这并不影响他们同时也是享有种种公民权利的。这种情况该如何解释？我认为，这些人作为共和国的“敌人”，永远都是极少数——否则，共和国必然就是不可持续的，处于随时可能被颠覆的险境——因此并不影响我上述有关公民“自我归化”逻辑的证立。

② 依据美国现有移民法律，获得“绿卡”仅仅是具有在美国的永久居留权，并不具有公民资格。凡取得“绿卡”5年以上，并年满18岁，均可通过移民局向联邦法院申请成为美国公民，申请公民的程序称之为“归化入籍”。美国移民法为归化申请开列了大致5个条件以及申请的步骤与程序。

移民归化的关键是如何获得美国的公民资格，移民法就是围绕着这个公民资格问题展开的。

那么，什么是公民资格（citizenship）呢？从美国宪法可以看出，公民资格是一系列公民权利与义务的总和，并被拟制在一个个体的公民人格身上。[①] 从法理学上看，公民资格具有宪制的内涵，美国的制宪建国，像任何一个现代国家的构建一样，其实是在创制两个权利主体，一个是作为国家主权载体的国家主体的创建，另外一个便是作为公民个体的公民人格的创建。这个双重主体的创制过程是同步完成的，没有国家也就没有公民，没有公民也就没有国家，所以，制宪建国是一个国家与公民双重意义上的诞生。不过，就美国来说这个创制过程又具有其特殊性，美国是第一个通过宪法而建国的国家，而且建立的是一个复合联邦制的共和国，主权与联邦权和州权的关系是一个复杂的关系，故美国公民又同时具有州公民与国家公民之二重性，这个问题在美国的宪制结构中一直存在着，形成美国宪法的复调结构，体现为联邦党人与反联邦党人、林肯法理学与卡尔霍恩法理学的对峙。[②] 南北战争之后，国家主权的权重获得重塑，“我们人民”成为美国宪法的主调，公民的国家属性凸显，州公民的属性减弱，这个变化是与第十四宪法修正案确立黑人的平等公民权利资格相互匹配的。所以，美国公民的资格就是宪法中所赋予的美国公民的各项权利与义务，对于美国人来说，这些是天然的，一生下来就具有的、不可剥夺的权利。当然，这些自然法或高级法意义上的权利需要转换为一系列具体的诸如联邦宪法性权利以及州宪法性权利。

上述是美国公民资格的故事，就资格的法律证成来说，涉及两个

---

① 参见［美］阿希尔·阿玛尔：《美国<权利法案>公民指南》，崔博译，北京大学出版社，2016 年版，第 140—149 页；刘军：《美国公民权利观念的发展》，北京：中国社会科学出版社，2012 年版，第 2—3 页。

② 参见高全喜：《卡尔霍恩的州人民主权论以及美国宪制结构的历史变革》，载于《学术月刊》2016 年第 9 期。

要素：一是公民人格的自然生物属性；二是公民资格的政治文化属性。对于美国人来说，其获得公民资格要满足两个要件：一是自然生物性的，即出生在美国领土或直系血统关系，这就符合美国立国时的人生而自由平等的诉求；二是对于美国宪法以及美国国家的忠诚，这是一种政治认同。具备了这两项条件就可以获得美国的公民资格，至于这些公民资格所包含的各种具体权利，还需要历史过程来逐步实现，例如黑人、印第安人、少数族裔、妇女儿童的政治、经济与文化权利等，但无论怎么说，一旦是美国公民就具备了主张上述权利的资格，这是由美国宪法以及其他一系列法律所规定的，是其他任何人和机构不可剥夺的。

但对于外来迁徙者呢？这就成为一个新的问题。移民问题初看上去与迁徙自由有关，单纯就基本人权来说，迁徙自由是一项基本的公民权利，任何人都具有自由迁徙的权利。[①] 这项权利与诸如生命权、财产权、言论权等其他权利一样，都属于美国公民的基本权利，美国宪法虽然没有直接明文规定公民的迁徙自由权，但第十三、十四修正案却规定了公民的各项权利不受侵犯，居住与迁徙的自由权当然也包括在其中。[②] 问题在于，自然权利论意义上的迁徙自由权只是一种道德权利，并不直接转化为实定性的法律权利，尤其是移民法意义上的法律权利。这项基本权利如同生命权、财产权等基本人权一样，都有一个边界，那就是它们要受到一个现代国家的权力约束，只能通过宪法性权利的转化，成为宪法权利，然后再延伸为一系列具体的实定性的法律权利。所以，迁徙自由权一旦作为实定性的权利，就只能是针对美国公民的，外来迁徙者移民美国要获得美国国籍、成为美国公民才能享有此项权利。由此可见，所谓的迁徙

① 参见杨小敏：《论迁徙自由权与国家主权和公民身份的共生关系》，载于《当代法学》，2011 年第 3 期；曾祥华：《对迁徙自由的宪法学思考》，载于《政法论丛》，2003 年第 6 期。

② 参见问清泓、问青松：《迁徙自由权探析》，载于《武汉大学学报》（人文科学版）2004 年第 5 期；张千帆：《从管制到自由——论美国贫困人口迁徙权的宪法演变》，载于《北大法律评论》2005 年第 1 卷。

自由并不是毫无约束的任意自由，而是受到所在国的宪法以及其他法律制度的约束和限制，并由此折射出法律权利所载负的政治、经济与文化的意义。对于外来迁徙者来说，美国的公民资格并不是凭空就给予的，而是需要具备一系列的条件，即美国联邦政府通过制定相关的移民、归化与国籍法，设定一系列标准，由此来加以审核和检验，符合这些法律的各种要件要求，才能授予外来者美国公民的资格。

前文已经论述了美国公民资格具有双重属性：一是自然生物性；二是政治文化性。根据美国宪法以及移民法，美国国籍采取的是出生地原则，即无论任何人，只要是出生在美国就自然获得美国的国籍，另外，依照这个自然生物性原则，美国公民的配偶、直系亲属，也具有获得美国国籍的资格。还有，那些在美国生活或工作到一定年份的外国人，也有通过归化获得美国国籍的资格。[①] 我们看到，美国移民法对于那些属于自然生物性的内容，制定了一系列非常具体而繁琐的标准，予以检测考察，总的来说，这些涉及自然生物性内容的资格标准，虽然是十分必要的，且也随着美国不同时期的移民状况而有所变化，其技术标准日趋科学化与定量化，其审核尺度之宽紧也有所不同，但它们不是充要条件，因为公民资格的另外一个标准是精神性的或政治认同与文化共识方面的。所以，外来移民单纯具备自然生物属性，并不理所当然地获得公民资格权利，还需要接受另外一个政治文化方面的检测和审查，为此，移民法制定了一系列标准和条件，这些实质上就涉及归化问题，尤其是对于自然生物属性或缺的移民来说，这些政治文化方面的标准就更加显得必要，它们才是移民法的充要条件。也就是说，即便没有诸如与美国公民的自然血亲关系，只要是具备了一定的自然条件，达到了政治文化方面的检测，对于美国宪法以及美国政治制度以及价值予以认同，

① 根据美国移民法的有关规定，取得美国国籍的方式主要有三种：一是根据出生地原则而取得；二是根据血统原则而自动取得；三是因归化等原因申请加入美国国籍获批准后而取得。

也可以获得公民资格，成为美国公民。这个层面也就是所谓归化的本质含义，正像前文中所指出的，归化具有美国宪法的基础，所谓政治文化认同，就是归化于美国宪法，认同美利坚合众国的宪法制度以及宪法价值，这样也就具备了美国公民的资格权利。

基于法学的视角，如何在法律上对移民公民资格的获得予以法律证成（justification），或者说，如何从法律上把上述移民的自然属性和政治属性，尤其是政治认同的属性，转化为一套法律规范的可操作程序，并达成其归化的目标，这是一系列移民法以及相关法律的主旨所在，所谓法律证成指的就是这个规范程序。前文已简单地考察过美国移民法的历史，指出了其大致的历史分期和不同阶段的特征，如果细致考察移民法的法律证成，或分析其关于获得美国公民资格的一系列标准以及检测技术等，则是一项移民法的专题研究，不是本文的宗旨。本文的要点是关注美国移民归化的宪制属性，重在分析有关归化的政治文化意义，从这个角度切入移民归化的法律证成，大致有如下几个问题值得探讨。

第一，从法律立意上明确规定移民归化的宗旨是对于美国宪法的政治认同，即美国公民要忠诚于宪法制度以及宪法价值，为此，移民法制定了一系列的程序性标准，这是归化的主体性之彰显。例如，移民法明确规定归化为美国人的基本条件是：年满 18 岁，必须是非敌国侨民并且是合法进入美国，获得永久居留权并在美国居住满 5 年以上，在一州内居住至少满 6 个月。符合以上条件并希望加入美国国籍的人，应向移民局提出申请，接受相关审查，证明自己品德良好、信用可靠，具备英语读、听、说、写的初步能力，了解基本的美国历史、政府结构及宪法的一般知识，主要是对美国历史上的重要事件、人物、政府组织机构和权利，还有对美国宪法原则以及重要修正案内容有所了解；不属于任何极权、极端、恐怖、黑社会性质等组织。归化的公民必须宣誓效忠美国，履行作为美国公民的义务，并放弃原有国籍和对原来国家的效忠，宣誓程序结束后，当天就能正式取得由美国政府批准的书面证明文件。

从法理上看，移民法不同于一般的宪法法理学，它不是权利优先，而是义务优先，即把宪法忠诚视为移民必须遵守的必要前提，而不是把权利视为公民的立足点，这与移民法的性质有关。因为对于移民来说，成为美国公民是有一个门槛的，那就是必须信奉美国宪法，这是一项公民义务，当然这也是美国公民的义务（但这个义务是包含在权利之中的），对于移民来说，它被单独抽取出来作为一项准入的资格标准，是一种权利的暂时剥离。当然，一旦跨越这道门槛，权利与义务就又叠加在一起了。这个基本的宪法义务在所有移民法中都有明文规定，应该视为移民法的第一原则，也是归化的实质所在。

第二，宪法忠诚不是一句空话，需要检测其真伪以及强度，为此，移民法制定了一系列技术化的标准和条件，并设置了尽可能客观的检测程序以及量化指标。例如，要求移民须具备一定的英语运用能力，了解美国历史、政治与宪法等。强调本土语言与历史的重要性，是近年来有关归化的一项新标准，这与民族人类学的兴起有关，涉及宪法的政治认同也是一种文化认同的意识形态话语。当然，关于归化的客观性技术标准，在美国移民法中是有变化的，其宽严程度呈现着复杂和激烈的争议，这与美国国家特性的不同定位有着密切的关系，美国国家演变史中的保守主义与普遍主义的二元张力关系之折冲，也主要表现在这些所谓客观标准以及检测的设置之中。例如，当保守主义的美国独特论占据主导的时候，例如共和党执政时期，对移民归化的标准及其检测就要严格一些，这样做是为了保持英美白人精英尤其是英国族裔的主导性地位，而在民主党执政期间，例如威尔逊执政的时期，相关标准和检测就要宽泛一些，这样做是为了实现美国作为超级大国的国际领导者之理想主义诉求。

我们知道，美国宪法只是为美国的政体制度奠定了根基，至于如何塑造美国的国家特性，以及如何塑造美国公民，美国宪法显示出很大的灵活性。美国宪法学说中有一个关于美国宪法的不断变革论的观点，认为美国宪法其实并非一成不变，而是经历了一系列重大的变革或革命，表现在美国国家特性的塑造上面，至少也有多次重大的转变，例如从邦联时期到制宪建国时期，从南北战争到一战之后的美国扩展时期，以及冷战时期，还有苏联解体之后的美国独霸全球时期，最后到时至今日的美国保守主义国家收缩时期，这些不同时期的美国国家特性的历史定位是不同的，美国既是美国人的美国，也是世界的美国，是美利坚合众国的堡垒，也是人类自由的灯塔和导引。上述美国特性的不同，必然影响到美国的公民资格，因为国家是由个体公民组成的，国家特性要求公民的国家认同，进而公民权利与义务的资格标准也就有所不同。

第三，美国作为一个现代的民族国家，其宪法以及移民法必然要反映美利坚民族的国家本质。关于美国尽管有上述的各种主义、原则乃至技术指标的不同，但其基本的特性还是大致明确的，那就是美国是一个英美族裔占据统治地位的主权国家，其公民资格的底色既具有现代公民的普遍性乃至世界性，更具有美国本位的独特性与本己性，美利坚民族固然是一个大熔炉，但其实质仍然是白人占据主导的国家。鉴于此，一方面我们要看到美国移民法中的现实主义面向，它们有着美国民族主义乃至种族主义的偏见，在美国的移民问题上并不存在绝对意义上的族裔平等，而是白人权利优先，公民资格的检测标准背后隐含着政治传统乃至宗教传统的重大影响。其他族裔的移民，尽管接受了归化要求，达到了政治认同，但也未必真正成为与白人权利平等的公民个体，政治与文化的裂痕，乃至直接的或隐形的歧视仍然是大量的，因此他们要为权利而斗争，这是美国公民的正当的权利诉求。①

但是，另一方面我们也要理解现代主权国家的特征，那就是它们毕竟不是世界联邦共和国，而是由不同的主体民族之构建而成立的。所以，任何一个现代国家都有自己的民族属性，都有一定限度的自

① 参见邱小平：《宪法的平等保护——美国宪法第十四修正案第一款研究》，北京大学出版社，2005年版，第118—169页。

我性或本己性，即便是像美国这样的新大陆，也有一个美利坚民族的利己性。从这个视野来看，人们可以指责其狭隘性、自私性、排他性，甚至伴随着美利坚民族的内涵与外延的拓展，其白人至上主义无疑具有反动的一面；但是，这只是相对于理想主义而言的，但凡一个世俗的现代国家，谁又不是这样一路演变并固守着其民族的自主性呢？因此，美国宪法以及移民法所诉求的归化，其要旨在于外来族裔的移民认同乃至归属美利坚民族的政治共同体，这并没有什么不正当之处。法兰西民族、德意志民族、俄罗斯民族、乃至后发的大和民族、中华民族，不也都有着基于自身的民族国家的宪法诉求吗？所以，白人主体论固然是一种偏见或短板，但仍然具有其历史的合理性，也具有宪法的正当性，美国移民法贯穿着这种偏见也是我们应该正视乃至予以理解的。①

以上从三个层面聚焦移民法的归化问题，从美国宪法尤其是移民法的法律证成方面给予了一个概括性的讨论，所谓的法律证成，在此指的是如何通过一系列法律条款，来实现移民归化的目标，尤其是实现归化的政治文化认同的目标。“法律证成”指的是法律条款的法理性论证，即这些移民法条款如何以及怎样才能致使归化在程序、标准、检测、分类、纠偏等方面落实移民之公民资格的塑造。纵观不同时期的美国移民法具体条款，我们不难看出，尽管存在着各个时期的国家特性之定位的理论分歧，但就其实质来说，它们不过是从法律上为美国公民资格的证成，即为不同族裔的外来移民如何转化为真正的美国公民提供一套付诸检测的规则标准，为美国的国家凝聚力和公民权利的保障提供冶炼的熔炉。尽管从理想主义的视角来看，这个熔炉和标准是以白人精英为主体的宪法制度和价值为旨归的，具有着英美白人政治文化的优势论偏见，但美国移民法的归化实质就是如此，现代民族国家的自私性就是如此。因为它们塑造

---

① 同前，亨廷顿书，第四部分“重振美国特性”；高全喜：《论民族主义》，收录于《现代政制五论》，北京：法律出版社，2008 年版，第 260—300 页。

的是美国公民，不是世界公民。

三、政治认同及其文明论蕴含

综上所述，我们已经深入涉及到一个宪法学的重大问题，其进一步的展开就是政治学问题乃至政治哲学问题，那就是何为政治认同。我们知道，现代政治的一个基本特征是通过一种制宪建国的宪法机制来构建一个有着主权边界的政治共同体，这个过程并不是轻而易举就达成的，而是需要人民的主动参与，其实质在于每一个公民对于这个宪法国家的政治认同。历史地看，无论这个宪法国家是君主立宪制、民主共和制，无论是单一制还是复合联邦制等，都需要人民的政治认同，即以不同的方式——主要是代议制形式——来主动参与宪法国家的构建。因此，君主、贵族与人民（主要是指第三等级或市民阶层）等不同等级的相互承认和对于政治宪法体制的认同是至关重要的，为此，出现了阶级斗争，甚至出现了内部战争，出现了阶级之间、等级之间，以及不同区域之间的矛盾与纷争，较好的结局就是通过相互妥协达成一部宪法，由此安顿各种矛盾与斗争，所谓制宪立国就是如此，但如果达不成妥协，制定不出宪法体制或宪法体制存废频繁，就会导致国家分裂乃至崩溃。由是观之，政治认同对于一个国家的构建以及持续的和平是非常关键的。[①]

上述所言当然是就一国之内政来说的，公民权利与义务以及国家存续，还有宪法政治的存废，都与公民对于政治共同体的认同与否有关，有了这个认同，也就结成了人民，又可以称之为一个政治上的民族或国族，宪法便是这种认同的制度保障。本文的问题是，对于外来迁徙者是否也存在一个政治认同呢？回答显然是肯定的，对

---

① 参见高全喜：《政治宪法与未来宪制》，香港城市大学出版社，2016 年版，第 424—428 页。

于本国人尚且如此，对于外来迁徙者就更是如此。这里的“更”，其实意味着一个主权边界的跨越，即本国人天生的就是潜在的主权者，所谓“生而具有的”权利，但这个权利要真正行使，还需要一个公民人格的养成，于是有了宪法上的一系列规定，诸如性别、年龄、教育、信仰以及财产等，各国立宪史就是这样走过来的，人民作为主权者是一个公民逐渐扩充实定权利的过程。但对于外来迁徙者来说，其要成为美国公民，获得这个资格，则需要跨越主权边界，成为主权者之一份子。所以，对于既有的美国宪法以及美国特性，就势必需要一个政治认同，所谓归化本质上就是这个政治认同之达成。移民法的一系列法律设置，说到底也是聚焦于这个政治认同，促使其完成这个跨越国界的政治与文化的精神冶炼过程。

这样我们就又回到本文开篇所谈及的归化问题，说起来，把 naturalization 翻译成中文“归化”是颇为意味深长的。① 就通俗的词义来说，译成“归化”或许是不甚准确的。因为，natural 的原意是自然的或天然的，这个意思与古希腊、罗马思想中的意思是一致的，在古典希腊、罗马的语境中，自然的就是天然的。不过，随着西方思想进入到现代，其中经历了基督教的洗礼，自然法成为高级法的一种，natural 具有了某种超验的蕴含，启蒙思想家们笔下的自然正当、自然权利、生而具有的权利等，既有自然的属性（从古典希腊、罗马的思想渊源而来），又有超验的属性（从基督教神学而来）。② 所以，naturalization 的原初含义应该翻译为自然化、本然化、天然化，即回复到原初的没有被社会污染的意思。显然，这只是归化的第一层含义，归化的第二层含义是政治正当性，即生而具有的自然权利，

---

① 考据历史文献，“归化”一词最早出现在中国典籍《汉书》之中。《汉书·匈奴传下》有云：“而匈奴内乱，五单于争立，日逐呼韩邪携国归化，扶伏称臣。”此中“归化”意思很明确，是“归服而受其教化”之意。

② 参见［美］列奥·施特劳斯：《自然权利与历史》，彭刚译，北京三联书店，2003年版，第188—256页。

它们是每一个公民的天赋人权。① 在西方思想语境中，natural 的双层含义是普遍被接受的，故而前文认为，naturalization 具有自然性与政治性两个层面的含义。

但是，中国汉语中的自然、自然化、天然等词汇却没有政治正当的含义，只有自然的含义，最多具有天道思想的某些超然含义，其政治正当、天赋权利的含义一直或缺。如果仅仅从字面上把 naturalization 译为自然化，显然就遮蔽了这个英文词汇中的政治性的层面，即涉及国家政治、宪法政治的层面，所以，用“归化”来翻译这个英文词，则把其政治认同的天然正当性含义表述出来了，弥补了汉语“自然”一词的语义不足。由此可见，“归化”一词是一个意味深长的翻译，即把外来移民归属于美国的政治正当性这个公民资格的诉求确切得表述出来，把移民问题中的同化为美利坚合众国的公民资格的同一性表述出来了。也就是说，外来移民本来对于美国公民来说，是一个他者，一个不具有共同的政治认同的他者，而归化则是使其被同化到这个民族的政治共同体之中。由是归化成为一个融汇他者的新的塑造过程，也是一个消除他者的同化过程，即从一个他者归属于一个政治共同体之自我的主体性之中。所以，笔者认为这个翻译反而是一个更为切合 natural 本质的翻译，把这个词汇的深层的政治性蕴含揭示出来了。

如果仅从政治认同以及公民资格等方面来审视移民法的归化问题，那么归化在美国宪制中的正当性是可以理解的，也是无可置疑的，其自然性与政治性两个层面的蕴含恰好把移民问题的身份断裂予以弥合了，它通过归化并且借助于移民法的具体法律标准与检测的设置，把外来移民的公民资格的身份予以证成，解决了他者的同化问题。但是，问题远没有如此简单，因为一旦涉及政治身份问题，尤其是涉及他者以及同化问题，其复杂性与歧义性就凸显出来，因

① 参见［美］列奥·施特劳斯：《自然权利与历史》，彭刚译，北京三联书店，2003 年版，第 188—256 页。

为其涵盖的已不再仅仅是一个法律证成的问题，也不再仅仅是一个法律义理问题，而是可以扩展到政治问题，甚至追溯到文明论问题。其实，“归化”的翻译就有政治与文明论的内涵，归化一词的汉语原初含义，就有一个文明论背景，来自传统的华夷之辨，归化的本意是从野蛮到文明的一种促进状况。例如，在儒家思想中，早在孔子那里就有文野之分，儒家的天下观其实就是一种文明观。归化就是把野蛮人，即夷狄戎羌四夷——那些远离中华文明中心的周边野蛮未开化族群，规训教化到一种文明状态，化野蛮为文明。① 用“归化”翻译 naturalization，其实就自觉或不自觉地、有意或无意地把中国的华夷之辨文明观附会到对于美国移民问题的理解上，即美国与非美国、美国人与外来迁徙者的关系，就是一种文明与野蛮的关系，或者是一种低级文明与高级文明的关系，是中国版的华夷之辨的对于美国移民归化问题的理解。法律的具体条款不过是从技术层面为这种美国版的华夷之辨以及文明教化，提供一种形式上的外衣或外在形式，提供一套规制的晚礼服，其实质就是美国中心的文明与野蛮之别。归化就是教化，把外来的野蛮的或低级文明的迁徙者教化为一个文明的美国人或美国公民。归化的译词表达的就是这样一种基于中国传统文明论的对于美国移民法的认知、承认与接受。②

现在的问题是，美国的移民归化是否具有这个中文译词中的“华

① 参见孔子：《论语·宪问》：“微管仲，吾其被发左衽矣。”华夷之辨或称“夷夏之辨”，区辨的要义乃是华夏与蛮夷。古代华夏族群居于中原，为文明中心，而周边则较落后，因此逐渐产生了以文明礼义为标准进行人群分辨的观念，区分人群以文化和文明程度，而不以种族，合于华夏礼俗文明者为华，或称夏、华夏、中国人，不合者为夷，或称蛮夷、化外之民。东周末年，诸侯称霸，孔子著春秋大义，提出尊王攘夷，发扬文化之大义。如楚国自称蛮夷，其后文明日进，中原诸侯与之会盟，则不复以蛮夷视之；而郑国本为诸夏，如行为不合义礼，亦视为夷狄。中华世界重衣冠礼仪，《春秋左传正义·定公十年》：“中国有礼仪之大，故称夏；有服章之美，谓之华。”《周易·系辞下》记载“皇帝、尧、舜垂衣裳而天下治”。周公制周礼而治天下，被儒家尊为圣人。

② 其实，这个问题也不仅是中国现代中西交汇思想的一种识见，日本近世思想也是如此，最早的日文也是用“归化”这个译词的。中华民国30年代出版的《法律大辞典》，关于 naturalization 就译为“归化”，含义是“外国人或无国籍人，具备一定之要件，经一定机关许可，可转入一国之国籍之谓也。”据悉，这个译词以及解释来自日文法律辞典。

夷之辨”的含义，或者进一步说，是否具有文明等级论的含义呢？这个问题其实是一个重大的问题，涉及人类文明史的一系列理论难题，也是一个聚讼纷纭的焦点问题，关涉西方文明中心主义，以及文明冲突问题，关涉文明一元论还是文明多元论，具体到其他亚非族裔，关涉它们与英美文明乃至西方文明的碰撞与冲突，等等。对于上述一系列问题，当然不是本文所能展开论述的，但有一点却是清楚的，那就是美国移民法的归化问题，不仅是一个法律意义上的移民标准和国籍准入问题，其背后还涉及一系列文明论的核心议题。对此，本文下面仅就与美国移民法相关的文明论问题展开一些讨论。

第一，应该指出，如果仅就移民法以及相关的宪法和其他各种法令与行政令，移民归化只是一个法律规制问题，并不涉及文明论问题，也不需要审核外来移民的文明属性。美国移民法关涉的是加入美国国籍并获得美国公民的资格，须具备对于美国政治的认同，尤其是宪法体制的认同，归化的要点在于认同美国宪制的制度以及价值理念，这样才能享有公民的权利与义务。从法律意义上看，美国移民法并没有对美国文明和其他文明作出等级性的界定，更没有对何为文明与野蛮以及文明的等级作出规定并付诸实行。美国法律强调的只是，加入美国国籍的外来移民必须认同美国的政治体制，忠诚于美国宪法，因此，华夷之辨之类的对于归化的理解并不契合移民法的要义，并没有什么美国版的“华夷之辨”。

从这个意义来说，移民法并不具有文明论含义，它只是要求政治认同，以及相关的公民资格的必要条件，达到这些并通过检测，加入了美国国籍，获得了美国公民资格，公民之间就是平等的，各种法律尤其是美国宪法保障这种政治上的、基本权利上的平等。每个公民选择什么生活方式，偏好何种文化，信仰何种宗教，等等，在诸多私人乃至公共领域，例如教育、福利、信仰，经济、娱乐等广泛的领域，美国社会是自由开放的，公共权力或国家权力不得介入和横加干涉，这是一个充分的个人自由的社会。因此，在法律上没有“华夷之辨”意义上的文明冲突和敌我斗争，美国公民分属何种族裔，并不影响美国公民权利的宪法保障。对于尚需归化的外来移民来说，当然在获得公民资格之前，他们是一种主权意义上的他者身份，移民法设置的各项标准也主要是为了促使他们达成对于美国的政治认同，其目的不外乎是同化这个移民美国的他者。一旦跨越这个门槛，美国社会的开放性和文化多元性是显而易见的，也是法治予以保障的。

第二，上述只是一种纯粹法律形式上的看法，如果换一个视角来看，应该说美国移民法中的归化问题，又不可能不具有文明论的蕴含。因为，文明是一种非常广泛的概念，政治认同所涉及的政治、宪法等问题，本身也有文明论的深刻底蕴，或者政治本身也是一种政治文明。因为在文明形态的塑造中，政治宪法的构建以及运行扮演着相当关键性的根基意义，我们说到英美文明，必然要涉及这个西方文明主流的制度层面，诸如英国的历史传统、普通法的渊源，美国早期建国的实践以及美国宪法的制定，等等，这些都深刻地塑造着美国何以成为美国，美国人何以成为美国人，由此可见，宪法政治是美国文明的核心。因此，就法律的内容来看，其文明论的内涵是非常明确的，从这个视角来审视移民法的归化问题，可以说移民归化必然是一种文明论意义上的归化，具有从精神和价值层面认同美利坚文明乃至英美文明的意涵，归化是一种政治认同，同时也是一种文明认同。

不过，一旦说到文明问题就复杂了，甚至陷入了一个泥淖，在此各种思想理论聚讼纷纭，莫衷一是。如果美国的政治文明体现在其宪法制度以及价值理念之中，那移民归化的就不单纯是一种法律形式上的公民资格，而且还要在精神层面归化美国的文明价值，如此一来，外来移民原初自身携带的那些文化传统以及生活方式等，是否属于一种低级的或野蛮的东西？它们与美国文明是一种什么关系？是否在移民归化问题上存在着一种美国版的华夷之辨呢？是否存在着某种美国文明的中心主义，以及非美国或英美的其他文明生活方式都是一些低级的乃至野蛮的生活方式？这里我们暂且不说如何看待其他文明，显然就美国自身的文明主体论来说，移民归化的法律技术标准背后，肯定有一个文明认同与归属的问题，不仅是政治认同，也是文明认同。虽然美国的文明认同的标准不可能像法律上设置移民法的各项标准那样轻易或公开地予以检测，但文明论的内涵却是必然的，也是不言而喻的。

第三，从文明论的视野来看，即便是移民法的归化议题，也难以回避下面两个层次的问题。第一个层次：文明多元论还是文明一元论？第二个层次：是否存在不同族群的文明等级论？

关于第一个层次的问题，既有一个客观的中立视角，也有一个自我主体论的视角。就前者来看，美国文明以及移民法的归化是一种多元文明论的交往或转换，美利坚文明乃至英美文明也像其他国家或地区以及族群的文明形态一样，都是世界众多文明大家庭中的一员，彼此不分高低优劣，只是品类不同，多元共存，各美其美。外来移民的归化，只不过是一种公民身份的变更，只要双方达成合意，自愿承认，也是可以接受的，并不构成文明之间的对峙与冲突，就像一个国家的公共生活内部也是多元共享、文明多元的，这是一种自由开放的文明观。用这个文明观来解释美国宪法的政治认同，乃至移民归化问题，也是说得通的。但是，应该看到，还有另外一种与之不同的文明观，即文明一元论，这种观点认为人类历史尽管看上去是分散的，各自发展的，但其中必然有一条强劲的主线，有一种人类文明的主导精神，并且表现在某些具有历史担当的世界民族身上，它们最终会统一人类的文明，相比之下，其他的各种非主流的文明只不过是这个主体文明的补充物而已。历史地看，这个承载着人类精神的世界民族之文明，曾经在东方的印度、中国出现过，但真正开始成熟的还是在希腊、罗马，后来延续到近现代的欧洲，法兰西、日耳曼、英格兰，乃至美利坚，它们都是这个人类文明发展的里程碑式的阶段。[1] 具体到美国，在美利坚民族的构建过程中，其精神内涵就有一种天命论的世界榜样与文明领导者的使命意识，因此，移民归化也带有归化到这个富有神圣使命的世界民族之文明的蕴含。[2] 在看似多元文明共存的假象背后，有一种特殊论的文明史观，归化美利坚民族共同体，接受美国国籍，乃是一种美国版的华夷之辨，即美国是世界文明的中心，人类文明的归宿，其他各民族的文明不过是美利坚文明的配角和补充。

回顾人类文明史，基于自我主体立场的各种版本的“华夷之辨”（野蛮与文明之辨）可谓源远流长，并非中国华夏文明一个版本，也非西方中心主义一个版本。例如，中国传统儒家思想早就有华夷之辨，西方在希腊、罗马城邦共和国时期，也有城邦与外邦人的分野，基督教兴起之后，有基督教与异教徒之对垒，尤其是随着西方现代早期资本主义的海洋帝国以及殖民地扩张，形成了一整套的文明（西方基督教）与野蛮（非基督教）之分野的历史观和文明观。总的来说，在16至18世纪的西方思想中，确实存在着一个欧洲版的华夷之辨，或一个基于基督教文明的文明等级论。[3] 由此可见，一旦承认了文明一元论，就势必形成文明等级论，这就进入第二个层次的问题。在美利坚民族的文化精神中，西方文明尤其是美国独特论的天命观深刻地镌刻在美国移民法的归化问题上，归化确实蕴含着一种低级文明向高级文明归属的文明论含义。也就是说，美国是一个政

---

① 参见［德］黑格尔：《历史哲学》，王造时译，上海书店出版社，2006年版，第102—112页。

② 参见钱满素：《自由的刻度——缔造美国文明的40篇经典文献》，北京：东方出版社，2016年版，第91—98页；王立新：《美国例外论与美国外交政策》，载《南开学报》2006年第1期；周琪：“‘美国例外论’与美国外交政策传统”，《中国社会科学》2000年第6期。

③ 早期的理论表述是格劳秀斯开辟的现代国际法学派、孟德斯鸠的《论法的精神》，以及苏格兰启蒙思想的文明演进论，其现代的保守主义理论代表是亨廷顿的文明冲突论，现代的左翼自由主义理论代表是罗尔斯的“万民法”学说，相关论述参见拙文：“政治宪法学视野下的‘文明政体论’——从孟德斯鸠到休谟的政体论申说”，《学术界》2016年第10期；拙文：“格劳秀斯与他的时代：自然法、海洋法权与国际法秩序”，《比较法研究》2008年第4期。

治文明的宪制国家，公民属性中具有文明论的成分，外来的迁徙者或其他族裔，他们归化美国不仅是一桩法律上的事情，也是一桩朝向高级文明归属的事情，它们之间就不再是一种相互平等的文明多元的互动关系，而是一种高级文明驯化低级文明的不平等关系。因此，对于美国移民法的归化所具有的这种基于英美中心主义的文明观，我们也要给予足够的重视与警觉。

四、移民、归化与宪法

前文分别从不同的层面讨论了美国移民的归化问题，大致说来，它们可以归纳为三个层次：第一，移民法的法律规制层次；第二，移民的公民资格授予和政治认同的宪法层次；第三，蕴含在宪法背后的政治文明层次。上述三个层次尽管都与移民归化相关，但它们的关切点是不同的，引发的问题也是各异的。下面本文试图从一种政治宪法学的理路予以宏观性的再探讨。

首先，美国国会两院制定并通过各个时期的移民与国籍法，这是美国行宪历程中的一个基本步骤。我们知道，一个国家是由公民群体组成的，“人民”（people）不能抽象地存在，它要表现为一个复数，即转化为一种可以看得见摸得着的人民大众，就是个体公民（individual citizen）。正是在个体公民的宪法赋权中，外来移民问题出现了，即外来的迁徙者是否享有本国公民的生而具有的权利呢？对此，美国宪法潜在地给出了解答，那就是，可以，但必须经过一种法律程序的检测审核，这样就从宪法原理中衍生出移民法和国籍法，或者合并为一个法律——移民与国籍法。

从移民法的制定来看，美国首先是开放的，对于外来移民并非一味排斥，这是美国的国家传统。因为美国作为一个新大陆，其创建就是由外来的各种移民，尤其是英国移民组建起来的，这与欧洲传统国家大不相同，美国没有传统意义上的固有居民或帝国旧制下的臣民，而是由新近移民及其后裔构成的国家。当然，原住民问题，即印第安人是美国国家建设的一个问题，但这不属于移民法管辖的范围。就移民法来看，在其开放性的同时，还有一个甄别检测的审核问题，也就是说，它不是漫无原则的自由开放，至少是在其主权国家的现代特征确立之后，对于外来迁徙者来说，要想成为美国公民，就需要接受美国相关法律的检测和审查，以便确定他们是否具备获得美国公民的资格条件。这样，移民法的主要功能就是制定各种各样的标准，设置各种各样的检测方式。也就是说，要成为美国公民，获得美国国籍，是有条件的。

由此，美国移民法的主要内容便是根据美国各个不同发展阶段的国家定位，制定一系列标准以及检测程序，用以筛选外来迁徙者加入美国国籍的申请。这些具体标准和检测程序不是本文关注的中心，但它们有一个贯穿始终的目标，那就是使得外来移民真正成为美国公民。为此，其核心就是归化，归化才是移民法的目标，设置众多标准，最终是为了符合标准的移民者实现归化的目的。本文的主旨集中于归化问题，从历史、自然、政治与文明多个层次深入探讨了美国宪法以及移民法中的归化问题，并且指出它不是单纯的移民法问题，而是宪法甚至是文明论问题。为什么移民问题是一个宪法问题，并且要从政治宪法学的视角加以审视呢？这就涉及移民的审核目的，即他们获得的是一种公民权利资格，而公民资格的确立要基于宪法，只有宪法才能赋予公民一种有别于其他主体属性的政治属性，即美国公民的宪法政治属性。这里其实也是一个公民权利的发生学问题，是一个宪法创制中的国家主权与公民权的培育与生成问题，对此，政治宪法学能够给予较为恰切的证成。①

细究起来，美国公民资格的生成，一直有着一个双层的宪法政治的复调逻辑，而且相互之间是充满张力的：一个是生而具有的天赋

---

① 高全喜：《政治宪法与未来宪制》，香港城市大学出版社，2016 年版，第 154—175 页。

权利逻辑，一个是宪法赋权的人为设置逻辑，这也是一个应然与实然的不同逻辑。联系它们两者的宪法通道是美国宪法制度的安排，诸如分权与制衡的体制、复合联邦制的体制、司法裁判权独立的体制等，尤其是权利法案。这些宪法制度把美国宪法原则中的公民权利具体地转化为可以操作的权利条款，因而公民权利就不再是一些资格，而是可以诉诸司法的权利。在此虽然没有针对美国公民的归化问题，但也有美国公民的从自然权利到实定权利的转化问题，有国家的法治化与公民德性的培育之双层建构问题。生而具有的公民资格要转化为宪法中的法律性权利，也是一个隐形的公民之政治认同的归化问题，即公民个体要做到自觉地认同联邦宪法，忠诚宪法，承担宪法的公民义务，行使宪法权利，并获得宪法以及司法保障。

对于非生而的其他外来族裔的迁徙者呢？归化的宪法意义就格外地凸显出来，因为这里蕴含着一个他者，即从一个非美国的他者转化为一个美国的公民，如何消化或应对隐晦不明的他者——也许是野蛮状态的他者，也许是与美国对峙的他者，也许是与美国和平友好的他者。无论怎么说，把一个非生而的他者转化为一个认同美国的自我，这就是归化的过程，也是一个构建美国公民的自主性的过程。为此，美国宪法就是一个极其重要的标准，政治认同与归属，乃至文化认同与归属，对于美国宪法来说都是十分必要的。如果美国的宪法构造有一个合众为一与一分为多的结构问题，那么对于外来移民来说，则是一个异质与同化的问题，是一个他者与归化的问题。美利坚民族的宪制史就凝聚在这样一个双重的扩展过程之中，外来的移民，无论是欧洲族裔的移民，还是其他族裔，诸如亚裔、拉丁裔等，都面临一个同化为美国公民的归化过程，这里确实蕴含着一种敌友论的背景，但其要义却是化敌为友，即使其归化。

归化既是一个政治认同的宪法举措，也是一种文明论的超越宪法的举措，这就使得移民归化的法律问题复杂化了。我们发现，美国移民史上出现的一系列问题，其实都不是单纯的移民法造成的，而是其背后的文明论问题造成的。例如，远一点的排华法案，近一点的针对德裔、日裔移民的限制，甚至当前特朗普的七国限入令，看上去都具有某些法律层面的理据，但它们的背后却是文明冲突论在作祟。其实，这类文明冲突论也非美国一家独有，在其他国家或许更甚，中国有所谓“非我族类其心必异”，中世纪欧洲有基督徒与“异教徒”之分，伊斯兰国家有对其他宗教国家的“圣战”传统，日本也有大和民族主导的“东亚共荣圈”等等，不一而足，这些都是非常严重的文明冲突所导致的历史政治问题。应该看到，各个民族共同体都有基于自我主体性所持有的文明排他性特征，它们将其他外来的文明视为劣质文明，以此彰显自身文明的卓越优势。

问题的严峻性在于，这些文明的等级差别意识，如果仅仅局限于一般的文化生活方面，倒也并不是什么大不了的难题，可以慢慢地予以融汇消化，各个国家版本的华夷之辨，虽然都难免狭隘与自私，倒也并不十分可怕。但实际的情况却并非如此。在很多传统体制国家中，它们实质性地转化为了政治上的制度设置，转化为敌友政治的核心枢纽，对此，卡尔·施米特看得非常清楚，并且把他的宪法学建立在这种政治敌人的预设之下。很多国家其实都或多或少地以这种文明敌友论为立国的根基，也就是说，必须有一个敌人，宪法的共同体意识才能达成。那么，美国的立国以及移民法是否也是如此呢？对此，本文认为，对于英美的政治与法治传统，尤其是对于美国的制宪建国，我们还不能用卡尔·施米特的政治敌友论予以简单概括。固然，移民归化有某种文明等级论的特征，但还远没有达到文明冲突论尤其是敌友论的地步，应该看到，美国宪法还有普遍性的一面，即它的开放性与普世性。正像本文前述的，美国特性以及美国精神有其保守主义的方面，但美国宪法的生命力还是在于它所代表的人类的普遍性价值以及制度架构，这一点是美国数百年来得以发展并成长为一个领导大国，担负着人类普遍命运的关键所在。

所以，从这个视角来审视美国的移民归化问题，就可以发现其宪法制度所具有的双重特性，即特殊性与普遍性的二元结合，这是美国宪法的菁华，尽管其中有着难以克服的二元张力的纠结，并且在美国宪法史的不同时期，因其国家特性的不同定位，致使这个二重性的某一个占据权重的要津。但是，就像一个钟摆效应，美国政治不可能彻底清除其中的任何一个支点，而是相反，当一极被推到极端之后，总会有另外一极反弹回来成为新的要津，总的来说，它们的中道便是两极震荡中的平衡。具体到移民归化问题，首先是一种或明或暗的美利坚民族的文明优势论在起作用，这是无可厚非的，归化在此不但具有宪法的基础，而且在移民法中也从来都是贯彻始终的，它们表现为外来族裔对于美国的政治认同与文明认同，归属并忠诚于美国宪法，由此才能获得美国公民的资格权利。但是，美国宪法体制的伟大在于，它能够抵制敌友论的诱惑而依然坚守普遍性的价值，呈现出一种代表着人类普遍命运的宪法学法理。美国宪制最终并不是奠基于敌友论的，美国宪法并没有预设一个卡尔·施米特意义上的政治敌人，也没有预设一个绝对的他者，而是面向人类的具有着普世性价值的宪法创制，虽然它以“我们人民”（美国人）为主体，但这个美国人不是排斥外来者的，而是向世界敞开的，世界各个族裔的迁徙者都有申请加入美国国籍的“自然权利”，这个属性是来自美国作为一个移民国家的本源所决定的，也是美国作为自由堡垒的属性所赋予的。所以，在美国历史中，尽管有各种各样的保守主义兴起，并且推波助澜，但并没有从根本性上颠覆美国的自由开放这一国家特征，甚至奇妙的是，美国的保守主义恰恰是美国自由的最坚定的护卫者，是美国传统自由精神的守护者，保守的自由主义是美国保守主义的特征，也是它迥异于欧洲保守主义的地方。①

表现在移民归化问题上，美国的宪法以及移民法，就没有种族主义与沙文文主义的那种极端保守性，而是把普遍性寓于特殊性的中

① 关于保守主义和自由的兼容性（甚至是对于保障自由的极端重要性），以及美国保守主义的独特之处，参见刘军宁：《保守主义》（第三版），东方出版社，2014 年版，第 121—157、240—244 页；高全喜：《美国现代政治的“秘密”——从现代政治思想史的角度审视》，载于《战略与管理》2010 年第 5/6 期合编本。

道之中，通过有限度的公民资格的筛选与检测，达到政治认同与文明归化，从而为普世性的世界共和国打下基础。由此可见，美国既是一个美国人的美国，也是一个世界各族人的美国。这个关于世界帝国的梦想，早在罗马时期就有罗马帝国的世界构想，中世纪晚期有但丁的世界帝国的理论，现代早期有康德的永久和平的世界共和国，有大英帝国的蓝图，有威尔逊的国联，以及二战后的联合国；就东方中国来说，有华夷之辨的中华天下体系，有康有为的新三世公羊学等。美利坚民族继承了英格兰乃至欧洲文明的遗产，传承更化的是罗马共和国的政体与英国普通法的法治，它不可能没有自己的光荣与梦想，因此，构建一个世界共同体也是美国宪法的隐晦的政治诉求，所以，考察美国的移民归化问题，应该有这样一个未来世界共和国的视野。① 有了这个视角，我们再来看美国移民法，就会发现其归化的内涵与外延是非常深厚和辽阔的，美国化的狭隘性其实远不是人们想象的那么巨大，它们有一个通过美国化而走向更大的世界共和国的朝向，美国人与非美国人也不是截然对立的，美国公民与世界公民具有着某种内在的契合，因为公民权利法案的一系列条款正在为全人类的政治社会所共享。归化既是移民入籍美国的公民化过程，也是公民社会自身的公民化过程，一个宪制国家，其古今之变都必然要经历民众主体的公民化过程，美国移民法的归化具有示范效应，不移民美国也需要自我国族的公民化过程，这也是一种归化，即归属到自己的宪法制度与宪法精神之中。

当然，无论是移民的归化即公民化过程，还是非移民的归化即公民化过程，在任何一个国家内部都不是一下子完成的，而是需要一个艰难的资格转化的程序与冶炼，甚至还会出现革命与反革命的政治震荡。公民人格的打造绝非轻而易举，关键在于是否有一个稳定的宪法体制，如果有，这个公民化过程就是和平与演进论的，即在

---

① 高全喜：《政治宪法与未来宪制》，香港城市大学出版社，2016 年版，第 478—485 页。

宪法制度保障之下的公民运动与公民人格塑造。例如，美国社会的公民化运动，深入到劳工、族裔、福利、教育等方方面面，它们在美国宪法的体制下，曾经轰轰烈烈地发生着，并且进一步把移民归化的形式主义，转化为富有内容的平权运动，甚至推进到一种“政治正确”的意识形态教条，从而走向极端，引发另外一种保守主义的反弹。但宪法的根基保证了美国的这些公民权利运动，最终是和平主义的、渐进主义的，不会发生翻天覆地的政治与社会大革命。不过，如果没有一部稳健的宪法体制，公民化运动就很可能引发激进主义的革命狂潮，以至于颠覆宪政体制，欧洲某些国家乃至后发现代化的国家所频繁出现的就是这样的情况：公民意识觉醒了，但宪法体制被打破了，无法无天的公民社会运动，在社会权利方面的超越历史阶段论的盲目诉求，付诸革命暴力的手段，其必然导致专制主义的复归，这样一来也就远离了归化的宪制正当性意义。

由是观之，在移民归化问题上，宪法是极为关键的，它是移民归化的核心制度关口，是开启与关闭公民化进程的闸门和枢纽。从美国的移民史和建国史来看，联邦宪法是关涉美国国家特性与公民人格塑造的一个中介性的枢纽机制，就宪法文本来看，它规定了公民的宪法性权利以及公民资格的相关要件，并且协调了联邦政府与各州的关于移民审核权的权力分配，把移民归化的审核权收归国家所有，这就为后来制定一系列移民法奠定了宪法基础。就宪法政治来看，联邦宪法确立了美国宪法体制的政治属性，并且在美国独特性与人类普遍性的二元对峙中达成了一个寓普遍性于特殊性之中的中道宪政体制，这样，就为移民归化问题的普世化和美国化打通了一个制度通道，从而得以抵御两种极端主义教条——政治正确的普世主义教条与美国独特论的保守主义教条——的侵蚀。就政治文明来看，美国宪法也呈现出文明等级论与文明多元论的中道，那就是，既主张了文明与野蛮的文明演进主义的宪法价值观和历史观，认为宪制文明是一种本质上有别于野蛮的基于公民权利的政治共同体的文明形态，但又不固执于美国的一己独特性，而是在宪法文明的基础上，开放性地实现着文明多元论和文化多元主义，这就为其他族裔的美国公民提供了宪法意义上的多元文化与多种生活方式的保障。

至于美国移民法，其中心要旨就是落实美国宪法的上述制度理念，以此审核、检测和塑造外来族裔的美国公民，在他们申请美国国籍的过程中设置一系列门槛，制定一系列分类与优选标准，从而保证外来者能够达到美国公民的资格要求。这些繁复的移民法的具体内容，从忠诚宪法到出生年龄，还有财富指标、识字要求、血亲关系等各项规定，不是本文考察的议题，它们均是在美国宪法指导下的具体法制事务。事实证明，美国的移民归化法，在美国200余年的历史进程中是卓有成效的，为美国的发展，为美国国家特性和公民人格塑造作出了重大的贡献，尽管其中有两种力量的对峙与震荡，有各种各样的偏差与扭曲，但由于宪法的强有力支撑而没有破局，并总是能够在各个时期的颠簸中找到平衡，从而维系着美国作为一个移民国家与独立国家的自由而保守的文明属性。归化作为移民法中的一项重要机制，其真正的本质蕴含在宪法中，而不是寄存于移民法中，宪法与移民法的结合，为美国的移民归化问题打开了一个自由制度的通道。自由不是施舍，获得自由需要付出代价，归化就是一种代价，任何一个现代国家，其国民的政治成熟都需要这样一个公民化的过程，这对于外来迁徙者来说就更是如此。

［原文载于《法学评论》（双月刊）2017年第6期］

美国政治中的非法移民议题：基于主权视角的分析

强　舸*

【内容提要】非法移民是当下美国政治的核心议题。它争论的实质是什么？如何理解特朗普与民主党不同的政策主张？不同族群因何持有截然不同的立场？他们相互间存在怎样的利益冲突和政治博弈？研究认为，美国非法移民议题的实质是"主权为谁服务"的政治问题。在此框架下，本文实证分析了白人、亚裔、拉美裔在非法移民议题上持不同态度和诉求的深层原因：中南部白人因为安全和福利而反对非法移民，东西海岸白人因为价值观以及利益未受影响而支持非法移民；亚裔不满于选择性移民执法以及担心政治影响削弱而反非法移民；拉美裔持矛盾态度则是因为非法移民入籍有助于增强拉美裔政治影响力，但也会在就业市场上给他们造成冲击。

【关键词】非法移民　主权　白人　亚裔　拉美裔

近年来，非法移民议题在美国政治中的重要性日渐凸显。[1]"建墙""反非法移民"是特朗普最知名的执政主张。刚一上任，特朗普

* 强舸，中共中央党校党建部副教授。

① 参见 Gordon Hanson，"Illegal Migration from Mexico to the United States"，*Journal of Economic Literature*，2006，Vol. 44（4）；Frank Bean & Stephanie Bell-Rose ed.，*Immigration and Opportunity：Race，Ethnicity，and Employment in the United States*，New York：Russell Sage Foundation，1999；Vernon Briggs & Stephen More，*Still an Open Door？——U. S. Immigration Policy and the American Economy*，D. C.：American University Press，1994.

即签署了在美墨边境筑墙和加大非法移民执法力度两项行政令。他上任头一年，美国的非法移民遣返数量就增长了30%。2017年8月，特朗普与参议员科顿和珀杜联手提出了《改革移民政策以促进经济法案》，着手启动移民体制全面改革（包括合法移民和非法移民两个方面）。9月，美国司法部宣布中止旨在为入境时16岁以下的非法移民提供暂缓遣返和便利入籍通道的《梦想法案》。12月，美国政府宣布退出2016年9月联合国通过的《纽约移民和难民宣言》，美国驻联合国大使黑莉表示："宣言中的内容损害了美国的主权"，"我们将决定如何更好地管控边境以及决定谁能进入我们的国家"。总的来说，这些举措既为特朗普政府招来了无休止的批评和抗议行动，也为其赢得了数量众多的坚定支持者，美国社会因此产生了严重分裂和尖锐对立，吸引了全世界的目光。可以说，非法移民议题已经成为美国两党交锋最激烈的战场之一，并将长期左右美国政治的走向。

那么，非法移民议题争论的实质是什么？如何理解特朗普与民主党的不同政策主张？[①] 为什么它会造成美国社会的严重分裂和尖锐对立？不同族群因何持有截然不同的立场？他们存在怎样的利益冲突和政治博弈？深入剖析以上问题，有助于我们充分理解当下的美国社会，把握美国政治未来走向。

一、特朗普与民主党政策逻辑差异

（一）严格执法VS人道地执法

法律是特朗普反非法移民的基本依据。法律和秩序是特朗普执政

① 虽然存在一些差别，但奥巴马政府的非法移民政策和希拉里、桑德斯的相关竞选主张都是承继了民主党的一贯政策脉络。而特朗普的主张，至少在他当选前并不能代表共和党的主流。即使现在，共和党内对此异议仍然很多。为了确保概念准确，不能把特朗普的主张等同于共和党的主张。

的核心理念，他反复强调，“我将重塑这个国家的法律与秩序”。[①] 在特朗普看来，非法移民问题是美国法律得不到尊重和执行的最为严重的领域。因而，他主张，必须严格执行法律规定，对非法移民依法实行抓捕、惩罚和遣返。在此基础上，他主张通过“建墙”、强化边界巡逻、快捷的司法程序、针对性立法等手段，进一步打造坚实的边境线，从源头上遏制非法入境，确保民众安全。[②]

在民主党方面，“人道”一直是奥巴马政府非法移民政策的核心原则[③]，也是希拉里反对遣返非法移民的主要依据，她在竞选纲领中明确写道：“将人道地执行移民法律。”[④] 也就是说，如果法律的执行会产生某些她认为“不人道”的后果，她就不会严格执行法律。希拉里在辩论中讲的一个故事是这一逻辑的集中体现（类似故事也一直出现在媒体宣传中）：一个女孩是美国公民，但她的父母是非法移民，如果严格执法，这个家庭就将骨肉分离，所以不能由于过于严格地执法，将那些追求家庭团聚、渴望拥抱“自由世界”的人挡在门外。[⑤]

（二）主权原则与移民执法

法律应该被严格地执行？还是被“人道”地（不严格地、有选择的地）执行？这是特朗普和民主党以及他们分别代表的美国社会中不同派别的关键分歧，这一分歧背后的根本逻辑是在处理非法移

---

① 《特朗普接受共和党总统提名演讲（视频）》，http：//www. 171english. cn/news/video/trumptm. html. 他的提名演说主题就是“法律和秩序”，他在选前和选后多次演说中反复强调“法律和秩序”。

② 相关主张频繁出现在特朗普的提名演说、胜选演说、葛底斯堡演讲、就职演说中，系统论述可见他的首次国情咨文，”Transcript：President Trump's speech to Congress”，http：//www. vox. com/a/trump-speech-transcript-joint-session-of-congress-annotated.

③ Josh D. Villalobos，“Promises and Human Rights：The Obama Administration on Immigrant Detention Policy Reform”，*Race*，*Gender & Class*，2011，Vol. 18（1/2），p. 151.

④ “Immigration Reform”，Hillary Clinton 2016（希拉里竞选官网），https：//www. hillaryclinton. com/issues/immigration-reform/.

⑤ 《美国大选第三次辩论希拉里对决特朗普（视频）》，http：//video. sina. com. cn/p/news/o/doc/2016 - 10 - 21/093065387013. html.

民问题上应当如何看待主权及其服务对象和适用范围。

主权国家是跨国移民产生的前提，所有国家都制定了一系列国籍国境管理和移民法律。非法移民是通过非法方式跨越边境的移民，违背了相关国家的边境管理法和移民法，侵犯了该国主权。在主权原则下，就应当对其依法惩处和遣返。与之不同，自由主义首要考虑的不是法律而是“人道”，如果执法可能导致非法移民的“生活困难”“人道问题”，就不能执法。《纽约移民和难民宣言》等文件对此有着很宽泛的定义：“人人有权享受为维持他本人和家属的健康和福利所需的生活水准，包括食物、衣着、住房、医疗和必要的社会服务。”换言之，针对存在以上问题的非法移民，任一主权国家不仅不能执法，反而应当提供一系列福利保障他们的生活。这样一来，在无法遣返的情况下，合法化（入籍）就成了处理非法移民问题的唯一出路。但是，这就势必会激励更多非法移民的产生，导致国家边境和移民法律形同虚设，主权不断被破坏。

简而言之，根据主权可以划分出美国公民和非法移民两类人群。在特朗普及其支持者看来，过度强调保障非法移民权利，而不追究他们的违法责任，严重地损害了美国公民的合法权利。所以，他们要求强化主权，严格执法。换言之，在美国政治中，非法移民问题的实质可以表述为：保护守法的本国公民与保护违法的外国人，哪个才是主权国家的首要任务？

对此，民主党一直强调国家应当同等保障境内所有人的权利，并且在实践中倾向于给予非法移民更多照顾（因为他们的社会经济状况较差）。而特朗普及其支持者则强调“美国人优先”：国家应当优先保护本国公民权利，主权的首要使命是为它的创造者服务。正如特朗普在2017年国情咨文中宣称的（也是他反复强调的）：“他们全都因为一个简单而关键的需求团结在一起：美国必须把自己的公民摆在一切考量首位。”①

---

① “Transcript：President Trump’s speech to Congress”

在国际上，联合国相关机构是无差别保障非法移民权利的主要倡导者，阐述其观点以及他与特朗普政府的冲突有助于进一步理解两种逻辑的差异。联合国一直拒绝使用“非法移民”一词，而是使用“非正规移民”。联合国高级专员扎伊德反复强调：“我们拒绝使用‘非法’来形容没有身份证件的非正规移民……他们仅仅是在没有授权的情况下进入一个国家，他们没有对任何人、任何财产或国家安全犯罪”①。2017 年 2 月 24 日，联合国对美国发布的有关驱逐非法移民的行政令表达关注，认为这可能违反了美国的国际义务。“虽然执行移徙政策和保障边境安全是一国政府的合法职能，但在实施过程中必须充分尊重国际标准。处于非正规状态的移徙者不应遭受拘留，他们的权利应受到尊重。”② 次日，美国国务院回应：正在考虑退出联合国人权理事会。③

（三）本文框架

上文简要阐述了美国国内关于非法移民问题的两套政策主张及其背后的观念体系。需要注意的是，观念并非单纯的意识，而是建立在现实基础上。具体来说，不同原则的实践会给不同群体带来截然不同的利益得失。不同人群因为利益差别而形成并持有不同的观念和政策主张，并结成不同的选民联盟。

因而，在简要阐述特朗普与民主党主张的差异后，本文的核心任务是从实证角度系统分析美国社会在非法移民议题上的具体利益冲

① 《移民政策应基于事实而非偏见》，联合国官网，http：//www. un. org/chinese/News/story. asp？NewsID = 25312。这段话被联合国作为“非正规移民”的名词解释放在多个相关报道的文末，但这段话偷换了概念。犯罪必定是违法，违法未必是犯罪（例如违反边境管理和移民法律），但也应受到法定处罚。扎伊德先将犯罪和违法等同起来，然后再用没有犯罪来否定非法移民跨越国境时的违法。

② 《对美国酝酿中的大规模驱逐非正规移民的行动表示关注》，联合国官网，http：//www. un. org/chinese/News/story. asp？NewsID = 27626.

③ “Sources：U. S. considers Quitting U. N. Human Rights Council”，http：//www. politico. com/story/2017/02/trump-administration-united-nations-human-rights-council – 235399.

突和政策诉求，以及为什么他们会分别在特朗普和民主党的旗帜下聚集。由于目前非法移民议题的高度族群化特征，本文将分别论述白人、亚裔和拉美裔（以及非洲裔）三个族群在非法移民议题上的利益差别，阐释他们在主权视野下的具体政策争议和政治博弈。具体来说，本文的第二、第三、第四部分将分别回答以下问题：为什么白人群体因非法移民议题而分裂，有的强烈支持特朗普（反非法移民），有的坚决反对特朗普（反对“反非法移民”）？许多同为新移民甚至也在等待入籍的亚裔为什么“反常”地支持特朗普，他们为什么会与有反移民倾向的特朗普白人支持者结盟？非法移民大多来自拉丁美洲，为什么特朗普并未因“反非法移民”主张而损失拉美裔美国人的支持？

需要强调的是，本文旨在实证分析不同族群的态度、诉求及其背后的利益根源，不对任何态度和诉求进行道德评判。

（四）区分两组概念

1. 非法移民与合法移民

本文研究的是非法移民议题，基本不涉及合法移民。特朗普的政策主张是“反非法移民”，他对合法移民特别是其中的技术移民持温和立场。在美国政治中，合法移民与非法移民有两个本质区别：第一，合法移民不破坏法律和主权（特朗普/保守派不反对）；第二，合法移民经济条件好、谋生能力强，一般也不存在生活困难问题（民主党/自由派不同情）。这一区别对本文第三部分亚裔的论述至关重要。

2. “建墙令”和“旅行禁令”

上任首周，特朗普政府推出了两项政策，分别是“建墙令”[①] 和“旅行禁令”。舆论界有时将两者混为一谈，但它们是不同的政策举

① 本文用“建墙令”泛指特朗普签署的两项行政令：“建墙”和“大规模遣返非法移民”。

措。首先，对象不同，“建墙令”的主要目的是遣返拉美裔非法移民，并通过一系列举措杜绝非法入境（拉美国家民众依然可以通过合法方式入境）；“旅行禁令”是全面禁止数个以穆斯林为主的国家民众以合法方式（申请或已持有美国签证）入境①。其次，权限不同。因为针对的是非法移民，所以“建墙令”完全合法。虽然争议很大，但反对者很难通过司法诉讼阻碍其生效，只能在预算上做限制。“旅行禁令”禁止的是合法签证乃至美国绿卡，一定程度上违背了国际惯例和美国法律，反对者也就可以通过司法途径连续否决特朗普政府的行政令。② 本文论述不涉及“旅行禁令”。

二、地域与阶层：白人群体的分裂

美国白人社会因非法移民议题严重分裂，有的白人“反非法移民”，有的白人强烈反对“反非法移民”。那么，哪些白人支持特朗普的“反非法移民”举措？又是哪些白人在反对？什么原因导致不同的白人群体持有不同主张？

（一）澄清两个误区

关于以上问题，已经有两个流传甚广的答案，即“白人蓝领害怕被非法移民抢走工作岗位所以反对非法移民”和“企业为了获得廉价劳动力反对限制非法移民”。但这两个答案都是错误的，非法移民

---

① 美国的中东/北非难民问题与欧洲的难民问题不同。欧洲接纳的多数中东/北非难民都是通过非法方式入境的，现在困扰欧洲的问题是如何遏制这股非法入境潮。由于地理区隔，美国基本不存在非法入境的中东/北非难民，他们只能是先申请到美国政府发放的难民资格才能入境。换言之，美国的中东/北非难民在法律上都是合法移民。

② “旅行禁令”相关争端的最新战况是，12 月联邦最高法院以 7：2 判定“旅行禁令”生效。但最高法院这一判决还不具备最终效力，它允许个人、民间组织或下级司法机构就此事提起诉讼，只是强调在诉讼未出结果前，总统的行政令必须得到执行。

议题的实质并非经济问题，而是政治问题。

第一，从参选到执政，白人蓝领一直是特朗普的坚定支持者。一个影响甚广的论调是，白人蓝领害怕被非法移民抢走工作所以支持特朗普。这种观点放在100多年前或许能够成立，当时的工业生产对工人的文化程度和技术水平要求都比较低，身体健康的成年男性一般都能胜任蓝领岗位。但是，今天美国的工业生产已经高度自动化、智能化，机器操作对工人提出了比较高的要求，蓝领工作也需要一定的学历和技能教育，而大多数非法移民连英语都不懂，是难以胜任的。数十年来，美国经济学界大量实证研究已经证明，非法移民对美国蓝领工人的工作岗位和工资水平的影响微乎其微。[①] 文化素质低决定了非法移民只能从事技术含量低、工作环境差、劳动报酬低的体力劳动，也就是低端服务业、农业、建筑、清洁等行业，而这主要冲击的是在这些行业就业的拉美裔和非洲裔美国人[②]。此外，白人蓝领主要分布在北方“五大湖”区（威斯康辛州、密歇根州、俄亥俄等州等），而非法移民主要集中在南部边境（德克萨斯州、亚利桑那州等），两者在地域上就很难构成竞争关系。真正威胁白人蓝领的是全球化，是国际贸易和制造业外移，他们支持特朗普是因为特朗普的“反全球化”和“把工作带回美国”的主张。[③]

第二，“企业为了获得廉价劳动力反对限制非法移民”同样也是100多年前是对的、现在站不住脚的观点。因为全球化时代的美国大

---

① Michael Stafford, “Unauthorized Immigrants: Economic Benefit or Burden?”, http://www.delawaretomorrow.com/unauthorized-immigrants-economic-benefit-or-burden/; Federal Reserve Bank of Dallas, “Dose Immigration Affect Wages?”, http://cep.lse.ac.uk/Seminarpapers/21-01-03-BoR.pdf.

② Alejandro Canales, “Inclusion and Segregation: The Incorporation of Latin American Immigrants into the U.S. Labor Market”, *Latin American Perspectives*, 2007, Vol. 34 (1), pp. 73-82.

③ 南方居民和“锈带”蓝领同为“特朗普选民”联盟的核心群体。南方居民主要是因为“反非法移民”支持特朗普，“锈带”蓝领则是因为“把工作带回美国”支持特朗普。所谓“蓝领害怕非法移民抢走工作”实际上是张冠李戴，混淆了两者。参见强舸：《“奥巴马选民”VS“特朗普选民”：关键性选举与美国选民版图变迁》，载《复旦学报》2018年第1期。

企业已经不需要在本土获得廉价劳动力了。具体来说，其一，金融和科技公司是美国经济中最有活力的行业。它们只需要少数精英员工，不需要低端劳动力。其二，对制造业大公司来说，它们更青睐于将车间外迁到世界各地，因为这些地区有更低廉的薪资标准，更低的法律、环保和税费负担。显然，把工厂搬到墨西哥，可以享受优惠税收、更低的工资标准、更宽松的监管体制，这要比在美国本土建厂，从墨西哥非法移民中招募员工好得多。事实上，前者正是美国企业一直在做的。

（二）支持特朗普的白人：完整的主权才能有效保护本国公民

支持特朗普“反非法移民”主张的主要是南方白人，根本原因是对安全和福利的担心。

1. 安全

提供安全是主权的首要作用。霍布斯指出，通过垄断暴力，利维坦使人们摆脱一切人伤害一切人的自然状态，获得安全。[①] 因此，如果一国主权弱化，法律不被严格执行，公民的安全就会出问题。具体到美国当下，虽然多数非法移民只是想来讨生活的老实人，但也确实混杂了一些毒贩和其他恶性刑事犯（绝对数量不算少）。他们造成恶果和社会恐慌的能力远大于他们的人数。在多次演讲中，特朗普频繁列举美国公民被非法移民杀害的案例，并强调凶手反复得到不恰当的“庇护”。当然，个案并不能在统计意义上证明非法移民谋杀犯罪问题的严重性。但从现实来看，这些言论显然在南部各州引起了广泛认同。

毒品犯罪则有详实证据。美墨边境是世界上最大的毒品走私通道，美国70%的可卡因、80%的大麻和30%的海洛因来自墨西哥。2014年平均每天有129名美国人吸毒身亡。1990年到2016年3月，

① 霍布斯：《利维坦》，黎思复、黎廷弼译，北京：商务印书馆，1985年版。

美国西南边境共发现224条运毒路线。美墨政府一次联合行动就曾查获毒品13297千克。[①] 据墨西哥驻美大使估计，墨西哥贩毒集团每年从美国获利380亿美元，也就是有价值380亿的毒品让美国人吸食，这足以令无数人家破人亡。除了专业毒贩，许多非法移民也会以携带少量毒品入美方式来偿付蛇头集团的佣金。因此，特朗普反复强调："我们的边境敞开着，随意让任何人、让毒品以前所未有的速度涌入。"[②]

早在特朗普参选前，美国边境就已经有以退伍老兵、退休警察为主的志愿武装巡逻队[③]。事实上，即使是反对"建墙"的美国人，也很少从安全角度反驳特朗普，除了强调非法移民的生活困难外，反对意见往往集中在"建墙的预算无法承受""建了墙也没用"等论点上。

其实，从经济角度来说，"反非法移民"至少会损害特朗普的重要票仓——中南部白人农场主的经济利益，因为非法移民是农场雇工的重要来源。本世纪之交，他们还是反对"反非法移民"的重要利益集团，曾多次通过游说等方式反对严格的非法移民执法。[④] 但是，从大选到执政，他们却一直是特朗普的坚定支持者，极少发声反对"反非法移民"。这说明，随着局势变化，他们开始认识到，非法移民带来的安全损失要大于他们获得的经济利益。

2. 福利

福利是现代国家提供的基本公共物品，享受福利的资格首先取决于成员的身份。福利制度诞生之初，只有本国公民才能享受政府福

---

① Drug Enforcement Administration, "2016 National drug threat assessment summary," https://www.dea.gov/resource-center/2016%20NDTA%20Summary.pdf.

② "Transcript: President Trump's speech to Congress," http://www.vox.com/a/trump-speech-transcript-joint-session-of-congress-annotated.

③ 《特朗普造墙太晚 退休警察和军官已经成立民兵部队 进行边境巡逻》，http://www.guancha.cn/america/2016_10_17_377454.shtml.

④ Miriam Jordan, "As Border Tightens, Growers See Threat to Winter Salad Bowl", *The Wall Street Journal*, 3.11, 2005; Gordon Hanson," Illegal Migration from Mexico to the United States", *Journal of Economic Literature*, 2006, Vol.44 (4).

利。然而，自由主义价值观认为，一个人能否享受福利与其成员身份无关，只与其生活状况有关。因而，长期以来，美国政府为非法移民在食品、住房、教育、医疗等方面提供了大量保障。但是，大量非法移民享受福利势必造成两个问题：第一，美国公民税费负担上升；第二，美国公民福利份额缩小。近年来，白人中产深受第一个问题困扰（当然非法移民只是税费上升的原因之一），这也是“茶党”运动兴起的诱因之一。

“奥巴马医保”是这一冲突的集中体现。社会福利有“均贫富”作用。但是，医保是按人头收费，所以巨富阶层不会为此支出太多（相对于其财富），主要费用是由中产阶级承担的。简单来说，如果某州收入水平低于医保缴付标准的穷人多，中产阶级的支出就会增加。2016 年 10 月，美国各州相继公布了 2017 年度的医保缴费标准，全国平均涨幅 25%，涨幅最高的亚利桑那州（也是非法移民最多的州之一）高达 116%。[①] 而大多数非法移民显然是不太需要缴税但需要福利的穷人，由于身份限制，即使现在他们能享受的福利还不多，也已经让美国中产阶级很不满了。如果 1200 万非法移民全部成为合法公民，中产阶级的税费必然继续上涨。这是蓝领、白领和中小企业主都不愿接受的。

（三）反对“反非法移民”的白人群体

虽然特朗普支持者众多，但是，同样也有许多白人强烈反对他的“反非法移民”主张。那么，这些白人与特朗普的白人支持者有何不同？为什么同为白人，却在非法移民议题上持有不同的主张？

地域是导致白人群体分裂的第一个因素。支持“反非法移民”的白人群体主要来自非法移民众多的南部诸州，反对者主要来自西

---

① “Arizona Obamacare Plan To Jump By 116 Percent When Premiums Go Up Next Year”, http://newyork.cbslocal.com/2016/10/25/arizona-obamacare-premiums/.

海岸和新英格兰地区。[①] 首先，从意识形态上来说，自由主义价值观在东西海岸占据主导地位，自由主义更倾向于个人权利应在国家法律之上，因而“骨肉团聚”“生活困难”“拥抱自由世界”等口号会比“法律就是法律”更容易引起共鸣。同样重要的原因也来自现实：新英格兰地区远离美国南部边界，非法移民会造成严重的安全问题，冲击南方各州的福利体系，却较少会影响到这里。这些地区的白人会更加关注非法移民的可怜境遇和感人场面。在自己不用付出较多代价情况下，大多数人都会有比较强烈的同情心。但是，如果非法移民问题真的严重影响到现实利益时，他们的态度恐怕会有所改变。这种心态转变在欧洲已经表现得十分明显。2015 年，大多数欧洲人张开双臂欢迎难民。然而，当难民真的来了，造成不少问题后，越来越多的欧洲人开始要求新难民“一个不要”，老难民“快回老家”。

阶层是另一个因素。不分地域，精英阶层几乎是一边倒地反对“反非法移民”。精英阶层的反对并不是因为他们一直渲染的“精英比普通人拥有更高的道德水准和责任意识”，而是因为阶层差异使他们不会被相关问题困扰。具体来说，精英阶层很多时候不需要主权国家提供的公共物品。在安全上，他们的住宅、出行都有严格的私人安保服务，非法移民带来的治安问题影响不到他们；在福利上，一方面，他们不需要国家提供的医疗、教育、救济等公共产品，自然不在乎份额被非法移民挤占；另一方面，相对于巨额财富，按人头征收的各类税费也微乎其微。所以，他们乐于慷慨地彰显道德优越性，并以此巩固精英话语权。但是，如果真的需要付出时，他们往往会做出不一样的选择。例如，身为联合国和平大使的乔治·克鲁尼（George Clooney）和难民署亲善大使的安吉丽娜·朱莉（Angelina Jolie）等人一直呼吁接受更多的难民，批评民众的抵制态度，然而，当《每日邮报》指出，两人各有好几套大房子，能安置

① 多数反“反非法移民”游行都发生这些地区，较少发生在非法移民聚集的南部诸州。

很多难民，而欧美网友们纷纷呼吁他们提供住宅，克鲁尼和朱莉就没回音了。[①] 同样，扎克伯格一直反对“建墙”，然而，媒体曝光他在夏威夷州购买了700英亩庄园，着手建造6英尺高的围墙（这极大妨碍了当地人的正常生活），并试图通过强制收购、法律诉讼等手段迫使同样拥有合法居住权（当地法律允许一块土地被多人所有）的当地居民迁出。[②]

三、“反常”的亚裔（华裔）

（一）大量亚裔支持“反非法移民”

亚裔是美国第三大少数族裔，一向被视为是民主党的票仓。主流观点曾认为，特朗普“反非法移民”主张会招致同为新移民的亚裔强烈反感。然而，“反常”的是，华裔、印度裔等亚裔群体却有不少倒向特朗普，强烈支持他的“反非法移民”主张。而且，亚裔（特别是华裔）素有不关心政治的传统，但在大选中，全美多地出现了特朗普的华裔助选团。2016年10月至11月，更是有数十万华人集巨资租用飞机在芝加哥、洛杉矶、旧金山等民主党重镇上空宣传特朗普的竞选主张。

看起来更不可思议的是，支持“反非法移民”的不仅限于亚裔（华裔）美国人，还包括数量众多的旅美中国人[③]，他们中大多数是等待入籍的合法移民。虽然不能投票，但他们的热情可能更高，不仅积极参与特朗普助选活动，还通过网络持续向中国介绍特朗普的

---

① 《联合国亲善大使为难民疾呼　外媒却数起了他们家的空房》，http://www.guancha.cn/europe/2016_03_16_354139.shtml.

② 《扎克伯格发公开信承认犯错　放弃夏威夷土地拥有权诉讼》，http://www.guancha.cn/america/2017_01_29_391824.shtml.

③ 根据2013年人口普查数据，美国有435万旅美中国人，与华裔美国人数量相近。

政策主张，他们的举动甚至让“知乎”这个中国网站引起了美国主流媒体的关注。那么，为什么同为新移民的亚裔甚至也在等待入籍的旅美中国人会强烈支持“反非法移民”主张？

（二）移民问题上的选择性执法

理解这个问题，首先要避免这个误区：移民和移民会有同样的立场。立场取决于利益。实际上，亚裔新移民与非法移民的利益冲突还要大于非法移民与本地白人。

1. 选择性执法令亚裔新移民不满

近年来，华裔、印度裔等群体主要是通过攻读学位、留美工作取得身份的合法移民。表面看来，非法移民与合法移民有不同的入籍通道，没有直接冲突。但入籍总盘子就那么大，美国政府在包容非法移民的同时，却在合法移民入籍上越收越紧。在移民问题上，共和党的立场是“选择国家需要的”，2008 年以来，共和党议员曾数次提出《高技术人才便捷入籍通道法案》，但都被奥巴马或民主党议员以“一揽子解决移民入籍问题”为由予以否决。① 很长一段时间，外籍高技术人才（中国和印度是最大来源地）即使毕业于美国大学，有长期雇佣合同和纳税，也必须参加三年一次的 H－1B 工作签证抽签，抽不中就得离开美国。

如果没有抽中，为了留在美国，很多留学生只得再去申请攻读学位以获得教育签证，他们有可能真的就读，也可能是空挂学籍。最近几年，美国政府对“空挂学籍”现象的打击愈加严厉，2015 年爆出了多起中国留学生“学籍造假”案件（表面上注册为学生，但不去上学，继续打工）。办案过程中，FBI 频繁使用“钓鱼执法”：注册一个假学校，主动向留学生宣传可以提供“空挂学籍”服务，在

① The White House, “Taking Action On Immigration: At A Glance”, https://www.whitehouse.gov/issues/immigration.

他们缴费注册后，再予以逮捕。上述“钓鱼执法”大致符合美国法律。对亚裔合法移民严格执法，面对非法移民却十分宽容，这种选择性执法引起了亚裔的不满乃至愤怒。

2. 华裔的两套入籍通道

为什么会有选择性执法？不少亚裔将其归结为种族因素，即美国存在对亚裔移民的系统性歧视。这一观点过于情绪化，缺乏理性思考。明显的反例是，长期滞留乃至成功入籍的亚裔（华裔）非法移民也大有人在。也就是说，选择性执法首先选择的不是族裔，而是合法/非法。对待非法移民，无论哪个族裔，执法都比较宽松；对待合法移民，执法则严格的多。那么，为什么会出现这种差异？

关键在于背后不同的逻辑。面对合法移民，执法秉承的是法律（主权）的逻辑，即是否允许居留乃至入籍由本国法律决定。法律规定可能有不合理之处，现实中也可能有特殊情况，但法律就是法律，必须严格执行。面对非法移民，执法秉承的则是人道的逻辑，即是否允许居留乃至入籍取决于申请人的生活状况，如果执法可能导致他的生活困境，那么应当不执法。

老一辈亚裔移民中的许多人（以华裔、越南裔为主）都是以各种途径长期滞留乃至入籍美国的，具体理由既有所谓“政治迫害”，也有“经济难民”等等。但是，今天大多数亚裔新移民很难再利用这一入籍通道，因为他们没法让自己出“人道问题”。对华裔新移民来说，第一，现在中国经济高速发展，移民法官不大会认可中国人的“经济难民”申请了；第二，“政治避难”在美国法律上依然可行。然而，以此方式入籍意味着至少中期内不能回中国。这对老华裔影响不大，不论是1980年代的偷渡客，还是1950年代的逃亡地主，他们在中国已经没有太多利益。但是，华裔新移民大多出身富裕家庭，一旦不能回国，他们在亲情、财产和发展上都会遭受巨大损失。所以，他们只有合法入籍一条路可走。在入籍名额总量有限、自身利益受损情况下，他们自然会支持特朗普的“反非法移民”主张。

（三）主权更多的为谁服务？

1. 平权行动只顾及选票众多的少数族裔

过去，民主党被认为是维护少数族裔的政党，一直主张针对少数族裔的平权行动。按照最初的逻辑，平权行动应当是负有原罪的白人向曾被奴役的非洲裔以及也曾受过不公正对待的亚裔和拉美裔提供补偿。然而，近年来，民主党对“少数族裔”的界定、对平权行动的操作越来越受制于选举利益。它更加重视选票众多的非洲裔和拉美裔，又不能让占美国人口六成的白人付出太多。这样一来，人数最少的亚裔就常常成为被剥夺对象，这在教育上体现的最为明显。

亚裔是美国最重视教育和受教育程度最高的族群。有学士以上学位的亚裔比例是51.3%（华人52.7%），远高于美国人总体三成的水平[①]。同时，亚裔想要升入大学所需要的SAT分也是最高的（即难度最大）。在这种情况下，2013年，民主党在亚裔人口最多的加州提出了旨在推动“教育平权”的SCA5法案，其核心主张是“公立大学录取时要充分考虑族裔平衡”。当前，亚裔学生在加州公立大学系统所占比例是35%，而亚裔的人口比例是13%，也就是说，如果SCA5法案实施，亚裔学生的录取比例将被大幅压缩，多出的名额交给在校生比例低于人口比例的拉美裔和非洲裔。这在亚裔中引起轩然大波，所幸法案当时没有通过，但阴影并未退去。2016—2017年，加州、纽约市等多地（民主党控制的）议会先后高票通过了亚裔细分法案（即亚裔在出生、入学、就医时，要注明来源于哪个国家或

---

① 《最新数据指美国华人总数达452万 受教育程度高》，http://news.xinhuanet.com/overseas/2015-05/04/c_127762167.htm.

地区，特别是华裔居然被分为大陆、台湾、广东乃至台山）。[①] 虽然细分法案目前还不会影响亚裔的实际利益，但在亚裔看来，该法案的指导思想“有针对性地为少数族裔提供服务”。是为了分化亚裔，孤立华裔，为类似 SCA5 的法案卷土重来做准备。

此外，民主党还有将平权行动向就业领域推进的趋势。以往，就业平权大多在公共工程领域，即一定比例的政府工程必须由少数族裔开办的公司承包或雇佣的少数族裔员工必须达到一定比例。这时矛盾主要发生在白人与非洲裔之间，因为亚裔极少在这些领域经商就业。然而，近年来奥巴马多次呼吁科技公司（苹果、脸书、微软等）招收员工时考虑族裔多元化（提升非洲裔和拉美裔比例），而大量华裔、印裔新移民都是在科技行业就业的。

2. 非法移民入籍将彻底改变美国政治格局

表面上看，平权行动是不同族裔的美国人的内部矛盾，并不涉及非法移民。但是，如果非法移民成为美国公民，不同族裔的力量对比就可能被彻底改变。具体来说，2013 年加州 SCA5 法案未通过是因为共和党议员的反对，他们看到了借此拉拢亚裔、挖民主党墙脚的机会。亚裔担心的是，一旦“1200 万非法移民（以拉美裔为主）入籍”成为现实，拉美裔选民数量将暴增，亚裔选票将变得无足轻重，这必然促使越来越多的政客（不论党派）提出或支持类似 SCA5 的法案，牺牲亚裔利益以争取庞大的拉美裔票仓。

简言之，“非法移民入籍”关乎国家机器将更多为哪个族裔服务的问题。对亚裔来说，“反非法移民”政策至少能让他们继续保持已经有限的话语权，不损失更多核心利益。

3. 亚裔与白人结盟

认识亚裔的现实主义态度是理解其立场的关键。诉诸“平等”的观点认为，拉美裔、非洲裔、亚裔等受过不公正对待的少数族裔

---

① Kevin Nadal, “Data disaggregation bills passed in New York City,” http: //danieldromm. com/data-disaggregation-bills-passed-in-new-york-city-a-big-win-for-lgbtq-people-and-communities-of-color/, last visited on 2016. 11. 6.

应当联合起来争取与白人的平等地位，但这在现实中不具有可行性。例如，在最核心的教育问题上，拉美裔、非洲裔诉求是“按族裔比例录取”，而亚裔的现状是在校生比例远高于族裔比例（白人在校生比例与族裔比例相差不大），如果按族裔比例录取，首先损害的是亚裔而非白人利益。所以，无论情感上是否有共鸣，亚裔也不可能与非洲裔和拉美裔联合。相反，与白人联合，“按学生表现录取”才符合亚裔利益。

目前看来，特朗普执政后也开始回应亚裔诉求，打造更广泛的选民联盟。例如，2017 年 8 月，司法部着手调查美国大学录取中存在的歧视现象，给出的直接理由是亚裔学生投诉。白人拥有足够的政治能量，是特朗普有动力（回应诉求）也有能力尝试修正平权行动的主因，作为少数族裔的亚裔则能提供“政治正确”保障。同样，《改革美国移民政策以促进经济法案》则被认为有利于（以亚裔为主的）高技术移民，某种程度上是对他们在大选中支持的回报，但不利于拉美裔（非法）移民。

四、拉美裔美国人未必欢迎非法移民老乡

（一）特朗普并未失去拉美裔的支持

以拉美裔为主的非法移民入籍可以提升拉美裔美国人的政治影响，也符合他们家庭团聚的直接需要。因而，主流观点认为，宽松的非法移民主张可以赢得拉美裔美国人好感。相反，严苛的“反非法移民”主张则会使特朗普在拉美裔中损失惨重。

然而，事实并非如此。在大选中，特朗普获得了 28% 的拉美裔选票，比 2012 年罗姆尼的增长了 1%；希拉里赢得了 66% 的拉美裔

选票，比2012年奥巴马的下降了5%[①]（而且，奥巴马的非法移民政策比希拉里还要严格一些，在特朗普从政前，奥巴马甚至有“驱逐总司令”之称）。在共和党初选中，提出宽松非法移民主张的杰布·布什和卢比奥没有赢过任何一个拉美裔聚集州，甚至两人联手都在他们的大本营佛罗里达州惨败给了特朗普。特朗普则赢得了大多数拉美裔聚集州的共和党初选，只在德克萨斯州输给了主场作战的克鲁兹，而克鲁兹虽然也是拉美裔，但他的“反非法移民”主张比特朗普还要更严苛一点。[②]

为什么“反非法移民”主张并未导致特朗普损失拉美裔选票？由于境遇相近，在此也顺带阐述非洲裔的态度。在非洲裔选民中，2016年特朗普的得票率是8%，比2012年罗姆尼的上升2%，希拉里的得票率是88%，比2012年奥巴马的下降5%。[③]

（二）非法移民与拉美裔美国人的利益冲突

关键原因是利益。特朗普反复强调：“过去数十年的移民已经造成了本国国民的低薪与高失业率，尤其是非洲裔美国人和拉美裔美国人。”[④] 事实大致如此。

首先，拉美裔美国人与以拉美裔为主的非法移民间存在直接就业竞争。众多研究显示，非法移民主要在农业、建筑、清洁、餐饮和

① Pew research center, “Hillary Clinton won Latino vote but fell below 2012 support for Obama,” http://www.pewresearch.org/fact-tank/2016/11/29/hillary-clinton-wins-latino-vote-but-falls-below-2012-support-for-obama/, last visited on 2016. 11. 29.

② 虽然没有“建墙”口号，但克鲁兹是首个提出“全面驱逐非法移民”主张的候选人。特朗普主张，非法移民被驱逐后还可以通过合法途径入境；克鲁兹则主张，只要有被驱逐经历，就不能再入境。

③ Pew research center, “Behind Trump's victory: Divisions by race, gender, education,” http://www.pewresearch.org/fact-tank/2016/11/09/behind-trumps-victory-divisions-by-race-gender-education/, last visited on 2016. 11. 9.

④ 《特朗普接受共和党总统提名演讲（视频）》。

家政等行业就业[①]，这首先冲击的是先来一步的拉美裔美国人。其一，在劳动力市场上，新、老移民存在直接替换关系。拉美裔美国人的合法身份意味着更多的工资、税费和福利开支，雇主因而更青睐更便宜但素质差不多的拉美裔非法移民。[②] 其二，非法移民加剧了劳动力市场的竞争，导致平均工资下降。有研究显示，非法移民数量每增加 10%，就会导致平均工资下降 2%[③]。

进而，非法移民和拉美裔美国人又一起对非洲裔美国人的就业和经济状况造成冲击[④]。有研究指出：在拉美裔移民的竞争下，许多黑人男性对在常规经济状况下寻求职位已经感到绝望[⑤]。一项基于 1960—2000 年美国人口普查数据的研究发现，移民与黑人的工资收入、黑人的就业率以及黑人的监禁率之间存在很大相关性，即拥有特定技能的移民每增长 10%，相应技能水平的黑人的工资就会减少 4%，黑人男子的就业率会降低 3.5%，黑人的监禁率会增加 1%。[⑥] 事实上，非洲裔一直认为拉美裔移民挤压了自己的生存空间，双方冲突时有发生。

简而言之，拉美裔美国人和拉美裔非法移民虽然是政治上的潜在同盟，又有老乡情谊（许多个体之间存在直接血缘关系），但是他们

---

① Stephanie A. Bohon, "Occupational Attainment of Latino Immigrants in the United States", *The Geographical Review*, 2005, Vol. 95 (2), pp. 249 - 266; Alejandro Canales, "Inclusion and Segregation: The Incorporation of Latin American Immigrants into the U. S. Labor Market", *Latin American Perspectives*, 2007, Vol. 34 (1), pp. 73 - 82.

② Kristopher Kanete, "Immigration and Its Effects on U. S. Labor Markets", http://titan.iwu.edu/ - econ/ppe/1999/kris.pdf.

③ Jean Grossman, "The Substitute Ability of Natives and Immigrants in Production", *The Review of Economics and Statistics*, 64 (4), 1982.

④ Frank Bean & Stephanie Bell-Rose ed., *Immigration and Opportunity: Race, Ethnicity, and Employment in the United States*, New York: Russell Sage Foundation, 1999, pp. 34 - 35; Daniel Hamermesh, & Frank Bean ed., *Help or Hindrance? ——The Economic Implications of Immigration for African Americans*, New York: Russell Sage Foundation, 1998, p. 51.

⑤ Vernon Briggs & Stephen More, *Still an Open Door? ——U. S. Immigration Policy and the American Economy.*

⑥ George J. Borjas & Jeffrey Grogger & Gordon H. Hanson, "Immigration and African-American Employment Opportunities: The Response of Wages, Employment, and Incarceration to Labor Supply Shocks", http://www.nber.org/papers/w12518.pdf.

在劳动力市场上也存在直接竞争和明显冲突。这使得拉美裔美国人在非法移民议题上的整体态度是矛盾的，个体上则大相径庭，有亲属是非法移民的则希望宽松的非法移民政策，没有亲属是非法移民的则更关注经济利益。而非洲裔与拉美裔非法移民没有老乡情谊，那就只有激烈的就业竞争了。

当然，大多数拉美裔和非洲裔选民仍然支持民主党，但这是因为民主党的经济主张更符合他们的根本利益。简单来说，第一，“提升最低工资”一直是民主党的核心政策诉求。例如希拉里提出“最低时薪提至15美元”，目前主要在低端行业就业的拉美裔和非洲裔的平均时薪只有7—12美元。第二，相比其他群体，收入较低的拉美裔和非洲裔更需要医保、教育、救济等国家福利。共和党一贯反对高福利，特朗普正在试图废除奥巴马医保，多方估计这会让1600—2000万人失去医保，其中拉美裔和非洲裔占多数。

五、小结

本文阐述了美国不同族群在非法移民议题上的不同态度和诉求，实证分析了他们利益分歧的深层原因。当然，族裔/利益分析并不绝对，亚裔、拉美裔和非洲裔也担心非法移民造成的安全和福利问题，白人也一直有“我们是谁”的主权旁落担忧，少数从事低端行业的白人和亚裔也面临着非法移民的就业冲击。不过，与第二、第三、第四部分的阐述相比，这些因素相对次要。

总的来说，研究发现，第一，虽然美国非法移民议题有明显的族群界线，即不同族群有截然不同的诉求，但是族群立场的成因与情感性的种族因素关系不大，而是现实利益冲突。第二，过去被视作非法移民入籍核心支持力量的拉美裔和主要反对者非洲裔并未积极参与到当下的争端中。现在，非法移民议题的主战场是白人内战（基于安全利益的中南部白人VS精英阶层和基于意识形态的东西海岸白人），一部分亚裔新移民从自身利益出发积极参与其中。第三，非法移民议题的焦点并不是就业等经济问题（福利因素也有影响，但这相比安全和平权行动是次要的，并且福利不仅是经济问题，也是关乎成员身份的政治问题），而是关于主权归属及为谁服务的政治问题。

虽然“反非法移民”主张招致了主流媒体一边倒的批评，但从执政需要来看，“反非法移民”主张为特朗普赢得了数量庞大的坚定支持者，却没有在实质上为他招致反对者。具体来说，即使不提出“反非法移民”的主张，信奉自由主义价值观的东西海岸白人选民大多也不会支持任何一个共和党候选人。同样，对大多数拉美裔和非洲裔来说，信奉财政保守主义的共和党也不可能提出比民主党还有吸引力的工资和福利主张。

从学术角度来说，当下美国非法移民问题研究最大的困境是其在很大程度上陷入了政治斗争的泥潭。本来，经过数十年扎实的实证研究，“非法移民不会对制造业蓝领的就业和工资造成显著影响”“非法移民会对低端就业市场造成一定冲击”等结论早已成为美国学界、政界和媒体都认同的共识。然而，2016 年以来，许多媒体却在反复渲染“懦弱的白人蓝领害怕丢工作”论调。一方面，这掩盖了非法移民问题的真正症结（安全、福利、选票、平权行动等，即“主权为谁服务”），另一方面，这在事实上反倒制造了非法移民与（本来与其冲突不大的）白人蓝领的新矛盾，增加了解决非法移民问题的政治阻力。所以，对中国研究者来说，现在研究美国非法移民问题，需要更多从直接的现实证据和过去美国扎实的实证研究中汲取养分，尽量避免受当前美国舆论过度政治化的影响。

（原文载于《国外理论动态》2018 年第 5 期）

试析移民社群对当代美国外交的影响*

隆德新**

【内容提要】美国移民社群外交是指一个或一系列明确并系统的政策计划，其目的是借助移民社群的资源及其与祖籍国之间的经济、社会和文化关系，以提高美国的发展援助与公共外交等政策有效性。目前，美国这些政策计划尚未建立高度正式和结构化方式，而主要是采取全球公私伙伴关系这种制度化形式。通过全球移民社群论坛、非洲移民社群市场、国际移民社群协作联盟三个机制可以看出，美国移民社群外交展现出不同于传统外交的环境、行为体、机制方面的重大变化。美国移民社群外交首次通过制度化方式将移民社群纳入美国外交体系中。

【关键词】地区与国别政治　移民社群　美国外交　全球公私伙伴关系

“9·11”事件后，美国政府与学界明确意识到，美国的发展、安全和外交都与移民社群（diaspora）密切相关，其中，非常重要的

---

* 本文系广东省哲学社会科学“十三五”规划2016年度青年项目“美国发展外交：本体特征、作用机理与政策意涵：以国际侨民接触联盟为例”（项目编号GD16YHQ01）、广东外语外贸大学引进人才科研启动项目阶段性成果，以及2016年外交学院中央高校基本科研业务费专项资金预研项目“以公私合作推动新公共外交的案例研究”（项目编号：3162016ZYE05）的阶段性成果。感谢王逸舟教授、袁正清教授、夏莉萍教授、节大磊副教授和雷少华助理教授对本文提出的中肯意见，感谢《国际政治研究》匿名审读专家提出的修改意见。文中可能出现的错漏概由笔者承担。

** 隆德新，广东外语外贸大学广东国际战略研究院博士、讲师。

一点是美国在对外政策制定过程中越来越关注移民社群对国内政治与国际政治产生的现实效应。西方学者们普遍认为，移民社群的各种活动正成为塑造民族国家对外关系的重要力量。移民社群通过正式与非正式的跨国政治、社会和经济纽带，在国家、非国家和次国家行为体之间建立超越国家边界的联系，而这种影响正在改变民族国家政府对外政策的制定方式及移民社群在居住国对外战略中的地位。概言之，学者与政治家越来越认识到移民社群对外交政策的作用能力，然而如何将移民社群的这种作用能力纳入外交轨道呢？将移民社群纳入美国外交轨道过程中外交部门与移民社群之间保持一种什么样的组织间关系才能发挥移民社群的积极性并提高美国外交的有效性呢？学者对于这些具体但非常重要的问题缺少应有的关注。①

美国作为移民国家，正在以本国外来移民为桥梁，通过制度化方式和途径发展与外来移民祖籍国的关系。2008 年，美国国务院发起全球伙伴关系计划（Global Partnership Initiatives），并在国务院全球伙伴关系办公室（State Department's Office of Global Partnerships）推动下，成立全球移民社群论坛（Global Diaspora Forum）、非洲移民社群市场（African Diaspora Marketplace）和国际移民社群协作联盟（International diaspora Engagement Alliance）。本文试图在美国政府利用全球移民社群论坛、非洲移民社群市场、国际移民社群协作联盟三个机制开展移民社群外交实践的基础上，探究移民社群外交的内

① 冷战后，美国外交中的移民社群虽引起学者关注，但大部分研究主要集中在移民社群族群游说、通过外交策略控制移民社群、移民社群作为外交政策工具、移民社群通过跨文化交流输出美国价值观等四个议题上。代表性的研究成果主要有：Yossi Shain, *Marketing the American Creed Abroad: Diaspora in the U. S and their Homeland*, Cambridge: Cambridge University Press, 1999; Yossi Shain, *Multicultural Foreign Policy*, *Foreign Policy*, No. 100, 25th Annive, 1995; Gabriel Sheffer, *Diaspora Politics: at Home Abroad*, New York: Cambridge University Press, 2003, p. 173; Tony Smith, *Foreign Attachments: The Power of Ethnic Groups in the Making of American Foreign Policy*, Cambride: Harvard University Press, 2000;［美］约翰·J. 米尔斯海默、斯蒂芬·M. 沃尔特：《以色列游说集团与美国对外政策》，王传兴译，上海人民出版社，2009 年版。

涵，并分析移民社群外交中美国国务院与移民社群之间的组织间关系以及美国国务院将移民社群纳入外交轨道的制度性方法，以发现美国提高其外交有效性和释放移民社群的外交能量的方法。

一、相关概念内涵

移民社群对美国外交政策的影响方式有多种类型和机制，但已有研究缺乏对移民社群等概念明确和清晰的界定，为此，本文先对移民社群、移民社群外交和全球公私伙伴关系等概念内涵进行梳理。

（一）移民社群

从传统意义上，"diaspora" 主要强调其族群性及其与母国保持象征性或实际上的联系。加布里埃尔·谢夫（Gabriel Sheffer）指出，人们普遍认为"diaspora"这个词首先出现在希腊翻译的旧约申命记中，用来指称犹太人的生存状态，然而"diaspora"也出现在伯罗奔尼撒战争史中，用来指称最古老的犹太与希腊人，即厄基那人（Aeginetans），而厄基那人有一部分是自愿主动离开他们的家园求生存。[①] 当代研究移民社群影响较大的学者是威廉·萨弗朗（William Safran），他创办了学术期刊《移民社群》（*Diaspora*），并在创刊第一期发表文章称移民社群可被用来指称"移居国外的少数群体"（expatriate minority community），它们有以下几项或全部特征：祖先来源于同一"中心"、保持集体记忆、民族意识、对理想化家园的向往、通过各种方式与家园保持联系、在居住国不被完全接受等。[②] 可

① Gabriel Sheffer, *Diaspora Politic: At home Abroad*, New York: Cambridge University Press, 2003, p. 8.

② William Safran, "Diasporas in modern societies: Myths of Homeland and Return," in *Diaspora*, Vol. 1, No. 1, Spring 1991, pp. 83 – 99.

见，与“母国”保持联系是移民社群这个概念的核心要素。

然而，经过最近20年的发展，移民社群已摆脱过去的悲剧色彩，也不再与流亡、迫害、离散存在必要联系。① 移民社群是指那些与故乡（ancestral land）或分散于其他地方的亲属（kinfolk）之间仍保持文化、宗教、种族或民族上的密切关系的移民。② 概言之，移民社群已被广泛用来指称与原来移出国仍持有联系的移民工人、双重国籍者，二代、三代甚至更多代移民和拥有共同民族文化遗产的人们，这一概念意指他们在与移出国保持联系的同时，并不影响他们在居住国的成员资格。③ 此外，《韦氏大学词典》对“diaspora”的第2条解释，直接使用同义词“migration”；第3条解释为：居住于远离祖籍国的地方（people settled far from their ancestral homelands）。④ 另外，

---

① 罗宾·科恩（Robin Cohen）经过梳理概括出“diaspora”这个概念经历的4个不同发展阶段，即经典含义阶段（20世纪80年代前）、扩展阶段（20世纪80—90年代中期）、建构主义阶段（20世纪90年代中期到20世纪末）和综合阶段（20世纪末至今），参见 Robin Cohen, *Global Diasporas: An Introduction*, Second edition, Abingdon: Routledge, 2008, pp. 2–4。罗宾·科恩注意到，时代背景不断给“diaspora”注入新内涵，尤其是跨国移民的大量涌现大大丰富了现代“diaspora”的涵义，扩展了其活动范围与影响力，除族群性、多元认同性外，现代“diaspora”还具有跨国性与网络性特征。许多学者将现代“diaspora”融入到跨国主义的理论框架中，并开始用其来描述那些来自于特定国家移民与其散布于世界各地的同族与祖籍国之间建起跨国网络的现象。史蒂文·维托维克（Steven Vertovec）认为，今天“diaspora”实际上被用来指称那些去领土化和跨国的人口，也就是这些人来源于一个不同于现在居住的地方，他们的社会、经济和政治网络跨越民族－国家边界或者说覆盖全球。参见 Steven Vertovec, “Three Meanings of ‘Diaspora’, Exemplified Among South Asian Religions,” *Diaspora: A Journal of Transnational Studies*, Vol. 6, No. 3, 1997, pp. 277–299。加布里埃尔·谢夫（Gabriel Sheffer）分析了移民族群（ethno-national diaspora）的重要特征，探究了移民族群与祖籍国、居住国和国际行为体之间复杂关系的跨国网络，认为居住国、移民社群、祖籍国三者为一体的网络构成研究现代“diaspora”的关键途径。Gabriel Sheffer, *Diaspora Politic: At home Abroad*, New York: Cambridge University Press, 2003, pp. 9–10; Gabriel Sheffer, “A New Field of Study: Modern Diasporas in International Politics,” in Gabriel Sheffer, ed., *Modern Diasporas in International Politics*, London: Groom Helm, 1986, p. 3.

② Yossi Shain, “Multicultural Foreign Policy,” *Foreign Policy*, Vol. 100, Autumn 1995.

③ Susanna Groves, “Am I Part of a Diaspora?” 参见国际移民社群协作联盟网站：http://diasporaalliance.org/am-i-part-of-a-diaspora，2017–06–23。

④ Merriam-Webster, *Webster's Collegiate Dictionary* (Tenth Edition), Massachusetts: Merriam-Webster, Incorporated, 1993, p. 320.

《牛津高阶英汉双解大词典》对“diaspora”的第2条解释是“任何民族的大移居”(the movement of people from nation or group away from their own country)。[①] 综上,本文将“diaspora”翻译成“移民社群”,其核心内涵是指因各种原因离开其祖籍国或出生国,但仍然与祖籍国或分布于世界各地的同一族群成员保持密切联系的移民。[②] 总之,从外交角度来看,移民社群可以被看作为一种在祖籍国与居住国甚或第三国之间持续的、长期的人口、资本、观念和信息的跨国流动。

(二)移民社群外交

随着人口迁移加速及其联系网络的加强,移民社群与祖籍国之间的经济、社会和文化联系日益加强,以及移民社群对祖籍国经济、政治和文化等各方面的影响加强。许多移民社群祖籍国的外交部门开始将移民社群视为国家的重要外交财富,纷纷制定有关移民社群的外交政策,以吸引移民社群的经济、政治和社会力量推动本国的对外政策。而现有的关于移民社群外交的研究主要强调移民社群作为祖籍国外交政策的工具在文化传播、软实力推广、对外援助、公共外交及经济外交等诸多领域的作用。[③] 但是,移民社群不仅能帮

---

① 《牛津高阶英汉双解大词典》(第七版),北京:商务印书馆,2009年版,第550页。

② 国际移民社群协作联盟网站:http://www.diasporaalliance.org/what-is-a-diaspora,2017-06-23。

③ Joaquin Jay Gonzales III, *Diaspora Diplomacy: Philippine Migration and Its Soft Power Influences*, Mill City Press, 2011; Kishan S. Rana, "India's Diaspora Diplomacy," *The Hague Journal of Diplomacy*, Vol. 4, 2009; Makumi Mwagiru, "The African Union's Diplomacy of the Diaspora: Context, Challenges and Prospects," *African Journal on Conflict Resolution*, Vol. 12, No. 2, 2012; Michael Bulwaka, "Diaspora Diplomacy: A Case Study of Uganda," A dissertation presented to the Faculty of Arts in the University of Malta for the degree of Master in Contemporary Diplomacy, July 2009; 金正昆、臧红岩:《当代中国侨务公共外交探析》,《广西社会科学》2012年第5期;潮龙起:《侨务公共外交:内涵界定与特点辨析》,《东南亚研究》2013年第3期;赵可金、刘思如:《中国侨务公共外交的兴起》,《东北亚论坛》2013年第5期;陈奕平:《华侨华人与中国软实力:作用、机制与政策思路》,《华侨华人历史研究》2010年第2期。

助祖籍国获得资本、知识和新科技，还能帮助居住国发展对外关系。在过去，美国主要利用移民社群的文化资源（如文化交流）营销美国价值观念，发展对外关系，随着移民社群与祖籍国经济交流加强，美国开始利用移民社群的经济资源发展对外关系。以侨汇为例，2009 年，从移民社群居住国（发达国家）流向发展中国家的侨汇是发达国家官方援助的三倍，并与外国直接投资持平。① 这引起以美国为代表的发达国家的关注，它们希望通过将侨汇与官方援助及对外投资联系起来，减少其财政开支，发展其对外经济关系和开展对外援助，试图使经济侨汇转变成政治和社会侨汇。因此，一些发达国家纷纷制定移民社群外交政策，应对这一日益凸显的现象。

传统的移民社群外交认为，移民社群依从于外交体系，并将同一族群的移民社群假定为同质性的、目标同一的受动者，主张政府、非政府组织、商业组织和国际组织可以开发移民社群的资源和价值。冷战结束后，随着人口、资本和技术的跨国流动日渐频繁，移民社群日趋活跃。大量移民社群在现代信息技术的基础上形成跨国行为、跨国网络和资源流动，不仅使国家边界与国家管辖权对其的限制作用日益减弱，还使得移民社群与国家、国际组织、国内行为体之间形成更加复杂多元的关系。在此背景下，许多移民社群都积极参与到外交事务中来，并且也试图使居住国的外交政策反映其利益与声音，但传统的官僚机制无法整合与协调移民社群的意见与利益。将移民社群作为代表非国家行为体整合并纳入到外交轨道，这对传统的外交理念、外交管理体制与机制提出挑战。作为移民国家的美国试图通过机制创新将移民社群纳入到美国的外交体系中，以提高美国在对外援助、公共外交、打击恐怖主义等领域的政策有效性。

---

① Kingsley Aikins, *Nicola White*, *Global Diaspra Strategies Toolkit*: *Harnessing the Power of Global Diasporas*, 2011, Dublin: Gateway House, p. 84.

（三）全球公私伙伴关系

"全球公私伙伴关系计划"旨在与以移民社群、跨国公司和非政府组织为代表的私营部门和民间团体建立公私伙伴关系，开发伙伴资源，将移民社群的资源整合进相关外交政策制定与执行的过程中，加强和深化美国与世界各地的外交关系。[①] 政府创建公私伙伴关系（Public-Private Partnerships，简称 PPPs）的直接动因源于应对资源匮乏。公私伙伴关系最初出现于20世纪70年代的美国并随后扩展到其他国家。[②] 面对治理危机和财政压力的困境，加之民间社会及公民参与的日益兴起，政府显然需要重新思考公私部门的角色、责任功能定位和相互关系。[③] 尤其是卡特和里根总统强力推动不同层级政府加强与私营行为体的伙伴关系建设，公私伙伴关系机制得以广泛应用。[④] 1985年，美国成立旨在推动公私伙伴关系并具有重要影响力的游说组织，即公私伙伴关系国家委员会（The National Council for Public-Private Partnerships）。[⑤] 20世纪90年代，克林顿总统重申公私伙伴关系在相关领域的重要性。[⑥] 由于公私伙伴关系在刺激国家经济、提供公共服务的质量和效率方面表现突出，公私伙伴关系开始由国内公共治理领域蔓延到全球治理与外交领域。面对日益增长的

---

① 参见美国国务院全球伙伴关系办公室网站：http：//www. state. gov/s/partnerships/2011，2017－04－10。

② Peter Carroll and Peter Steane，"Public-Private Partnerships：Sectoral Perspectives，" in Stephen P. Osborne，ed.，*Public-Private Partnerships：Theory and Practice in international Perspective*，London and New York：Routledge，2000，p. 38.

③ 戴晶斌编：《现代城市公私伙伴关系概论》，上海交通大学出版社，2008年版，第9页。

④ Peter Carroll and Peter Steane，"Public-Private Partnerships：Sectoral Perspectives，" p. 41.

⑤ Ibid.，p. 42.

⑥ S. Clarks，"Economic Development Roles in American Cities：A Contextual Analysis of Shifting Partnerships Arrangements，" in N. Walzer and B. Jacobs，eds.，*Public-Private Partnerships for Local Economic Development*，*Westport*，CT：Praeger Publishers，1998，p. 109.

需求，美国的外交资源变得更加稀缺，国务院开始通过全球伙伴关系计划发挥全球公私伙伴关系机制在外交事务与国家安全中的作用。

美国国务院与全球伙伴关系计划官方虽未对全球公私伙伴关系机制（也称为跨国公私伙伴关系机制）做出明确界定，但从其具体运作形式，可以看出全球公私伙伴关系主要是指政府机构与非传统的私营部门之间建立的创造性的组织间关系，以增加美国开展外交的有效性。其中，私营部门主要指跨国公司、非政府机构、智库、移民社群等非政府行为体。① 尽管美国国务院并未具体指明这种创造性组织间关系的具体内容，学术界对全球公私伙伴关系概念及其与其他组织间关系的区别、有效性等也还存在较大争论②，但仍取得非常重要的共识：与通过游说不直接参与决策的方式不同，公私伙伴关系中的非国家行为体与国家行为体共享政策过程。③ 乔治·华盛顿大学商业和公共管理学院④的珍尼弗·布林克霍夫（Jennifer. M Brinkerhoff）对公私伙伴关系进行界定，并相对具有可操作性与普适性。布林克霍夫认为，只有通过以若干具体要素为基础的经验性标

---

① USAID, "New Partnership Initiative Report," 1995; Cited in John Hailey, "NGO Partners: the Characteristics of Effective Development Partnerships," in Stephen P. Osborne, ed., *Public-Private Partnerships: Theory and Practice in international Perspective*, p. 314. 此外，全球伙伴关系办公室官网也对私营部门进行了界定：http://www.state.gov/documents/organization/224308.pdf, 2017-05-10。

② Marco Schaferhoff, Sabine Campe, and Christopher Kaan, "Transnational Public-Private Partnerships in International Relations: Making Sense of Concepts, Research Frameworks, and Results," *International Studies Review*, Vol. 11, 2009, pp. 451-474; Liliana B. Andonova, "Globalization, Agency, and Institutional Innovation: The Rise of Public-Private Partnerships in Global Governance," Goldfarb Center Working Paper, No. 2006-004, 2006. pp. 1-59; Liliana B. Andonova, "Boomerangs to Partnerships? Explaining State Participation in Transnational Partnerships for Sustainability," *Comparative Political Studies*, Vol. 47. Issue, 3. 2014, pp. 481-515; Tanja A. Börzel and Thomas Risse, "Public-Private Partnerships: Effective and Legitimate Tools of International Governance?", in Edgar Grande, ed., *Complex Sovereignty: On the Reconstitution of Political Authority in the 21st century*, Toronto: University of Toronto Press, 2005, pp. 195-215.

③ Paulane Rosenau Vaillancourt, *Public-Private Policy Parthership*, Cambridge and London: MIT Press, 2000; Steven P. Osborne, *Public-Private Parthership*, *Theory and Practice in International Perspective*, London and New York: Routledge, 2000.

④ 乔治·华盛顿大学商业和公共管理学院是国际移民社群协作联盟的重要伙伴方。

准才能区分公私伙伴关系与其他组织间的关系。具体来说，布林克霍夫根据资源相互依赖与决策共享程度及组织目标自主性程度将组织间关系主要分为以下4种：

表1 组织间关系分类示意图

<table>
<tr><td colspan="2" rowspan="2"></td><td colspan="2">资源相互依赖与决策共享程度</td></tr>
<tr><td colspan="2">低——→高</td></tr>
<tr><td rowspan="2">组织目标
自主性</td><td rowspan="2">高
↓
低</td><td>2
合同关系</td><td>1
伙伴关系</td></tr>
<tr><td>3
延伸性关系</td><td>4
操纵性关系</td></tr>
</table>

资料来源：J. M. Brinkerhoff, "Government-Nonprofit Partnership: A Defining Framework," *Public Administration and Development*, Vol. 22, 2002, pp. 19 – 30.

从理想类型来看，只有资源相互依赖、决策共享程度以及组织目标自主性程度都很高的组织间关系类型，才能称之为公私伙伴关系。但布林克霍夫同时指出，分类标准是相对的，即便一种组织间关系具有合同关系、延伸性关系或操纵性关系和吞并性关系的细微倾向，只要仍保持较高的资源相互依赖、决策共享程度以及组织目标的自主性程度，仍然属于伙伴性关系。①

自2008年全球伙伴关系计划启动以来，全球公私伙伴关系在推动美国发展援助、公共外交、对外投资甚至维护国家安全等方面发挥出其独特的作用。2010年，美国发布的《国家安全战略》报告指出，公私伙伴关系是美国维护国家安全与国家复苏的重要方式。②2015年，美国发布的《国家安全战略》报告指出，公私伙伴关系是

① Jennifer. M. Brinkerhoff, "Government-Nonprofit Partnership: A Defining Framework," *Public Administration and Develoment*, Vol. 22, 2002, pp. 19 – 30.

② "The National Security Strategy of the United States of America 2010," 美国国家安全战略档案网站：http://nssarchive.us/NSSR/2010.pdf, p. 19, 2017 – 07 – 20。

维护国际发展、支持民主、打击跨国有组织犯罪的重要方式。[①] 美国前国务卿希拉里·克林顿指出：我们应通过创造性的措施，建立公私伙伴关系，促进资源整合发挥效用，而这正是巧实力的重要核心。[②] 前国务卿克里提出，公私伙伴关系是推动发展和经济增长、维护非传统安全的最好方式。[③] 此外，美国国务院发言人在 2014 年全球移民社群周中指出，公私伙伴关系在美国实现其外交目标的过程中已发挥了十分关键的作用。[④] 而与移民社群建立公私伙伴关系是美国全球伙伴计划的一个关键组成部分。美国通过构建全球公私伙伴关系这种制度化的方式，确认移民社群在美国公共外交与开展外交中的积极作用，这标志着美国移民社群外交（Diaspora diplomacy）的正式形成。

二、美国移民社群外交的开展及运行机制

借助于全球化与信息技术，移民社群与其祖籍国甚至与第三国之间强大的跨国网络展现出其独特的外交能力。由于资源紧张与全球性挑战的大量涌现导致外交涉及的领域日益拓宽，美国外交开始越来越需要移民社群的支持。在过去，美国政府既不支持移民的跨国活动，也没有对其进行有效的管理[⑤]。现在美国政府尤其是国务院开

① 美国国家安全战略档案网站：“The National Security Strategy of the United States of America 2015，” http：//nssarchive. us/NSSR/2015. pdf，p. 27，2017 - 07 - 20。

② Hillary Clinton's Remarks at the Inaugural Diaspora Forum，全球移民社群论坛网站：http：//diasporaalliance. org/hillary-clintons-remarks-at-the-inaugural-diaspora-forum. 2017 - 04 - 26。

③ 2015 年“全球移民社群周”（Global Diaspora Week）美国国务卿约翰·福布斯·克里的致辞，参见美国国务院全球伙伴关系办公室网站：http：//www. state. gov/s/partnerships/releases/reports/2015/238828. htm. 2017 - 04 - 31。

④ 美国国务院网站：http：//www. state. gov/r/pa/prs/ps/2015/03/238689. htm，2017 - 06 - 10.

⑤ Alejandro Ports，*Conclusion*：*Towards a New World-the Origins and Effects of Transnational Activities*，Ethnic and Racial Studies ，Vol. 22，Issue，2，1999，pp. 463 - 477.

始改变传统外交思维，通过全球公私伙伴关系等机制帮助移民社群发展与其祖籍国的联系，从而推动美国外交目标的实现。

（一）美国移民社群外交的开展

“9·11”事件后，美国外交在承担维护国家安全方面责任更加重大，也必然面临更大的资源压力，而移民社群是缓解这一压力的重要“巧实力”资源。所谓“巧实力”，通过融合各种资源和手段，综合运作硬实力和软实力，以加强美国领导力。① 移民社群及其资源对加强美国经济的对外交往、推动技术创新、公共外交和发展外交等“巧实力”战略构成都有着重要作用。特别是移民社群的人际网络资源与侨汇资源尤其有利于提高公共外交的有效性。

首先，移民社群的人际网络资源有利于提高公共外交的有效性。移民社群与祖籍国文化上的亲近、与祖籍国或出生国的个人和专业的联系网络优势往往使自己置身于公共外交议题中。美国前国务卿希拉里·克林顿提出“巧实力”的核心，在于不同国家之间人与人之间的交流。②“移民社群就是美国的基层大使，他们是个人或专业网络的成员，并与网络中相似背景的人保持联系，他们经常回到祖籍国并向那里的民众讲述有关美国的故事。当他们这样做时，就成了可靠和热情的大使。”③ 美国前国务卿克里认为，移民社群是美国最重要的外交资源之一，他们是帮助美国跨越与他国之间地理和文

① “巧实力”主张保持强大军事力量必要性的同时，加大在建立联盟、伙伴和所有层次的国际制度上的投入，以扩大美国的影响。“巧实力”战略的主要内容包括：盟国、伙伴和国际制度；发展援助；公共外交；经济一体化；技术和创新。CSIS Commission on Smart Power, “A Smarter, More Secure America,” CoChairs: Richard L. Armitage and Joseph S. Nye, Jr.，美国战略与国际研究中心网站：https://www.csis.org/media/csis/pubs/071106 csissmartpowereport.pdf，2017-08-07。

② Hillary Clinton, “Leading Through Civilian Power: Redefining American Diplomacy and Development,” *Foreign Affairs*, Vol. 89, No. 6, 2010, p. 15.

③ 参见美国国务院网站：http://www.state.gov/e/rls/rmk/209366.htm. 2017-02-25。

化鸿沟的基础大使。[①] 移民社群具有深入到祖籍国社会基层的特点，而这正是传统媒体和宣传机构的缺陷。因此，移民社群是美国公共外交的优势资源。

其次，移民社群也是美国发展援助的重要资金与信息来源。由于以恐怖主义为代表的非传统安全挑战越来越严峻，美国发展援助的资金、方式等各方面面临更为严峻挑战。由于受预算等多方面因素影响，以美国为代表的发达国家政府对发展中国家的援助比例相对于投资、侨汇、贸易所占的比例明显下降。[②] 据世界银行统计，2010年全世界侨汇总额高达4000亿美元，其中流向发展中国家的就达到3250亿，超过官方发展援助的2倍。[③] 2009年，从美国流出的侨汇就达到500亿美元。[④] 由于日益增长的侨汇引起更多的关注，美国迫切希望利用移民社群资源开展对外援助，并视侨汇为官方发展援助的重要补充。[⑤] 而且移民社群独特的文化与社会网络还能弥补美国发展援助过程中的信息缺失和文化不适应等问题，从而提高发展援助有效性。

此外，移民社群出于改善出生国或祖籍国人民生活水平、经济发展与社会稳定的动机往往有利于发展援助产生可持续的影响。也正是在这种理念下，美国国务院通过开展移民社群外交，加强与移民社群祖籍国或出生国的交流与联系，使移民社群成为美国影响世界

---

① 参见国际移民社群协作联盟网站：http：//www. diasporaalliance. org/celebrating-americas-diaspora-communities，2017－06－25。

② 在20世纪60年代，发达国家政府对发展中国家的援助比例占据流向发展中国家资本总量的70%，而到2013年尽管援助总量仍在增加但比例只占总量的13%。国际移民社群协作联盟网站：http：//www. diasporaalliance. org，2017－05－5.

③ World Bank，*Migration and Remittances Factbook* 2011，Washington，DC：World Bank，Migration and Remittances Unit，2010，参见世界银行网站：http：//siteresources. worldbank. org/INTPROSPECTS/Resources/334934－1199807908806/World. pdf. 2017－04－23。

④ http：//diasporaalliance. org/special-representative-kris-balderstons-welcoming-remarks-before-the－2011－global-diaspora-forum，2017－05－20.

⑤ D. R. Agunias，ed.，*Closing the Distance*：*How Governments Strengthen Ties with Theirs Diasporas*，Washinton，DC：Migration Policy Institute，2009. p. 24.

的重要权力资源。

移民社群虽然对于美国援助欠发达国家发展、传播美国民主与发展理念、消除恐怖主义等非传统安全隐患具有重要作用，但移民社群借助跨国网络也产生了一些不同于传统移民社群的行为特征，这给将移民社群简单视为受动者的传统移民社群外交方式带来了挑战。传统的移民社群只有通过政府才能与祖籍国社会发生联系与互动，政府在此过程中起到过滤和看门人的作用。而跨国网络时期的移民社群在信息技术和全球化的帮助下，其跨国行为越过政府与祖籍国的社会力量直接互动，形成了独特的移民社群政治现象。① 这使得移民社群的跨国活动与国家权力之间的概念与逻辑联系发生了一些新变化，尤其催生了政府与移民社群之间新的关系机制。

美国国务院不得不通过制度创新，将移民社群的跨国行为引导到其外交轨道中，从而导致移民社群与以美国国务院为代表的外交部门之间关系的重构。具体来说，美国移民社群外交是指一个或一系列明确并系统的政策计划，其目的在于借助移民社群的物质资源及其与祖籍国之间的经济、社会和文化关系，填充美国外援资金与信息方面的缺口，并在预防冲突、扩大市场、优化投资环境、建立和扩散规范、推广美国民主价值观念等方面发挥作用。根据国际移民社群协作联盟发布的报告，美国移民社群外交的目标可概括为以下几个方面：促进移民社群祖籍国广泛全面的经济增长；推动祖籍国市民社会的繁荣；推动基于祖籍国各行为体广泛参与的善治形成；为移民社群进入全球市场所需技能与资本提供渠道；促进移民社群与祖籍国之间建立牢固的贸易伙伴；帮助移民社群参与到祖籍国科学、技术和通信创新等领域。② 从目前来看，美国这些政策计划尚未

① 移民社群政治主要是指跨国网络时代下移民社群与祖籍国、居住国之间的利益与权力关系，其本质是一种跨国政治体系。参见 Gabriel Sheffer, *Diaspora Politics: At Home Abroad*, New York: Cambridge University Press, 2003, p. 27.

② 国际移民社群协作联盟网站：http://diasporaalliance.org/about-us/#diaspora, 2017-04-18.

建立高度正式和结构化方式，而主要是采取全球公私伙伴关系这种比较灵活的软制度方式。

（二）美国移民社群外交的运行机制

目前，美国国务院主要通过全球移民社群论坛、国际移民社群协作联盟和非洲移民社群市场等公私伙伴关系机制，推动移民社群与国际开发署在世界各地共同协作开展志愿服务、慈善事业、对外投资、对外援助等众多项目以提升美国的外交能力。

1. 全球移民社群论坛

“全球移民社群论坛”在 2011 年由美国国务院主办并由前国务卿希拉里·克林顿发起，每年举行一次。2014 年，国务院将全球移民社群论坛改为“全球移民社群周”（Global Diaspora Week）。[①] 2016 年与 2017 年，美国国务院将“全球移民社群周”的活动整合到“全球伙伴关系周”（Global Partnerships Week）。[②]“全球移民社群论坛”或“全球移民社群周”具体从三方面促进全球公私伙伴机制形成：首先，作为召集者，把具有共同利益的移民社群、私营机构、公共

① 2012 年第二次全球移民社群论坛于 2012 年 7 月 25—26 日在华盛顿举行，主题是“移民社群对祖籍国的回报”（Moving Forward By Giving Back），全球移民社群论坛网站：http：//diasporaalliance. org/global-diaspora-forum－2012，2017－05－13。第三次全球移民社群论坛于 2013 年 5 月 13 日在美国华盛顿国际开发署（USAID）总部举行，全球移民社群论坛网站：http：//diasporaalliance. org/global-diaspora-forum－2013，2017－05－13。2014 年，国务院根据全球移民社群论坛参与者的意见将“全球移民社群论坛”改为“全球移民社群周”，不同移民社群可根据其兴趣与需要参与不同具体项目组展开专题讨论，以致力于推动移民社群与美国国务院建立伙伴关系，培养移民社群民主与发展意识，在互动过程相互交流学习从而与移民社群寻找共识，推动相关项目的制定与实施，进而推动全球发展，参见全球移民社群周网站：http：//www. diasporaalliance. org/global-diaspora-week－2014，2017－05－10。第二次全球移民社群周于 2015 年 10 月 11 日至 17 日在美国国务院举行。美国国务卿约翰·克里发表“建立伙伴关系扩大美国的全球影响”（Partnering for Global Impact）为主题的演讲，这次全球移民社群周吸引了祖籍国分布于全球 22 个国家的移民社群领袖参加，发起项目多达 90 多个。参见全球移民社群周网站：http：//www. diasporaalliance. org/global-diaspora-week－2015，2017－05－10。

② 全球伙伴关系周网站：http：//www. p3. co/gpw－2017，2017－07－08.

机构等召集起来探索合作的途径与方式；其次，作为催化剂，通过论坛这个平台发起一些新项目并对需要者提供培训与技术援助；最后，作为合作者，国务院将与移民社群领袖和其他合作者落实项目并将其效用最大化。①

2011 年 5 月 17 日，首届全球移民社群论坛举行，希拉里·克林顿与美国国际开发署的执行长拉杰夫·沙罕（Rajiv Shah）博士出席会议开幕式，并分别发表主题为“海外移民社群与外交”“美国国务院与移民社群建立新伙伴”关系的演讲。演讲强调，“全球移民社群论坛”与国际移民社群协作联盟的目的在于促进美国移民社群团体与私人企业、非政府组织以及政府机构之间建立新型的合作伙伴关系，加强他们与祖籍国在经济、政治和文化多领域及国家、地方和个人多层次的联系，以此促进美国外交政策目标的实现。② 希拉里·克林顿在 2011 年的全球移民社群论坛开幕式上指出：“当面临自然灾害、经济停滞、贫困、国内动乱及全球性问题等种种挑战，美国政府就算更加高效也无法应对，因此，只能通过巧实力，也就是通过与移民社群等非国家行为体建立伙伴关系，从而调动更多的资源来应对。”③ 首届全球移民社群论坛持续了三天，这是美国政府部门第一次如此大规模地召集移民社群。副国务卿罗伯特·赫玛茨（Robert Hormats）认为，移民社群借助论坛这个平台向全世界分享移民社群在美国的成功故事，可以展现美国对来自世界各地的人们敞开怀抱并提供各种机会，展示移民社群在美国对外关系发展过程中

---

① 全球移民社群论坛网站：http：//diasporaalliance. org/global-diaspora-forum - 2012，2017 - 05 - 13.

② 全球移民社群论坛网站：http：//diasporaalliance. org/global-diaspora-forum - 2011，2017 - 05 - 14.

③ “Hillary Clinton’s Remarks at the Inaugural Diaspora Forum，” 参见全球移民社群论坛网站：http：//diasporaalliance. org/hillary-clintons-remarks-at-the-inaugural-diaspora-forum，2017 - 05 - 20。

的作用。[①] 负责公共外交和公共事务的美国国务院前副国务卿塔拉·索南夏恩（Tara Sonenshine）在2012年全球移民社群论坛发言中指出："美国移民社群是建立不同国家之间的人与人关系的最好桥梁。"[②]

值得关注的是，全球移民社群论坛的移民社群祖籍国所在区域与"9·11"事件后美国对外援助的地理走向趋于一致。"9·11"事件后，美国对外援助显著增加了对反恐前线（阿富汗、伊拉克）和撒哈拉以南非洲的援助，在领域上选择了加大对社会领域的投入。[③] 据不完全统计，目前，共有超过500个以美国为基地的移民社群领袖参加论坛。参加论坛的移民社群祖籍国分布在近50个国家，主要集中于撒哈拉以南的非洲及中东地区。[④] 全球移民社群论坛的项目主要涉及经济与社区发展、文化与传媒、慈善事业、环境治理、教育、人权保护、侨汇与移民社群投资、对祖籍国的经济援助等。[⑤]

2. 国际移民社群协作联盟

在首次全球移民社群论坛上，希拉里·克林顿宣布成立国际移民社群协作联盟。该联盟成立的主要作用是推动国际开发署与移民社群及其他非国家行为体之间伙伴关系的建立以推动美国对外投资与援助。2010年，美国国务院与国际开发署发布第一份《四年外交和发展评估报告》，其中明确提出要通过国际移民社群协作联盟、利用

---

① Robert Hormats, "Undersecretary of State for Economic Growth, Energy, and the Environment," 全球移民社群论坛网站：http：//diasporaalliance. org/robert-hormatss-remarks-at-the－2013－global-diaspora-forum，2016－12－20。

② 参见全球移民社群论坛网站：http：//diasporaalliance. org/tara-sonenshines-remarks-at-the－2012－global-diaspora-forum，2017－03－23。

③ 美国国际开发署在线数据库网站：http：//gbk. eads. usaidallnet. gov/. Prepared by USAID Economic Analysis and Date Services on February3，2013，转引自张慧智、王箫轲：《论美国国家安全战略的第三支柱》，《世界经济与政治论坛》2015年第2期。

④ 其中约有26%来自撒哈拉以南的非洲国家，11%来自中东。全球移民社群论坛网站：http：//diasporaalliance. org/global-diaspora-forum－2012，2017－05－26.

⑤ 全球移民社群周网站：http：//www. diasporaalliance. org/global-diaspora-week－2014，2017－05－29.

移民社群的全球网络来推动美国的投资与对外援助。① 具体来说，通过以下具体措施推动伙伴关系建立：通过建立与私营部门、非营利组织和政府的联系网络，帮助移民社群设计参与祖籍国行动的项目与计划；为移民社群提供有关祖籍国事务最新的数据；为移民社群通过本联盟获得参与祖籍国事务的资源提供便利；为移民社群组织向祖籍国侨汇和捐助提供便利；为移民社群提供技术援助和培训；为移民社群寻找合作伙伴以弥补一些移民社群社团规模小、资金缺乏的问题。② 总之，国际移民社群协作联盟促进和支持移民社群通过创业、志愿服务、慈善事业甚至外交等举措参与祖籍国事务。同时，推动移民社群与各式各样的私营和公共机构建立合作关系平台，进而通过这些平台促进移民社群帮助祖籍国可持续发展和取得外交成果。③

除政府机构外，国际移民社群协作联盟加强与一些拥有专业知识与专业技术的公司、智库和非政府组织之间的合作，以提高移民社群参与祖籍国事务的能力。这些合作者包括美国国务院、美国国际开发署、移民政策研究所（MPI）、西部联盟（Western Union）、国际农业发展基金（IFAD）、泛美开发银行（Interamerican Development Bank）、加勒比电讯营运商（Digicel）、援手基金（the HAND foundation）、全球捐赠网（Global Giving）、良师网络（Mentor Cloud）、"一个越南"（One Vietnam，由福特基金支持的加强世界各地越南人之间联系的组织），以及 m-Via（这个公司主要提供通过手机网络在美国和墨西哥之间的转账服务）。这些合作者承诺通过他们的资源与服务帮助实现国际移民社群协作联盟的各种具体目标，并促进和拓展移民社群参与祖籍国事务。④

---

① U. S. Department of State and USAID, "The Quadrennial Diplomacy and Development Review: Leading Through Civilian Power," p. 64，参见美国国务院网站：http：//www. state gov/documents/organization/153108. pdf，2017 - 06 - 08。

② 国际移民社群协作联盟网站：http：//diasporaalliance. org/about-us，2017 - 06 - 28.

③ 国际移民社群协作联盟网站：http：//diasporaalliance. org，2017 - 05 - 23.

④ 同上。

国际移民社群协作联盟在加强美国与移民社群祖籍国民众之间的交往过程中发挥出重要作用。至2012年，与国际移民社群协作联盟建立伙伴关系的移民社群社团就超过1500个。[①] 2015年，已筹集6.5亿美元用于美国对外援助、对外投资等领域。[②] 移民社群在非洲（即非洲移民社群市场）、拉美、加勒比海和太平洋岛屿等地区建立四个创业平台，开展移民社群与祖籍国社区联系起来的志愿服务项目，以及通过社会网络建立众多移民社群培训项目。[③] 2014—2016年，美国国务院通过国际移民社群协作联盟这个平台与全球110多个国家的500多个组织建立了联系，30个国家的1.5万多名移民社群活动家参与移民社群联盟发起的活动，移民社群联盟在全美及拉美还举行移民社群议题研讨会、巡回演出及比赛项目。[④] 基于移民社群在可持续发展方面发挥着越来越重要的作用，2016年12月，国际移民社群协作联盟开始将推进可持续发展目标作为其主要任务。[⑤] 2017年3月，美国国务院发布全球伙伴关系报告再次强调，国际移民社群协作联盟及移民社群在促进移民社群祖籍国持续发展方面做出的突出贡献，并将按比例增加对移民社群项目的支持力度。[⑥]

3. 非洲移民社群市场

在国际开发署发起的全球公私伙伴关系中，非洲移民社群市场是最有效的机制之一。[⑦] 从2009年开始，美国国际开发署联合西部联

---

① 全球移民社群论坛网站：http：//diasporaalliance. org/global-diaspora-forum - 2012，2017 - 05 - 12。

② 美国国务院全球伙伴关系办公室网站：http：//www. state. gov/s/partnerships/achievements/202394. htm，2017 - 05 - 30。

③ 同上。

④ 国际移民社群协作联盟网站：http：//www. diasporaalliance. org/idea-infographic - 2014 - 2016，2017 - 06 - 13。

⑤ 国际移民社群协作联盟网站：http：//www. diasporaalliance. org/sustainable-diaspora-goals-sdgs-challenge，2017 - 06 - 13。

⑥ State Department's Office of Global Partnerships, *State of Global Partnerships Report*, p. 23. 美国国务院网站：https：//www. state. gov/documents/organization/268401. pdf，2017 - 06 - 08。

⑦ 美国国务院全球伙伴关系办公室网站：http：//www. state. gov/s/partnerships/releases/fs/2014/231226. htm/，2017 - 05 - 30。

盟、西部联盟基金、移民政策研究所及一些跨国公司，提出将与非洲社群建立全球公私伙伴关系机制，即非洲移民社群市场。非洲移民社群市场致力于以资金和技术补助等方式，支持移民社群在撒哈拉以南的19个非洲国家开展创业活动，以推动美国对非洲的援助、投资与贸易。2015年，非洲移民社群市场开始展开第三轮支持非洲移民社群在非洲国家开展创业与援助活动。①

为确保非洲移民社群参与祖籍国事务的有效性，以及与美国的对外援助目标保持协调，非洲移民社群市场对行为体准入规则、行为体之间关系、资源、资金筹集方式和使用条件等方面做出一系列具体规定。非洲移民社群市场的进入标准规定，在企业中占据25%以上所有权或股权的非洲裔美国人才能加入，而且这些移民社群企业必须在以下其中一个非洲国家开展项目：安哥拉、贝宁、博茨瓦纳、科特迪瓦、刚果民主共和国、埃塞俄比亚、加纳、肯尼亚、利比里亚、马里、莫桑比克、尼日利亚、卢旺达、塞内加尔、塞拉利昂、南非、坦桑尼亚、突尼斯、乌干达和赞比亚等。此外，参与非洲移民社群市场的企业必须有完善的财务管理系统，能准确、完整地呈报最新的非洲移民社群市场基金资助项目的财务业绩，包括原始文件的会计记录；申请人对资助资金与资产能有效控制并承担责任；接受者必须愿意提供每季度损益表和每年两次的资产负债表报表；参与者必须是在非洲国家进行商品生产或提供服务的企业；参与企业必须在开展活动的非洲国家依法注册；参与者必须在非洲移民社群市场资助协议到期前，在开展活动的非洲国家拥有实业；接受者必须提供其他信息，如整体就业、培训、性别就业等。②

在资金使用与筹集方面，美国国际开发署规定向非洲移民社群市场申请的单笔资金补助不超过5万美元，而技术援助的价值需在1万

---

① 非洲移民社群市场网站：http：//www.diasporamarketplace.org/african - diaspora-marketplace-iii - 0，2017 - 06 - 08。

② 非洲移民社群市场网站：http：//www.diasporamarketplace.org/eligibility-criteria-adm-iii#show more content，2017 - 05 - 31。

到2万美元之间，申请者需至少对申请资金进行一比一配套，并且企业自身配套资金越多，申请成功的机会就越大。另外，申请者还需进行一部分财政捐款，具体捐助可以是公司产权、设备或者物资。此外，申请者需明确指出能对其他伙伴贡献的资源并标明资源的现金价值。申请项目需在获得非洲移民社群市场资助开始的18个月内完成，还必须符合非洲移民社群市场限制与禁止条例规定（ADM General Restrictions and Prohibitions）。①

参与非洲移民社群市场的移民社群企业还必须关注三个领域：农业综合发展、再生能源和信息技术。② 国际开发署与非洲移民社群对非洲移民社群市场的项目申请与开展程序也作了明确规定：首先，项目概念形成阶段。国际开发署组织国际移民社群商业专家与非洲移民社群代表确定开展项目的主题；其次，商业计划阶段。项目主题确定后，移民社群企业开始提交商业计划书，而非洲移民社群市场组织移民社群商业专家与非洲移民社群代表进行评审，确定入围者；最后，项目执行阶段。移民社群企业根据非洲移民社群市场的相关规则与条件，汇聚相关伙伴的资源，开展创业活动。在具体开展活动过程中，移民社群企业与美国国际开发署、西部联盟等相关

---

① 非洲移民社群市场网站：http：//www.diasporamarketplace.org/general-restrictions-and-prohibitions，2017-05-31，非洲移民社群市场限制与禁止条例规定（ADM General Restrictions and Prohibitions）：1. 以下商品或服务不能获得非洲移民社群市场资助：军用设备、监控设备、支持警察或其他执法活动的商品和服务、堕胎设备和服务、奢侈品和赌博设备、人工影响天气设备和杀虫剂；2. 下列货物和服务的采购需要详细的理由、法律依据和成本信息且只有通过ADM批准才能采购：农产品、汽车、医药、二手设备、美国政府拥有的闲置设备、肥料等；3. 不能与美国政府列举恐怖主义名单内的恐怖主义组织进行交易、提供商品、资源和服务；4. 非洲移民社群市场所有活动必须依照美国法律、规定和政策，包括美国财政部外国资产控制办公室的规定；5. 不能对国会人员进行游说等影响活动；6. 不能涉及资金转移等活动；7. 非洲移民社群市场资助经费不允许被用来转移美国企业或减少美国就业率的外包或相关工作；8. 开展以下活动将需要额外的审查，以确保他们不促使美国企业迁移：通过技术援助与美国企业建立合作关系；建立投资机构；在撒哈拉以南非洲东道国举行投资研讨会、贸易展览会、进行融资活动、展览、涉及到出口加工区的活动、股权基金投资、目标涉及撒哈拉以南非洲东道国促进投资活动、在美国的媒体宣传活动、派投资促进团到美国等；9. 此外，不得违反劳工权利、环境条例等规定。

② 国际移民社群协作联盟网站：http：//www.diasporaalliance.org/african-diaspora-marketplace，2017-05-31.

伙伴进行不断的信息交流并形成评估项目的关键性指标。[①] 总之，移民社群企业、美国国际开发署、西部联盟和少数族裔管理局等行为体，在项目过程中共同设计、共同资助和共同管理，这成为非洲移民社群市场资源互补、形成新观念、释放移民社群潜力成功的关键因素。

非洲移民社群长期致力于非洲经济社会发展，但这一资源在非洲移民社群市场成立前一直未能通过创新性手段得到开发利用。从目前非洲移民社群市场公布的数据来看，非洲移民社群市场开展的一些项目已初具成效，尤其体现在推动融资渠道拓展、经济发展模式转变及社会遵约程度方面，并成为美国国际开发署在拉美及加勒比海地区开展相似项目的模范。至今为止，非洲移民社群市场通过非洲裔移民社群在撒哈拉以南 19 个非洲国家建立了食品加工、医疗保健、养殖及信息技术服务等企业，创造了数万个就业岗位。[②] 至 2014 年底，非洲移民社群市场在帮助移民社群企业募集种子基金 225 万美元的同时，还获得 200 万美元的额外产权资本投入，以帮助移民社群主要在撒哈拉以南的非洲开展投资计划。[③] 2011 年，在第一轮投资中，非洲移民社群市场为非洲移民社群的 14 个中小企业在 7 个非洲国家开展创业活动提供资金。2012 年，在第二轮投资中，非洲移民社群市场为非洲移民社群的 17 个中小企业在 7 个非洲国家开展创业活动提供资金及技术，援助和帮助这些中小企业建立其他融资渠道。2012 年，美国托尼·依努米路基金会（Tony Einami Foundation）在第二轮投资活动为 17 家中小企业股票和社会投资进行推销。银行行业委员会（Bank of Industry）举办银行论坛为移民社群企业与 8 家泛非银行建立联系，并为移民社群小企业贷款的企业家推

① 非洲移民社群市场网站：http：//www. diasporamarketplace. org/adm-iii-evaluation-process-and-criteria-and-post-award-activities#show more content，2017 - 05 - 30.

② 美国国务院全球伙伴关系办公室网站：http：//www. state. gov/s/partnerships/releases/fs/2014/231226. htm，2017 - 06 - 30。

③ 同上。

销其商业计划以帮助其获得贷款与资助。[①] 2015 年在第三轮投资中，非洲移民社群市场为在撒哈拉以南非洲地区投资的 14 家美国企业家提供创业奖。此外，国际开发署联合少数族裔管理局对非洲移民社群对非投资进行业务培训，美国德勤公司（Deloitte）还为非洲移民社群市场提供100 万美元的专业技术援助。[②] 此外，美国国务院与国际开发署将全球公私伙伴关系项目与特定国际规范与价值观融合在一起，再加上移民社群在祖籍国的独特影响力，非洲移民社群市场在影响这些地区经济发展模式的同时，还能增加这些国家对特定国际规范的认可度与自愿遵约程度，对祖籍国民众与社会精英的发展观念也产生重大影响。概言之，全球公私伙伴关系已成为推动这些转型国家遵守国际规范与“善治”（公开透明、腐败程度低、尊重人权）的重要方式。[③]

三、美国移民社群外交作用评估

美国的移民社群外交反映了当今外交的社会化趋势，这一趋势需要各国外交不局限于政府间关系处理，而是采取“创造性介入”[④] 方式将移民社群为代表非国家行为体力量纳入外交轨道，进而影响世界事务甚至移民社群祖籍国内部事务。美国移民社群外交体现出不同于传统外交的一些较大变化。

---

① 非洲移民社群市场网站：http：//www.diasporamarketplace.org/updates/african-diaspora-marketplace-has-supported-sme-development-throughout-africa，2017 - 02 - 30。

② 非洲移民社群市场网站：http：//www.diasporamarketplace.org/african-diaspora-marketplace-iii - 0，2017 - 06 - 13。

③ Derick W. Brinkerhoff and Jennifer M. Brinkerhoff，“Public-Private Partnerships：Perspectives on Purposes，Publicness and Good Governance，” *Public Administration and Development*，Vol. 31，2011，pp. 2 - 14.

④ 王逸舟教授认为“介入”主要是指“进入内部”的意思，“创造性”主要是指一种新的方式，新的思路和行动方案。参见王逸舟：《创造性介入：中国外交新取向》，北京大学出版社，2011 年版，第 9—14 页。

(一) 移民社群在美国外交与安全体系中的重要性

“9·11”之后，美国国务院越发意识到，其国家安全不仅取决于美国的军事实力，而且还取决于通过美国外交加强与世界各地的联系与沟通。尤其是美国在阿富汗和伊拉克的军事行动上投入了数万亿美元但收效甚微，这使美国政府开始重新思考外交手段在国家安全中的地位。[①] 具体来说，通过发展援助和公共外交等非军事化方式打击国际恐怖主义与消除掉恐怖主义得以滋生的土壤（贫穷、专制统治与失败国家），成为美国国家安全与外交战略的核心任务。[②] 但恐怖主义这一议题太过于复杂并代价高昂，美国国务院单打独斗已无法应对。[③] 这一议题的应对需要多个国家与部门和各个团体的协调，尤其需移民社群的能力、技术、信息和财力等资源共同应对。嵌入在美国与祖籍国社会网络当中的移民社群是建立美国与世界良好的关系及维护国家安全的重要帮手。[④] 这最终推动了移民社群外交的正式建立。总之，美国移民社群外交是对当今移民社群跨国互动对美国对外关系和国家安全产生重要影响的现实反应，它将在美国外交与安全体系中发挥更加重要的作用。

---

① M. G. Manwaring 提出通过国防（Defense）、外交（Diplomacy）和发展（Development）相互协调来确保美国国家安全的战略。M. G. Manwaring, “Defense, Development, and Diplomacy (3D): Canadian and U. S. Military Perspectives,” Strategic Studies Institute, U. S. Army War College, 2006, pp. 1-4,

② The National Security Strategy of the United States of America, September 2006, p. 33, 参见美国国家安全战略档案网站：http://nssarchive. us/national-security-strategy-2006, 2017-07-10。

③ 美国国务院网站：http://www. state. gov/documents/organization/224308. pdf, 2017-05-26。

④ “The National Security Strategy of the United States of America 2010,” 美国国家安全战略档案网站：http://nssarchive. us/NSSR/2010. pdf, p. 12, 2017-07-20。

（二）移民社群的外交效应增强

移民社群的外交效用将日益增强，主要基于以下三方面原因。首先，由于外交社会化与政策问题跨界化使外交决策过程将越来越开放。跨国企业、移民社群、非政府组织等多元主体进入外交决策体系的机会将日益增强。其次，移民社群将凭借信息技术与跨国网络获得更强的跨国活动能力。由于新通信技术和新媒体带来的有效性、低成本、互动性，从而使移民社群网络的范围与影响力得以扩大。这些活动包括向居住国当地社团传播消息，改善居住国当地社团教育水平；动员和传送经济、文化和政治资源到祖籍国和其他移民社群社团；创立跨国政治共同体；与当地或全球非政府组织和政府间组织进行交流并建立联系。① 尤其是移民社群开始以类似外交方式拓展其发展空间，提出其在人权、社会发展、环保、人道援助、反恐和国际和平等议题方面的倡议。这些组织的行动能力与影响力形成了一种强大的外交力量。概言之，移民社群与其他相关行为体之间在各个政治层面上通过跨国网络进行文化与政治交流，将成为促进国际政治和国内政治变化（尤其是相对国家人口移民社群比重越大的国家）的重要力量。② 希拉里·克林顿认为，移民社群是美国建立与世界各国整体关系中不可或缺的部分，他们能够反映美国价值观、提高美国在世界的地位，也利于与世界和平共存、走向繁荣，最终有利于全人类的发展。③ 最后，由于移民社群（尤其是那些族群意识和祖籍国认同比较强烈的移民社群）与民族国家政府（尤其是移民社群占据人口比重大的国家）都希望依赖对方资源获得更大的权力，

---

① Gabriel Sheffer, *Diaspora Politics: At Home Abroad*, New York: Cambridge University Press, 2003, p. 182.

② Ibid., p. 27.

③ 国际移民社群协作联盟网站：http://diasporaalliance.org/macedonian-american-advocates-for-homeland-interview-with-metodija-koloski，2017-03-12。

移民社群与民族国家政府相互结合的趋势将更加明显。移民社群由于其具备针对祖籍国的外交与发展的独特专门知识、洞察力和个人责任，如果与美国政府的专业知识、高科技、全球性存在和号召力结合在一起，将产生巨大的外交效应。① 2015 年发表的第二份《四年外交和发展评估报告》强调，通过与移民社群建立公私伙伴关系来加强美国与世界各国的联系。② 总之，大量移民社群网络的存在及通过移民社群网络传送各种资源与信息的可能引起移民社群、祖籍国、居住国和其他利益有关者之间关系的重构。

（三）外交机制不断创新

为实现国家安全目标，传统外交涉及的行为体是远远不够的，希拉里·克林顿认为，美国国务院必须运用更多的新技巧、战略和工具等，接触并影响私营部门和民间社会等更加多元的行为体并与之建立沟通与联系机制。③ 美国通过全球公私伙伴关系机制，在美国国务院与移民社群之间建立一种制度化的关系以深化与世界各地移民社群的接触。这种机制有利于发挥移民社群的资源与行为优势（非政府性、跨国性、扩展性和嵌入性等），从而提高美国的对外援助与公共外交的有效性，加强与其他国家及其社会团体和公民社会之间的联系。因此，美国国务院与移民社群建立全球公私伙伴关系不仅有利于其祖籍国的发展，还可以为其对外援助注入新活力，以一种更隐蔽的方式推广美国价值观并发展对外关系。

尤其以突尼斯“茉莉花革命”为代表的中东“颜色革命”爆发

---

① 国际移民社群协作联盟网站：http：//diasporaalliance. org/special-representative-kris-balderstons-welcoming-remarks-before-the－2011－global-diaspora-forum，2017－05－12。

② “The Quadrennial Diplomacy and Development Review：Enduring Leadership in a Dynamic World，” p. 69，参见美国国际开发署网站：https：//www. usaid. gov/sites/default/files/documents/1870/QDDR2015. pdf. 2017－08－08。

③ Hillary Clinton，“Leading Through Civilian Power：Redefining American Diplomacy and Development，” *Foreign Affairs*，Vol. 89. No. 6，2010，p. 15.

后，美国更加注重通过全球公私伙伴关系机制加强与他国社会民众的互动与交流。美国国务卿全球伙伴关系特别代表克丽斯·巴尔德森（Kris Balderson）在“突尼斯伙伴关系论坛”（Tunisia Partnership Forum）上，将美国国务院发起的这种通过全球公私伙伴关系机制整合美国国内与对象国国内社会力量，从而输出美国资本、技术、观念的全球伙伴关系新计划称为“新马歇尔计划”（The New Marshall Plan）。[①] 值得关注的是，国务院和美国国际发展署一直在扩大其公私伙伴关系网络。目前，这个网络已扩展到包括跨国公司、慈善机构、宗教团体、基金会和各种非政府组织等。

（四）“整合外交”趋势

基于当代外交体系中国家或非国家行为体之间出现系统性资源相互依赖及互动加强的新现象，一些学者开始提出“整合外交”（Integrative Diplomacy）这一新外交分析框架。[②] “整合外交”主要在关注新外交环境的特点基础上，强调外交机构须与国际上多元行为体共同应对不断增加的议程，重视软实力的重要性和充分利用公共外交战略，提出重新界定与非官方、非政府行为体互动的外交行为准则和规范。[③] 而美国移民社群外交的核心关注问题是如何将国际开发署和移民社群等不同属性的行为体，整合到复杂与多面的外交过程中，以应对消除贫穷与专制、打击恐怖主义等不断增加的外交议程，这也正是“整合外交”的核心关注议题。而且对民间力量和非政府组织的重视，是与美国历史和传统一脉相承的。美国历史上曾出现过马歇尔计划中的民间发展倡议（civilian development initiative）、

---

① 美国国务院全球伙伴关系办公室网站：http：//www. state. gov/s/partnerships/tunisia/releases/179784. htm，2017－05－10。

② ［英］布赖恩·霍金等：“外交的未来”，《国际政治研究》2012年第4期，第65—68页。

③ 同上，第65页。

罗斯福夫人起草的《世界人权宣言》、肯尼迪总统的“美国和平队”计划，以及为数百万人提供粮食的“绿色革命计划”等。①

因此，美国外交不再仅仅满足于政府间关系的处理，而是开始注重了解对象国民众，甚至与对象国民众建立合作与交流渠道。随着移民时代到来与外交社会化的发展，移民社群影响外交的渠道和方式日益多元，如何以移民社群为桥梁与对象国民众、非政府组织、媒体和企业等行为体打交道，将成为美国外交研究的一个越来越重要的议题。

结 论

美国国务院推动移民社群外交的直接动因源于应对非传统安全方面的资源缺乏。因此，国务院需与移民社群和其他非国家行为体共同应对消除贫穷与专制，打击恐怖主义，推动民主与善治等不断增加的外交议程。美国移民社群实质是通过国务院、移民社群和其他非国家行为体合作“共同治理”、国际开发署与移民社群构成的“公私合作”，建立基于提升美国外交能力的“公私伙伴关系”的外交模式。美国移民社群外交的具体目标是希望与移民社群建立公私伙伴关系机制，从而将移民社群参与祖籍国事务的活动与对外援助和公共外交整合在一起，以提高援助质量并配合美国外交与国防，最终巩固与加强美国国家安全支柱。建立在全球公私伙伴关系基础上的美国移民社群外交是以外交部门和移民社群相互依赖和共享决策为基础，因而是对以往单向路径的一次超越。这种新范式不仅使传统移民社群外交的知识基础发生变化，而且导致移民社群外交政策过程等发生变化。美国移民社群外交

① Hillary Clinton，“Leading Through Civilian Power: Redefining American Diplomacy and Development,” p. 24.

引入全球公私伙伴关系这种新机制目的在于提高其对外政策的科学性、有效性与合法性。

（原文载于《国际政治研究》2017 年第 5 期）

图书在版编目（CIP）数据

上海美国评论. 第四辑/王联合主编. —北京：时事出版社，2019. 1
ISBN 978-7-5195-0279-9

Ⅰ. ①上…　Ⅱ. ①王…　Ⅲ. ①美国—研究—文集　Ⅳ. ①D771. 2 - 53

中国版本图书馆 CIP 数据核字（2018）第 263615 号

出 版 发 行：时事出版社
地　　　址：北京市海淀区万寿寺甲 2 号
邮　　　编：100081
发 行 热 线：（010）88547590　88547591
读者服务部：（010）88547595
传　　　真：（010）88547592
电 子 邮 箱：shishichubanshe@ sina. com
网　　　址：www. shishishe. com
印　　　刷：北京旺都印务有限公司

开本：787 × 1092　1/16　印张：21　字数：286 千字
2019 年 1 月第 1 版　2019 年 1 月第 1 次印刷
定价：120. 00 元